문화융합 시대의 지역사회:
과거와 현대를 가로지르는 호남의 문화적 기억

[문화와 융합 총서 08]

문화융합 시대의 지역사회 :
과거와 현대를 가로지르는 호남의 문화적 기억

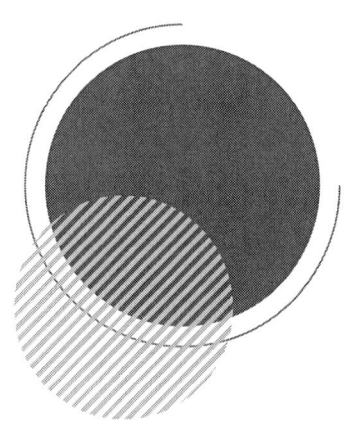

김기림 김미령 김재경 김주선
배대웅 장은영 지미령

한국문화사

문화와 융합 총서 08

**문화융합 시대의 지역사회:
과거와 현대를 가로지르는 호남의 문화적 기억**

1판 1쇄 발행 2023년 11월 30일

지 은 이 | 김기림 김미령 김재경 김주선 배대웅 장은영 지미령
펴 낸 이 | 김진수
펴 낸 곳 | 한국문화사
등   록 | 제1994-9호
주   소 | 서울시 성동구 아차산로49, 404호(성수동1가, 서울숲코오롱디지털타워3차)
전   화 | 02-464-7708
팩   스 | 02-499-0846
이 메 일 | hkm7708@daum.net
홈페이지 | http://hph.co.kr

ISBN 979-11-6919-163-0 93300

- 이 책의 내용은 저작권법에 따라 보호받고 있습니다.
- 잘못된 책은 구매처에서 바꾸어 드립니다.
- 책값은 뒤표지에 있습니다.

오류를 발견하셨다면 이메일이나 홈페이지를 통해 제보해주세요.
소중한 의견을 모아 더 좋은 책을 만들겠습니다.

· 서문 ·

한국에서 지역학 연구는 1990년대를 기점으로 본격화된 이래, 그 지역의 문화와 역사, 지리 등을 아우르는 종합학문으로 발전해 왔다. 호남학 역시 호남지역의 특수성을 발견하고 학문적으로 논의하고자 하는 시도에서 출발하여 점차 보편적 공감대를 넓혀온 지역학 연구이다. 2000년대 이후에는 로컬리티 인문학과 접목하여 실제적인 삶의 장소에서 발견되는 주변성, 일상성, 자율성 등에 주목하였고, 다양한 삶의 가치를 찾고자 하는 실천적 담론으로 성장해왔다.

〈문화와 융합〉 총서 시리즈 『과거와 현대를 가로지르는 호남의 문화적 기억』은 호남이라는 지리적 특수성을 토대로 과거와 현재의 문화적 기억을 발굴하여 공유하고자 한 로컬리티 인문학의 결과물이라 할 수 있다. 지금까지의 호남학은 주로 현대사의 아픔을 다룬 소재들이 대다수였다. 하지만 이 책에서는 호남이라는 삶의 장소에서 일상을 향유하며 역사적 시련에 대응하고 문화를 꽃피운 호남의 여성들과 호남의 문화를 조명하고자 했다. 각 분야의 연구자 7인이 모여 중세부터 현대까지의 호남을 돌아보며 기억의 표면으로 되살려야 할 호남의 인물과 역사와 문화적 유산에 대한 이야기를 담아 이 책을 집필했다.

김기림은 호남의 여성상에 주목했다. 『미암일기』를 중심으로, 그 속에 등장하는 조선 중기 여성들의 인적 사항과 활동을 통해 주체적 삶을 살아간 호남의 여성상을 밝혔다. 조선 중기의 여성들의 인적 관계망 속에서 그녀들의 경제, 정치적 활동 모습과 주체적 삶의 여정을 확인할 수 있다.

김미령은 호남의 대표적 문화 유산인 누정을 선택했다. 누정 문화는 호남의 특화된 문화 중 하나로, 누정을 통한 전통문화의 가치를 재인식하고자 했다. 대표적 누정인 소쇄원을 중심으로 메타버스의 활용 가능성을 제시, 삶의 연장 공간으로서의 누정 활용을 어떻게 할 것인가에 대한 심도 있는 방안을 제시했다.

김재경은 호남의 인물 중 상대적으로 연구가 미흡했던 인물, 해광 송제민의 의로움을 살폈다. 송제민은 임진왜란 당시 벼슬길에 오르지는 못한 선비였음에도 의병으로 참여하고, 임진왜란 이후에도 국가와 백성을 염려하는 충의의 마음을 「만언소」에 담아 적극적으로 의견을 개진했다. 그 내용이 현실적이고 구체적이며, 일본과 조선에 대한 객관적인 성찰이 담겨있음을 면밀하게 분석했다.

배대웅은 1919년경 전라북도 남원에서 편찬한 가집 『금성옥진』과 『율보』를 통해 호남의 문화를 고찰했다. 두 가집은 성리학적 이념을 공고히 해 시대를 이겨내고자 한 책들로, 가집 속에서 작동하고 있는 사대부 지향적인 면모를 꼼꼼하게 살펴보았다.

지미령은 일제강점기 시기, 호남지역에 거주한 일본인들이 조성한 복제영장 문화를 분석했다. 군산 동국사의 사이고쿠 33관음영장과 목포 유달산의 시고쿠 88영장의 모습을 소개하고, 복제영장 조성을 통한 일본인의 종교, 경제 네트워크를 밝혔다.

장은영은 1980년대 광주의 여성을 수면 위로 띄워 올렸다. 고정희의 8시집 『광주의 눈물비』를 중심으로 광주항쟁에 대한 시적 재현을 살피면서 '어머니 하느님'의 양상과 '해방된 모성'의 의미를 살폈는데, 그 중심에는 항쟁에 참여한 광주 여성들의 실천이 있다고 논의한다. 고정희의 시를 통해 1980년대 광주의 절망과 고난을 넘어 연대와 사랑, 상호호혜적인 돌봄의 공동체로 나아간 광주 여성들의 삶의 궤적을 확인할 수 있다.

김주선은 5·18항쟁에서 나타난 '절대공동체'의 형성 원리를 규명하며 5·18에 새롭게 접근하고자 했다. 감정/정동 연구의 시각으로 임철우의 『봄날』을 분석한 이 글은 항쟁에 참여한 사람들을 결속하게 만든 감정을 섬세하게 살피면서 정동을 증폭하는 과정에서 '절대공동체'에 도달하는 순간이 탄생했음을 규명했다. 5·18에 대한 연구지만 사회적 참사에 직면한 시민 연대라는 현재적 현상을 바라보는 또 다른 관점을 시사하는 글이다.

마지막으로 총서가 발간될 수 있도록 지원해 주신 한국문화융합학회 지현배 회장님을 비롯한 학회 관계자분들, 해당 분야의 연구자분들을 비롯해 총서를 편집해 주신 각 출판위원님들의 노고에 감사드린다.

필자들을 대표하여 지미령이 쓴다.

· 차례 ·

서문 | 5

01장 조선 중기 여성들의 상호 교류 네트워크
 -『미암일기』를 통해서 보다 　　　　　　　　　　　　　　11
　1. 여성들의 인적 네트워크도 중요하다 　　　　　　　　　11
　2.『미암일기』가 인적 네트워크를 기록하는 방식 　　　　13
　3. 여성의 인적 관계망: 어떻게 만들었고 그 경계는 어디였나 　17
　4. 인적 관계망 속에서 일어나는 일들 　　　　　　　　　23
　5. 남성·여성 간의 호혜(互惠)와 조화에 기반한 삶 　　　35

02장 호남 누정 '소쇄원'의 메타버스 활용 방안 　　　　　　39
　1. 왜 지역학인가 　　　　　　　　　　　　　　　　　　39
　2. 누정의 기능과 가치 　　　　　　　　　　　　　　　　42
　3. 메타버스 활용 방안 　　　　　　　　　　　　　　　　55
　4. 나가며 　　　　　　　　　　　　　　　　　　　　　62

03장 해광 송제민의 미완의 기획, 대일 복수론 다시 소환하기 　65
　1. 후쿠시마 원전 오염수 방류를 맞아 송제민을 다시 생각한다 　65
　2. 섬과 바다를 오가며 임진왜란을 끝장내려 한 해광(海狂)의 삶 　67
　3. 송제민의 일본에 대한 인식과 복수(復讐) 논의 　　　70
　4. 공적 차원에서 복수의 가능성을 보여주다 　　　　　84

04장 임철우의 소설에 나타난 5·18
-『봄날』을 중심으로 — **87**
1. 임철우와 5·18 — 87
2. 감정의 특징과 5·18 초기 복합 감정의 항쟁공동체 — 90
3. 절대공동체의 형성 원리 — 98
4. 항쟁(절대)공동체의 분열과 감정/정동 — 107
5. 남은 과제 — 111

05장 가집『금성옥진』과『율보』의 특성과 지역성 — **115**
1. 가집으로서『금성옥진』과『율보』 — 115
2. 『금성옥진』신출작의 주제적 특성과『금성옥진』의 지역성 — 117
3. 『율보』신출작의 주제적 특징과『율보』의 지역성 — 128
4. 나가며 — 139

06장 광주항쟁의 시적 재현
-'해방된 모성'의 구현과 '어머니 하느님' — **143**
1. 고정희와 '광주' — 143
2. 1980년대 한국여성신학과 '어머니 하느님' — 147
3. '광주항쟁'의 재구성과 새로운 주체의 출현 — 163
4. '해방된 모성'을 구현하는 상징적 주체, '어머니 하느님' — 170
5. 고정희 시의 현재성 — 179

07장 일제강점기 호남의 복제영장 — **185**
1. 영장이란 무엇인가 — 185
2. 호남지역의 영장: 군산 동국사 — 194
3. 호남지역의 영장: 목포 유달산 시고쿠 복제영장 — 199
4. 호남지역 재조일본인의 종교활동과 네트워크 — 206

저자 소개 | 220

01장

조선 중기 여성들의 상호 교류 네트워크
-『미암일기』를 통해서 보다

1. 여성들의 인적 네트워크도 중요하다

우리나라에 여성학이 유입되고 정착하면서 근현대 여성들은 물론 조선시대 여성들의 일상적 삶도 연구 대상이 되었다. 조선시대 여성과 관련한 제도와 법, 그녀들의 법적 지위, 가부장 중심의 가족 제도 속에서 차지하는 여성들의 위상, 여성 교육 실상, 여성들의 창작품과 그녀들이 저술한 각종 텍스트들도 연구되었다. 미시적 차원에서는 일기 속에서 여성들의 일상생활과 양상을 찾아내기도 했다. 조선 후기에 비해 조선 전기에 살았던 여성들은 상대적으로 자유로웠다는 사실들이 드러났다. 그러나 한편으로는 여성들이 집안 살림을 '경영'하면서 강도 높은 노동도 해야했고 그것이 윤리적으로 '당연한 것'으로 인식되었다는 사실도 드러났다.

반면, 한 인간으로서 주변 사람들과 끊임없이 교류하며 살아갔던 그녀들의 인적 관계망은 거의 드러나지 못했다. 조선시대는 가부장적 가족 질서를 근간으로 삼았다. 가족관계에서 부모와 자식, 남편과 아내 사이에 위계를 분명히 했다. 사람들 사이의 관계 규정도 남성을 중심으로 파악되었다. 여성의 경우 '집 안'이라는 사적 영역의 구성원으로만 파악되었고[1] 집 밖의 인간관계에서는 '남성'에 의존하여 파악되었다. 즉 여성들은 가족 관계에서 며느리, 아내, 어머니와 같은 정체성으로만 규정되었고, 집 밖에서는 아버지나 남편, 아들의 이름을 앞세워야 했다. 그래서 '누구의 딸, 아내, 지칭되었다. 이런 상황으로 인해 여성의 인적 관계망은 주로 '가족 안에서'만 파악되었다. 그 너머에 있는 관계망에 주목하는 일이 쉽지 않았다.

특히 남성 가부장 중심 사회였기 때문에 여성의 인적 관계는 '시집'의 관계 안에서 파악되고 언급되는 경향이 강했다. 친가, 인척, '집 밖' 영역에서 생겨나는 여성들의 인적 관계망은 상대적으로 소홀하게 다루어졌다. 이를 테면 '효'에 대한 표창에서 남성의 효는 그의 친부모를 잘 섬긴 사례가 거론되었지만 여성은 친정 부모를 잘 모신 사례보다 '시부모'를 잘 섬긴 사례만 대상으로 하는 '효부(孝婦)'에 초점이 맞춰져 있었다. 『삼강행실도』의 '효' 항목에서 여성이 친부모를 잘 섬긴 '효녀' 사례는 희소하다. '열'에서는 당연히 '남편'에 대한 여성의 열(烈)이다. 딸로서의 '효녀'보다 아내와 며느리로서의 '열부' '효부'라는 정체성을 더 강조한 것이다. 그만큼 여성들은 '집 밖'의 공적 영역의 구성원으로 공인하지 않았으므로 여성의 인적 관계망은 '남편을 중심으로 시집 가족 내' 것만 다루어지는 경향이 강했다.

관점을 좀 달리해서 본다면, 여성이 집안 살림을 '경영'하면서 실제 어떤 일을 이뤄내기 위해서는 '집 안' 및 '집 밖'에 있는 인적 관계망에 의존해야 했다. 그 중요성에도 불구하고 조선시대 인적 관계망에 대한 연구는 주로 남성 사대부 관료에 한정되었다. 남성의 공적 영역 활동만이 '공적'으로 인정되던 시기였으므로 그들의 인적 관계망이 중요한 것은 사실이다. 그러나 여성의 '집 안' 활동도 사회적 관계에 기반한 것도 사실이다. 그러

---

1) 김세서리아, 「조선 유학의 가족 서사를 통한 관계적 자아의 정교화: 송덕봉의 서간문에 나타난 부부서사를 중심으로」, 『한국여성철학』 25, 한국여성철학회, 2016, 10쪽.

므로 여성의 인적 관계망에 대한 고찰은 필요하다. 여성들이 누구와 어떤 성격의 인적 관계망을 만들어갔는지, 인적 관계망의 규모는 어떠했는지, 그 관계망 속에서 여성들이 무엇을 했는지, 그 일들은 어떤 의미를 띠고 있었는지 등에 대한 고찰이 필요하다. 그럼으로써 조선시대 여성의 일상적 삶의 모습들이 상세히 재구성 될 수 있을 것이다.

『미암일기』에서 유희춘은 자신이 만난 사람들, 그들과 나눴던 대화, 물건을 보내 준 사람과 물품 내역 등을 자세하게 기록했다. 특히 만났던 사람들이 자신과 어떤 관계인지, 자신의 주변 인물들과 어떤 관계인가에 대해서도 자세히 썼다. 그러므로 『미암일기』는 당시 인물들의 인적 관계망을 파악할 수 있는 긴요한 자료이다.

2. 『미암일기』가 인적 네트워크를 기록하는 방식

『미암일기』는 유희춘의 쓴 일기다. 그는 해남 출신이다. 『표해록』을 쓴 금남 최부(崔溥)의 외손자이다. 모재 김안국(金安國)을 사사하고 1538년에 문과에 급제했고 성균관의 학유(學諭)로서 벼슬길에 들어섰다. 1545년 을사사화에 연루되어 제주도로 유배되었다가 종성으로 옮겨져 18년을 살았고, 1565년에 은진으로 옮겨졌다. 20여 년에 걸친 귀양살이를 끝내고 1567년 선조 즉위 직후 풀려났다. 그리고 성균관 직강으로 다시 벼슬살이를 시작했다. 이후 10여 년간 사헌부 장령, 홍문과 부제학, 사헌부 대사헌 등 조정의 주요직을 맡았다. 1569년부터 1571년에는 전라도 관찰사를 지냈다. 1575년에 벼슬을 내놓고 담양으로 돌아왔다.

그는 거의 날마다 일기를 썼던 것으로 보인다. 현재 남아 있는 『미암일기』는 그가 유배에서 풀려난 직후인 1567년 10월 1일부터 1577년 5월 13일까지 기록한 내용만이 전한다. 비록 중간중간 비어 있는 부분도 있지만 거의 매일 시간상 일어났던 일의 순서로 썼다. 조정이나 경연에서 논의했던 내용, 관청에서 수행한 공무 내용, 당시 또는 과거의 역사적 사건, 자신이 만났던 사람과의 대화 내용 등은 자세하게 썼다. 아울러 자신이 만난 인물이 자신과 어떤 관계인지 거의 빠짐없이 서술했다.

옛날 종성에서 데리고 있었던 범손과 무토리가 와서 인사를 하므로, 나는 술을 내주라고 명하고 또 내가 먹고 남은 것을 먹였다.

새참에 여주목사 서위가 찾아왔다. 그는 계묘·갑진·을사년에 영광 현령이 되어 내가 무장의 수재가 되었을 때에 서로 좋아했던 사람이다. 내가 종성으로 귀양갔을 때에, 서위는 진주목사가 되어 궁하게 지내던 내 처를 도와줬다. 이제 서로 만나 아주 반가워서 이야기를 나눴다.

위 글에서 나오는 이들은 범손, 무토리, 서위이다. 범손과 무토리는 유희춘이 종성에서 같이 지냈던 사람들이다. 서위는 옛 관직 동료이며 자기에게 은혜를 베풀어 준 사람이라고 소개했다. 1543년에서 1545년 유희춘이 무장 현령이었을 때 서위는 영광 현령이었다. 무장과 영광은 가까웠으므로 왕래하기가 편했다. 두 사람의 교류는 그때부터 시작되었던 것으로 보인다. 유희춘이 종성에 있는 동안 집안 형편이 어려워져 그의 아내 송덕봉은 담양에서 곤궁하게 살고 있었다. 당시 서위

미암박물관. 전남 담양군 대덕면 장산리에 있다. 미암과 송덕봉 관련 자료들을 전시하고 있다.

모현관. 미암박물관 옆에 있다. 박물관이 생기기 전에 자료들을 보관했던 곳이다.

는 진주목사로서 송덕봉을 많이 도와주었다. 유희춘은 고마움을 잊지 않았다. 서위와 어떻게 알게 되었고 어떤 관계였는지를 서술하면서 서위가 신의 있는 사람이라는 사실도 함께 기록했다.

또한 그는 인물간의 친족이나 인척 관계 여부 등과 같이 혈연이나 혼인 관계로 맺어진 이들에 대해서는 구체적으로 밝히는 방식으로 서술했다.

사록 여헌 유사규가 찾아왔다. 그는 판관 이숙의 사위인데 나의 7촌 조카딸의 남편이다. 갑오년에 태어나 임술년에 급제했는데 아주 훌륭하다.

아침에 봉사 이억복의 처 김씨가 초청을 받고서 왔다. 바로 나의 사촌누이다. 조반을 든 뒤에 안으로 들어가 술을 들었는데 주과가 역시 푸짐했다.

저녁에 변간이 장성에서 왔다. 장성에 새로 부임한 군수는 내 친구 성효건이고 함평에 부임한 군수도 현덕량인데 내가 아주 잘 안다. 변간의 장모 김씨는 후지의 누님이다. 내가 묘를 조성할 사람들을 감사에게 청했는데 허락을 얻어 일을 잘 끝냈기 때문에 내게 와서 사례를 했다.

유사규(1534-1607)는 유세침(柳世琛)의 증손으로 유유일(柳惟一)의 아들이다. 1562년에 급제하여 관직에 진출했고 판관 이숙의 사위가 되었다. 그를 소개하면서 '나의 7촌 조카딸 남편'이라고 했다. 이를 보면 유희춘과 이숙은 6촌 사이이다. 유사규에 대한 인물 정보를 밝히면서 그가 '자신과 어떤 관계'인지 촌수로 밝혔다. 이억복의 처는 김씨이다. 4촌 여동생이라고 한 것을 보면 유씨 집안 사람 중 김씨 집안과 결혼한 여성의 딸임을 알 수 있다.

세 번째 일화는 변간과 유희춘 사이의 일이다. 변간이 묘를 조성할 때 일꾼이 필요했는데 그것을 유희춘에게 부탁했다. 유희춘은 감사에게 일꾼들을 요청했다. 변간은 감사로부터 일꾼을 내어주겠다는 허락의 문서를 받아냈고, 묘를 조성하는 일을 잘 끝낼 수 있었다. 그리고 유희춘에게 감사 인사를 온 것이다. 이 일화에서 장모 김씨에 관한 내용은 반드시 필요한 것은 아니다. 그럼에도 불구하고 유희춘은 변간의 장모 김씨가 김인후의 누나라는 사실을 덧붙였다. 김인후의 딸은 유희춘의 며느리이다. 변간의 장모와 유희춘의 며느리는 고모와 조카 사이이니 변간과 유희춘은 인척임을 알 수 있다. '변간의 장모 김씨는 후지의 누님이다.'라고 덧붙여 자신과 변간이 인척 사이라는 사실을 넌지시 드러낸 것이다.

> 어제 좌윤 이탁이 이육의 청파집 2책을 보내왔다. 그 조부 이육의 후실은 경주 부장 김균의 딸이다. 김 부장은 우리 할머니 설씨와 4촌 남매간이어서 나와 인척간이 된다. 극담은 더욱 볼 만하다.

이 기사는 두 부분으로 나뉜다. 하나는 이탁이 청파극담을 보내주었고 그 책이 읽을 만하다는 것, 또 하나는 이탁의 조부 이육의 두 번째 부인이 김씨인데 김구(金鉤)[2] 딸이고 김구는 유희춘의 할머니 설씨와 4촌이라는 내용이다. 유희춘은 『청파극담』, 『패관잡기』와 같은 책에 관심이 많아서 빌리거나 베껴서 자기 책으로 만들기도 했다. 이런 맥락에서 볼 때 이 기사는 유희춘이 『청파집』을 받았고 그 중 '극담(劇談)'이 읽을 만하다는 내용이 중심이다. 그런데 책에 대한 이야기보다 자신의 할머니와 이육 집안 사람과의 관계 서술에 더 집중하고 있는 것으로 보인다. 이육의 첫 부인은 박수림(朴秀林) 딸이고 재혼 부인은 김구(金鉤) 딸이다. 유희춘은 『청파극담』에 관한 내용으로 시작했다. 그러나 자신의 할머니 설씨

---

2) 『미암일기』에는 김균(金鈞)으로 표기되었는데 성현이 쓴 〈청파비명(靑坡碑銘)〉에는 김구(金鉤) 딸이라고 하였다.

와 이탁의 할머니(이육의 부인) 곧 김구의 딸이 서로 친족 관계이므로 그들의 후손인 유희춘과 이육이 인척 관계라는 점을 내세운다. 이는 이탁과도 연계되어 이탁과 자신 또한 멀기는 하나 인척에 해당한다는 의미를 표현한다.

이처럼 유희춘은 날마다 일기를 쓰면서 친족, 인척 관계가 있다면 거의 반드시 밝히거나 가능하다면 촌수까지 구체적으로 기재한다.

반면, 학맥이나 지연(地緣)에 대해서는 거의 서술하지 않는다. 그는 신재 최산두(崔山斗)를 스승으로 모셨는데 당시 임백령, 김인후 등도 최산두에게 배웠다. 유희춘과 김인후는 동문생이고, 둘다 호남 출신이며 담양과 장성은 거리가 가까웠다. 그럼에도 불구하고 '낙안의 김인후가 찾아왔다.'와 같이 이름만 거론할 뿐 그가 누구의 제자이며, 누구의 문하생인지에 대한 정보는 안 썼다. 대신 '조희문의 아내는 하서 김인후 아내이다.'와 같이 친족이나 인척 여부 등의 정보를 서술했다.

이는 그가 인적 관계망에 대해 학맥, 지연도 중요하게 여겼을 것이지만 친족, 인척 등과 같은 집안 차원, 가문과 가문 차원의 관계망도 중시했다는 것을 보여준다. 조선시대는 개인의 노력도 중요했지만 누구와 어떤 관계인지 즉 인적 관계망이 중요하게 작용했다. 관직에 나아가는 것뿐 아니라 서로 생활이나 의례, 또는 개인적 행사에 필요한 물품들을 주고받는 일이 일상적이었는데 이런 일들은 인적 관계망을 통해 이루어졌기 때문이다. 유희춘은 『미암일기』에서 관직이라는 공적 영역에서 맺어진 인간관계뿐 아니라 각 개인 사이에서 형성된 사적 영역·집안 또는 가문에서의 인적 관계망에 대해 기록, 관리하고자 노력했음을 알 수 있다.

3. 여성의 인적 관계망: 어떻게 만들었고 그 경계는 어디였나

『미암일기』는 개인 사이의 촌수, 친인척 여부 등을 구체적으로 서술했다. 남성뿐 아니라 여성들의 인적 관계망에 대한 정보도 많이 담았다. 인적 관계망은 1차적으로 부모와 자식, 형제 자매와 같이 가족관계부터 시작된다. 2차적으로는 부모나 형제 등이 만들어낸 인적 관계망으로부터 만들어진다. 친가, 외가를 포함해 형제들의 처가 및 시가 곧 이른바 인척의 인적 관계망을 맺게 된다. 이는 혈족 관계로 묶여지는 관계망인데, 더 나아가 이들이 만든 사회적 관계망을 타고 또 다른 새로운 관계가 형성된다. 인적 관계망은 한 개인에서 시작되어 그 개인과 관계망 위에 있는 사람들로 인해 새롭게 파생되는 것이다.

『미암일기』에 나타난 여성들의 인적 관계망 형성 계기를 보면, 우선 남편을 통해 만들어지고 있다.

> 참의 김난상이 그 부인을 통해 편지로 알리기를 27일에 우리 부인을 청해다가 정원 안 정자에서 함께 앉아 놀게 하겠다고 한다.

> 이날 부인이 참의 김난상 부인의 초청을 받고 신문(新門) 앞의 집을 다녀왔는데 아주 후한 대접을 받았다고 한다.

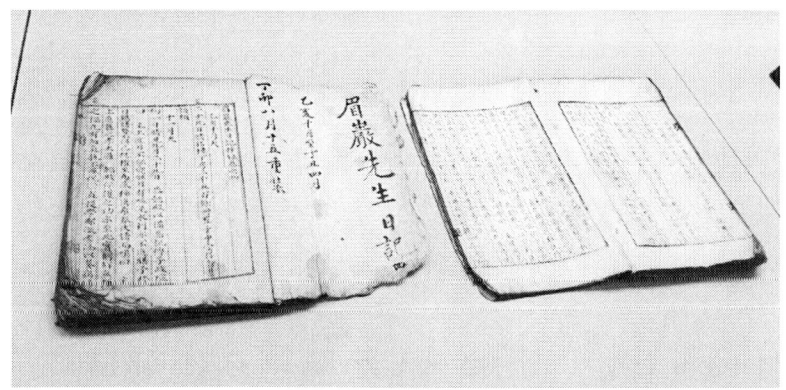

미암일기. 유희춘이 직접 쓴 수필본(手筆本). 제목은 '미암선생일기'이다.
미암박물관에 소장되어 있다.

유희춘 부인 송덕봉과 김난상 부인 금씨(琴元貞 딸)는 각각 남편들을 통해 인맥을 만들었다. 김난상은 1537년 문과에 급제하여 벼슬길에 들어섰고, 유희춘은 1538년에 급제하여 성균관 학유로 관리 생활을 시작했다. 1545년 을사년에 윤원형이 윤임, 유관, 유인숙 등을 처벌하려 했을 때

미암일기 내용을 잘 볼 수 있게 해 놓았다. 일기 중 일부분만 뽑아 전시했다.

정언이었던 김난상과 유희춘은 적극 반대했다. 이후 1547년 양재역 벽서 사건이 일어나자 이 일로 인해 둘을 각각 유배되었다. 김난상은 남해로 귀양갔다가 1565년 단양으로 이배되었다. 유희춘은 제주, 종성으로 귀양가 18년간 종성에서 지내다가 1565년에 은진으로 이배되었다. 그리고 두 사람 모두 선조 즉위 후 유배에서 풀려나 조정에서 다시 만나게 되었다. 조정에 돌아온 유희춘은 옛날 한림원에서 같이 근무했던 박준영을 만났고 그때 옛 동료였던 김난상과 만나기로 약속했던 것이다. 그리하여 두 사람 모두 유배전 동료로 만나 정치적 입장을 같이 했고, 거의 동시에 조정에 복귀하여 이전의 관계를 회복했다. 송덕봉과 김난상 부인 금씨의 인맥은 남편들의 동료 관계로부터 생겨난 것이다. 남편들이 유배 생활을 하고 조정에서 쫓겨난 경험을 공유하면서 부인들의 친밀도도 강화되었던 것으로 보인다. 금씨는 송덕봉을 초청해 8월 27일에 자기 집에서 후하게 대접했고, 송덕봉도 초대에 응해 그 집에 가서 함께 친교를 나누었다.

아침에 이웃에 사는 참판 박계현이 찾아왔다. 10월 즈음 시원할 때 책을 가져와 의문스러운 것을 물어볼 계획이라고 했다. 또 그의 어머니와 아내가 가을 서늘할 즈음에 우리 부자가 외출한 틈을 타서 내 부인을

초대해 서로 만나볼 계획이라는 말을 했다. 또 그의 아내와 내 부인이 신사년 같은 해에 태어났다고도 했다.

박계현(1524-1580)은 1522년 급제하여 벼슬에 올랐고 1573년에 예조참판이 되었다. 이웃에 사는 참판이라고 기록한 것으로 보아 이때 유희춘의 집과 가까운 곳에 살았던 것으로 보인다. 유희춘은 박계현의 아버지 박충원과도 교분이 있었다. 1576년 10월에 박계현 아들 혼사 때 유희춘에게 특별히 부탁하여 신랑측 위요(圍繞) 손님으로 초대했다. 위요란 신랑 또는 신부를 호위하여 데리고 가는 일이다. 유희춘이 박계현 아들을 혼인 장소로 데리고 가는 일을 맡게 된 것이다. 유희춘 부부의 금실이 좋다는 소문을 듣고 신혼부부를 위해 촛불을 켜달라는 요청을 받기도 했다. 위 일화는 1574년 8월 11일에 썼다. 유희춘은 박계현 부자를 관직 동료로 만났고, 서로 이웃에 살았다. 이로 인해 그들의 아내들은 인맥을 맺게 되었다. 박충원의 아내 이씨(李獜壽 딸)가 송덕봉을 초대하여 함께 즐기자고 했다. 더구나 박계현은 자신의 아내와 송덕봉의 출생년이 같다는 인연까지 내세웠다. 김씨는 1521년 12월 18일, 송덕봉은 1521년 12월 20일에 태어났다. 그녀들의 생년이 같다는 명분은 두 사람 사이의 친밀도를 강화하는 역할을 하고 있다. 이후 9월 1일에 박계현의 아내인 김씨가 '제사 후에 만나자'라고 하면서 송덕봉을 초청했고, 9월 2일에 만났으며, 9월 3일에 김씨가 여종을 보내 '송덕봉이 초대에 응해준 일에 대해 사례'했다. 박충원의 아내 이씨, 박계현의 처 김씨, 송덕봉은 남편들이 서로 동료이고 이웃이어서 알게 된 사이지만 자신들만의 새로운 인적 관계망을 만들고 여성들끼리 주체적으로 교류하면서 친목을 다지는 수준에 이른다.

여성들의 인적 관계망은 남편의 첩을 통해서도 만들어졌다. 송덕봉의 경우 남편의 첩 방굿덕(房㖯德)으로 인한 인맥이 생겨났다. 방굿덕은 원래 이구(李懼) 집 여종이었는데 유희춘이 종성에 귀양가 있는 동안 함께 살았다. 그 사이에 해성(海成), 해복(海福), 해명(海明), 해귀(海

歸) 등 네 명의 딸을 낳았다. 이들은 각각 정홍, 김종려, 장이창, 이발 등의 첩이 되었다. 송덕봉은 남편 첩의 인맥을 타고 첩의 남동생 방원생(房原生)과 그 언니인 소의(蘇義)의 첩, 그리고 첩녀들의 배우자들에 이르기까지 자신의 인적 관계망을 넓혀갔다. 첩 방굿덕이 없었다면 송덕봉은 이들과 관계를 맺기 어려웠을 것이다. 이렇게 볼 때 처와 첩은 인적 관계망을 맺는 데에 상호보충적이다. 첩의 입장에서 볼 때 자신은 비록 종의 신분이었지만 유희춘의 첩이 됨으로써 송덕봉의 인적 관계망을 타고 자신의 인맥 범위를 확장해갈 수 있었을 것이다. 방굿덕은 유희춘의 누나인 유씨, 유희춘 사위 윤관중이 해남에서 거주하고 있었기 때문에 그들과 왕래하며 일상적 도움을 주고 받는 관계였다.

한편 촌수로 봤을 때 『미암일기』에 나타나는 여성들의 인적 관계 범위는 비교적 멀리까지 나간 것으로 보인다.

> (1) 첨정 이추의 누이가 어제 집에 와 부인을 방문하고 오늘 새참에 갔다.
>
> (2) 임피의 채위는 돌아가신 첨정 이추의 4촌 매부이다. 채위의 처는 곧 내 부인의 6촌형이다.
>
> (3) 청파에 사는 7촌 조카 충의위 설공의 처가 붕어를 보내와 나는 송이버섯으로 보답했다.
>
> (4) 군자정 윤강원이 찾아왔다. 아내의 8촌 친척이어서 안으로 맞아들여 술을 대접했다.

(1)은 이추의 여동생 (2)는 채위의 아내 이씨 이야기다. 이 두 여성은 이맹호 증손녀로 사촌간이다. 이맹호는 아들 이난손과 딸(이인형의 부인)

두었다. 이난손은 이환증, 이술증을 낳았다. 이환증의 딸은 채위의 아내가 되었고, 이술증은 아들 이추와 딸을 두었다. 이맹호의 딸은 이인형과 결혼했다. 이인형은 송덕봉의 외조부이다. 송덕봉 쪽에서 보면 어머니 이씨(이인형 딸)는 이난손과 남매 사이이다. 그러므로 이난손의 손녀인 채위의 아내 이씨(이환증 딸)와 이추의 여동생은 송덕봉의 외가쪽 사람이다. 즉 송덕봉과 두 이씨는 6촌이며 이맹호의 자손들이다. 촌수로 따지면 6촌이고 증조부의 세대까지 거슬러 올라가 맺어지는 관계이다.

송덕봉은 1541년, 1542년 서울에 있을 때 채위의 아내 이씨와 서로 사귀었고 1571년에 임피의 도사가 족도(族圖)를 갖고 와 둘의 관계를 확인하고서 놀랐다. 이 둘의 인적 관계는 6촌으로서 증조부 세대를 통한 인맥이라는 점에서 그 범위가 넓다고 할 수 있다.

(3)에는 설공(薛恭)의 아내가 등장한다. 유희춘 할머니가 설씨이다. 유희춘 쪽에서 볼 때 설공은 할머니의 혈족이므로 자신과도 혈족이다. 7촌 조카라면 적어도 설공 쪽에서는 증조대(曾祖代)까지 거슬러 올라가야 맺어질 관계이다. 설공의 처는 남편을 통해 7촌 아저씨인 유희춘과 관계망을 형성할 수 있었다. (4)는 윤강원으로 송덕봉의 8촌이다.

이처럼 『미암일기』에는 여성들의 인적 관계망이 8촌까지 뻗어 있는 모습이 보인다. 8촌은 적어도 3대 이상 거슬러 올라간 선대(先代)들의 후손들끼리 맺어지는 관계이다. 그것은 친가 쪽이기도 사람들이기도 하지만 이맹호의 자손들처럼 외가(송덕봉) 쪽의 선대(先代)의 자손들과도 관계를 맺어 왕래하고 있다. 또 『미암일기』에는 유희춘의 여성 인맥보다 송덕봉의 인맥들 즉 여성의 친가 쪽 인맥들이 더 많이 나타난다. 이러한 모습은 조선후기와 조금 다르다. 19세기에 홍성에 살던 기계 유씨는 김호근(1807-1858)의 아내이다. 그녀가 쓴 일기에 의하면, 그녀가 맺은 인적 관계망의 경계는 대체로 인근 지역에 사는 시가쪽 10촌 이내 친족들이 70-80%를 차지했다. 촌수를 봤을 때 16세기나 19세기에 10촌 이내가 그 관계망의 경계이지만, 여성의 입장에서 볼 때 16세기는 친가나 시가,

외가의 인맥들이 보이는 반면, 19세기에는 시가쪽 사람들에게 집중되어 있다. 이는 조선후기로 갈수록 혼인한 여성들이 남성 쪽 집안으로 가서 경우가 사는 많아지고, 동성(同姓)이 모여 사는 마을이 많아지면서, 여성들의 교류나 인적 관계망이 시가 쪽으로 옮아간 것으로 보인다.

4. 인적 관계망 속에서 일어나는 일들

1) 수혜와 증여: 먹거리부터 의례 물품까지

『미암일기』에서 유희춘은 자기에게 물품을 보내 준 사람과 물품 목록을 자세하게 기록했다. 조선시대는 이른바 '선물경제'라고 일컬을 정도로 상호 물품 증여와 수혜(受惠)하는 일이 많았다. 물건은 편지와 함께 부쳐졌고, 그 편지에는 보내는 물품 목록을 쓰거나 별도로 단자를 만들어 동봉했다. 보낸 물품이 중도에 없어질 것을 염려했기 때문이다. 물품을 받은 이들은 '보내주신 그대로 잘 헤아려서 받았다.'고 답장을 하였는데, 물품 목록과 실제 받은 물품을 하나씩 대조하여 확인했다. 이는 일종의 선물로서 의례적인 일이었지만 상호 인적 관계망을 유지해주는 역할도 했다. 물품 증여와 수혜는 일반적으로 남성들 사이에서 많이 이루어졌다. 유희춘의 경우 관직에 다시 나간 이후 10여 년 동안 총 2855회에 걸쳐 받은 것으로 나타나는데, 이는 한 달 평균 42회에 달했다.[3] 물품 수수는 개인의 경제 활동이기도 했는데 의식주 관련 물품을 비롯해 종, 붓, 먹 등과 같이 일상의 활동이나 의례 때에 필요한 물품, 수공품들이 다수를 차지했다.

증조부대로 거슬러 올라가 8촌까지 확장되는 여성들의 인적 관계망

---

3) 이성임, 「16세기 양반 관료의 사환과 그에 따른 수입-유희춘의 『미암일기』를 중심으로」, 『역사학보』 145, 역사학회, 1995, 124쪽.

속에서 여성들도 남성 못지 않게 수혜와 증여 활동을 했다. 그 대상은 남녀를 구별하지 않았다. 우선 여성들은 수혜(受惠) 대상이 되기도 했는데 인적 관계망 속의 남성들로부터 받는 경우가 많았다.

(1) 쌀 서 말을 대사성 기대승의 부인에게 보냈다. 홀로 살면서 형편이 어렵기 때문이다. 기공이 상소를 하여 '근거 없는 말이 대신을 저촉하게 되었으므로 다시는 조정에 설 수 없다.'고 했다.

(2) 김 다섯 속을 정랑 이습지의 처의 집에 보냈다. 또 적몰된 물건들을 되돌려 받은 일을 축하했다.

(1)은 기대승 부인이 받은 물품이다. 1569년에 기대승은 상소를 올려 영의정 이준경이 시기심 많고 패려(悖戾)한 사람이라고 지목했다. 사람들이 근거 없는 상소라고 비판하자 기대승은 조정에서 사직하고 고향으로 내려갔다. 그 아내 이씨(李任 딸)는 함께 가지 못하고 한동안 서울에서 혼자 지내다가 1570년 8월에야 서울을 떠났다. 기대승과 유희춘은 관직 동료이면서 호남 지역 출신이었다. 둘의 사이가 돈독한 만큼 유희춘은 기대승의 아내 형편을 염려하여 쌀을 보냈다. 이씨는 남편으로 인한 인적 관계망 속에서 수혜자(受惠者)가 되었다.

(2)는 이중열(李中悅, 1518-1547) 아내 이야기이다. 유희춘은 귀양 전 이중열과 관직 동료로서 친교를 맺었다. 이중열은 을사사화에 연루된 이휘(李煇)를 변호하다 갑산으로 유배되었고, 1547년 양재역 벽서사건이 일어나자 사사되었고, 집안의 모든 재산을 적몰당했다. 선조는 즉위 직후인 1568에 명을 내려 을시시회 때 적몰 당한 사람들의 재산을 다시 돌려주도록 했다. 이때 이중열의 아내도 옛 재산을 다시 돌려 받았다. 유희춘도 을사사화 및 양재역 벽서사건 때에 이중열과 같은 입장이었고 그로 인해 20여 년간 유배 생활을 했으므로 이중열 아내의 고난을 충분히 이해했다.

그리하여 복직 후 이중열의 아내에게 꾸준히 물품을 보내고 있었고, 마침 적몰된 재산을 되돌려 받은 일을 축하했다. 이중열 부인은 남편 동료라는 인맥을 통해 수혜자가 된 것이다.

수혜자로서 여성들은 남편의 관직 동료들로부터 여행 중에 큰 도움을 받기도 했다. 여성들의 인적 관계망 안에 있는 남성들은 여성들이 먼 거리를 갈 경우 곁에 보호하는 이들을 붙여주거나 여성들이 여러 날 동안 길 위에서 생활하는 데에 필요한 물품을 제공해주었다.

> 해복이 올 때 병사가 후하게 노자를 주고 또 짐 실을 말 2필을 두어 서울까지 올려보냈다. 또 영리를 시켜 여산까지 호송해줬다. 각 관아에서도 음식을 대접하고 혹은 점심을 주기도 했다. 강진, 태인에서는 쌀 1석씩을 주어 노자로 삼게 했다. 영암의 나 판관도 양곡과 콩을 각각 5되씩 주었으며 정읍, 금구, 은지에서도 그랬다. 태인, 임피 두 읍에서는 짐 실을 말을 내주었다. 임피에서는 양곡 콩을 주었고, 전주 관아에서는 삼례에서 먹을 점심을 주었다. 덕분에 해복이 무사히 왔다.

이는 1572년 9월 해복이 해남에서 서울로 오는 도중에 받은 혜택이다. 해복은 유희춘과 첩 방굿덕 사이에서 태어난 서녀이다. 방굿덕은 은진 현감을 지낸 이구(李懼)의 여종이다. 조선시대 종모법에 따라 해복의 신분은 노비였고 역시 이구의 소유였다. 유희춘은 이구와 인척이 이원록에게 부탁해 이구가 해복을 면천해주기를 요청했고 1569년 2월 즈음에 허락을 받아냈다. 1년 뒤에 장예원 서리를 통해 입안절차를 밟았고 1570년 10월에 속량되어 노비 신분에서 벗어났다. 비록 양민으로서 양반은 아니었어도 해복은 유희춘의 서녀여서 각 지방 관아로부터 물품을 후하게 받을 수 있었다. 해남, 강진, 영암, 태인, 임피, 전주의 관리들은 해복에게 짐 실을 말, 양식, 식사 등을 제공했고 그 덕택에 해복은 서울까지 '무사히 잘 오게 되었다. 해복은 아버지의 관직 인맥을 통해 자신도 그 인맥 안에 포섭된 것으로서 거꾸로 보면 해복의 인적 관계망이 새롭게 만들어진 것이고, 이 관계 속에서 수혜자가 된 것이다.

한편 여성들은 인적 관계망 속에서 적극적인 증여자 역할도 행했다.

> 참판 유세린의 부인이 종을 보내 그전 문하생 유번의 처 이씨의 소식을 물었다. 그녀는 전한 이제의 딸이다. 내가 왔다는 소식을 듣고 먹을거리와 김치, 장을 갖추어 보낸 것이다.

참판 유세린 아내는 남편을 통해 알게 된 유희춘에게 물품을 보냈다. 유세린은 중종, 선조 때 활동했다. 임진왜란 때 의병을 모아 왜구를 무찌르고 선조가 영창대군을 부탁하는 유언을 받았던 유영경의 조부이다. 유희춘은 귀양 가기 전 유세린과 동료로 친분을 다졌다. 유희춘이 복직되어 서울로 오게 되자 그 부인 이씨는 남편의 옛 동료를 생각하여 보냈다. 이후 그녀는 벼, 동과, 생조개, 과일과 같은 먹을 거리부터 먹과 같이 글을 쓰는 데에 필요한 물품까지 두루 보냈다. 『미암일기』에는 1567년부터 1570년까지 유세린 부인과 유희춘이 서로 주고 받은 물품들에 관한 기사가 자주 등장한다. 그만큼 유세린 아내는 남편을 통한 인적 관계망 속에서 물품을 증여함으로써 친분을 다지는 역할을 적극적으로 하고 있다.

이처럼 여성이 남성에게 다양한 물품을 보냈는데 대체로 먹을 거리와 옷 등을 지어 보내거나 남편의 책을 빌려주는 일도 했다. 이러한 물품 증여로 인해 남성들과의 인적 관계망을 견고히 하는 데에 적극적이었다. 한편으로 여성끼리도 주고 받았다.

> 변백윤의 처 이씨는 이추의 여동생이다. 이달 초하룻날 부인의 부름을 받아 여기 왔는데 옹색함을 도와주느라 옷을 주었다. 이씨는 갖고 가서 매번 일가의 여종들이 오면 그 옷을 내보이고 부인의 현숙함에 대해 감탄했다고 한다.

이추의 여동생은 이맹호 증손이며 이맹호는 송덕봉 외할머니의 친정아버지이다. 둘은 6촌 간이다. 이씨는 결혼했는데 1569년에 6촌을 찾아왔고, 이때 송덕봉은 이씨의 상황을 보고 옷을 주었다. 이씨도 채소나 소금 등을 송덕봉에게 보냈다. 여성들도 서로 물품을 주고 받음으로써 친족의 결속력을 강화하면서 인적 관계망을 관리하였다. 또 여성의 행차가 머무는 장소는 여성 상호간 물품을 주고 받는 큰 장(場)이 되기도 했다.

> 새참에 내행을 맞이하기 위해 한강으로 나갔다.…(중략)… 최정언의 내실, 나 첨정의 아내, 김승지의 첩, 단성 수령의 아내 등이 모두 떡을 준비해 여종을 시켜 맞이하게 했다.…(중략)…참판 유경심 부인 배씨도 또한 떡을 마련해 한강으로 보내왔다.

1568년 9월 송덕봉이 서울로 들어온 날의 환영자리이다. 유희춘은 아침 일찍 한강으로 나갔고 의정부에서 이미 천막을 설치하고 송덕봉을 맞을 준비를 하고 있었다. 송덕봉이 온다는 소식을 듣고 최순(崔純), 나사선(羅士愃) 송준 등의 아내와 김계(金啓)의 첩이 때를 맞춰 떡 등을 준비해 주었다. 송덕봉이 집에 도착하자 이진(李震)의 부인이 반찬과 과일을, 이신열(李申悅) 부인 조씨도 여종을 통해 물건을 보내왔다. 이들은 남편의 관직 동료의 아내, 첩으로서 남성들과 같이 동료적 인적 관계망을 맺고 상호 증여, 수혜자로서의 역할을 한다. 환영 또는 전별 자리는 여성들이 한번에 모여 물품을 증여함으로써 자신을 드러내고 그 관계망을 견고하게 만들 수 있는 기회로 삼았던 것이다.

2) 청탁하기: 벼슬부터 물건까지

조선시대 남성 관료들은 '칭념'이라는 용어를 써가며 필요한 것이 있으면 서로 청탁했다. 수령으로 부임하는 곳에 살고 있는 친지나 노비들을 잘 돌봐달라는 내용부터 관직 청탁까지 있었다. 이는 관직에 있는 남성들의 동료 인맥을 통해 이뤄졌다. 여성들의 인적 관계망은 공적인 영역에서 직접적으로 이뤄지지 않았다. 그러나 자신들의 인적 관계망에 든 남성들을 통해 청탁하였다. 여기에는 반드시 물질적인 호혜가 이루어졌고, 그것은 선물로 여겨졌다. 선물은 일종의 정서적 친밀감을 강화하는 기능을 했다. 여성들은 이를 청탁하는 데에 십분 활용했다.

　　남원에 사는 한매(韓妹)가 사람을 보내 편지를 전해왔다. 판관 이원욱을 구해달라고 요청했다.

　　남원에서 여동생에게 편지가 왔다. 계문을 올려 파직 시킨 판관을 구해달라고 했다.

한매는 유희춘의 여동생으로 한사눌(韓士訥)과 결혼했다. 남원에 살았는데 둘은 서로 지속적으로 소식과 물품을 전했다. 이 기사는 1571년 때의 일이다. 이때 유희춘은 전라감사였는데 4월에 전라도를 순행할 때 계문을 올려 남원 판관이었던 이원욱(李원旭)을 체직시켰다. 일기 내용에 의하면 일기 내용에 의하면 이원욱이 아파서 거의 4개월 동안 누워 있어 간신히 명을 받들어 수행하는 상황이었다. 그래서 건강상의 이유를 들어 계문을 올려 체직하도록 한 것이다. 이 일로 인해 이원욱은 불만을 품고 상경하여 유희춘에 대한 좋지 않은 소문을 퍼뜨리고 다녔다. 유희춘은 '계를 올린 것은 그의 건강 때문이지 정사(政事) 때문은 아니다.'라고 했고, 이미 결정된 일이므로 되돌릴 수 없다고 했다. 그럼에도 불구하고 여동생은 4월 6일부터 16일까지 거의 매일 유희춘에게 편지하여 이원욱을 구해달라고 청탁했다. 유희춘은 여동생에 대해 '남원 여동생 집 종들이 매일 오니 참으로 우습다.'라고 말했다. 9월에 유희춘은 남원에서 여동생을 만났을 때 전후 사정을 캐물었다. 여동생은 '옆에 있는 사람들이 강요했기 때문에 그렇게 할 수밖에 없었다.'고 말했다. 주변 사람들이 전라감사의 여동생임을 알고 그녀를 통해 청탁을 넣었다. 그리고 여동생은 이를 거절하지 않고 오히려 적극적으로 남성 인맥인 '오빠'에게 청탁한 것이었다.

> 송충록을 불러다가 이형개의 처 김씨의 상언을 쓰게 했다. 내용인즉 두 아들 성희와 인희가 선원에 기록되지 않은 이유로 군적을 작성할 때에 본관이 살피지 못하고 군역으로 정해버려 원통하니 풀어달라는 것이었다. 충록이 다듬어 고쳐서 잘 써주니 기쁘다.

> 종친부 서리가 선원록을 상고하고 와서 고하는데 정덕 병자년조에 화개령의 아들이 가이와 도치로 실려 있고 또 충훈부의 자손록을 보니 그 벼슬이 실려 있고 아들의 이름은 원개, 형개로 되어 있다고 한다.

이 기사는 군역과 관련한 청탁이다. 선원록(璿源록)에 기재되지 않았다는 말을 보면 이형개나 그 아들 이성희, 이인희는 종친에 속했던 것으로 보인다. 『미암일기』에 의하면 이형개의 아들 이성희가 유희춘을 찾아와 인사했다는 기사가 여러 번 나온다. 김씨는 아들로 인한 인적 관계망 안에 유희춘을 기입했다. 그리고 아들의 군역과 관련한 청탁을 했다.

조선시대에 왕의 친족에 드는 이들은 다양한 혜택을 받았는데 군역 면제도 그 중 하나였다. 이씨는 자신의 아들들이 종친임에도 불구하고 선원록에 기재되지 않았다고 하여 군역을 하게 된 사실을 알고 상언할 준비를 했고 그 글을 유희춘에게 부탁했다. 기사를 표면적인 관점에서 보면 서사관인 송충록을 불러다 '상언을 쓰게 했다.'고 하여 정서하게 한 것으로 보인다. 그러나 이 과정을 통해 김씨의 억울한 사정이 전달되고 이를 유희춘으로 하여금 해결하도록 유도하는 청탁인 것이다. 왕의 친족으로 군역을 면제 받기 위해서는 증거가 있어야 했고 선원록은 충분한 증거가 될 수 있었다. 조선시대 왕의 친족들은 선원록에 기재되었는데 왕의 내외손 6대까지 기록되었다. 김씨는 남편이 종친에 속했다고 여겼고 그 아들인 이성희, 이인희도 종친의 자손이므로 마땅히 군역 면제를 받아야 한다고 생각했다. 유희춘은 김씨가 상언을 제출하도록 하고 한편으로는 김씨의 청탁을 수용하여 종친부 서리에게 조사하게 했다. 종친부 서리는 선원록과 충훈부 기록 둘다 살펴봤고 선원록에는 이름이 가이, 도치로 실려 있고 충훈부 〈자손록〉에는 원개, 형개로 기재되어 있다고 했다. 충훈부는 공신과 그 자손들을 관리하는 곳으로 3년마다 자손록을 개정했다. 이 또한 공신과 그 후손들에게 군역 면제, 음서 등의 혜택을 주기 위해서였다. 선원록에 이원개, 이형개 이름이 없고 다만 충훈부의 〈자손록〉에만 기록되어 있었으므로 '종친'으로서 군역 면제를 받을 수 없는 상황이 되었다. 김씨의 청탁은 그 결과가 미흡하기는 했지만 아들의 인맥을 자신의 관계망으로 끌어들여 군역 면제를 청탁을 위해 적극성을 보였던 것이다.

여성들은 아들의 군역 면역을 위해 청탁을 하는 한편 집안 후사를 세우는 일을 청탁을 통해 해결하기도 했다.

> 진천의 이문학의 내실인 이씨의 단자가 왔다. 문학의 형 정자 이치의 셋째아들 응남을 후사로 삼으려고 예조에 단자를 제출하겠다고 했다.

> 진천의 고 교리 유추 이여선생의 부인 이씨가 단자를 보내 응의 아들로 뒤를 이을 수 있게 힘써 달라고 했다.

이 기사는 이여의 아내 이씨가 후사를 세우기 위해 1573년 2월과 8월에 유희춘에게 청탁한 내용이다. 이여(李畬)는 지가 유추(有秋)이다. 중종이 죽고 인종이 즉위할 때 이른바 소윤, 대윤으로 갈려 세력 다툼이 있었다. 이때 이여는 윤원로를 배척하면서 윤원로를 없애야 왕위의 정통을 이어갈 수 있고 조정이 조용해진다는 말을 했다가 곤욕을 치렀다. 결국

이 일로 인해 1542년 40세의 젊은 나이로 죽었다. 역학에 뛰어난 것을 인정받아 인종이 동궁이었을 때 주역 강의를 위해 뽑혔는데 이때 이언적이 빈객, 유희춘이 사서였다. 유희춘은 복직한 후 이여와의 옛 신의를 동료와의 신의를 지키며 그 아내인 이씨의 처치에 대해 염려하여 왕에게 곡식을 내려 줄 것을 요청하기도 하고 지속적으로 소식을 주고 받았다.

이씨도 유희춘의 소식을 듣고 후사를 세우는 일에서 유희춘을 청탁자로 골랐다. 이씨는 처음에 이여의 형인 이치(李蕗)의 둘째 아들 봉남을 후사로 삼았다. 『미암일기』 1568년 4월 7일 기록에 '이여 부인 이씨가 무탈하고 계후자인 연이 문학적 재능이 있다고 한다.'라고 했고 유희춘은 옛 정을 생각해 먹 하나를 부쳐 보냈었다. 이씨는 1572년 10월에 시집 조카인 응남을 유희춘에게 보내 인사하게 했었다. 그리고 후사로 세운 봉남이 죽자 1573년 2월 18일에 유희춘에게 포(脯)를 보내면서 이치의 셋째 아들이며 죽은 봉남의 동생인 응남을 다시 후사로 세우겠다고 알려 왔고, 1573년 3월 4일에 단자와 산약 20개를 유희춘에게 보내면서 '응남을 후사로 세우겠다.'고 재차 말했다. 이어서 8월 5일에는 햅쌀과 말린 꿩을 보내면서 또 다시 단자를 보내 후사 문제를 힘써 달라고 했다. 이씨의 상언이 올라간 후 1573년 11월에 예조에서 특별한 은총을 내려 허락해 주기를 아뢰었지만 허락을 받지 못했고, 1574년 2월에 정원에서 다시 아뢰자 그대로 하라고 허락이 내렸다.

이 사이 유희춘은 이씨의 청탁을 위해 힘썼던 것으로 보인다. 『미암일기』 1573년 11월 9일 기록에 정유길의 일처리가 물 흐르듯 했는데 내 말도 많이 채택하였다고 하면서 이 일을 썼다. 이 일에 대해 유희춘은 '봉남이 죽고 그 동생 응남을 후사로 다시 세우는 것이 인정과 법에 부합한다.'는 취지로 말했고, 정유길이나 예조에서 자신의 말을 채택했다는 것이다. 이씨의 청탁에 대해 유희춘은 적극적으로 부응하여 일을 도와주었고 이씨는 남편의 옛 동료와의 인적 관계망을 통해 집안 후사를 세울 수 있었던 것이다.

한편, 첩들도 남편이나 집안을 위해 적극적으로 청탁하여 집안을 지켜 나가기도 했다.

> 지평 김저의 첩이 사람을 보내 이조에서 직첩을 받아달라고 하여 나는 즉시 신정랑에게 편지를 보냈다.

> 이조의 신정랑이 김저의 직첩 19벌을 찾아서 보내왔다. 나는 슬픈 마음을 이기지 못하고 즉시 지평 김저의 첩의 집으로 보냈다.

이 기사는 김저의 첩이 남편의 직첩을 이조로부터 받아낸 내용이다. 1568년 4월에 유희춘은 옛 동료인 김저(金䃴)의 첩을 찾게 했다. 그녀는 명례방에 살고 있었는데 김저가 죽은 후에도 수절하고 있었다. 김저는 자가 학광(學光)으로 유희춘과 함께 관직 생활을 했었다. 명종이 즉위한 후 문정왕후가 윤임의 세력을 내쫓으려고 윤원형에게 밀리를 내렸다. 이 일에 대해 신하들 사이에 논란이 많았다. 이추(李樞), 백인걸 등은 문정왕후의 밀지가 명령의 공식 계통인 정원을 통하지 않을 것을 강하게 비판했고, 김저는 이런 일이 있을 줄 미리 짐작은 했지만 문제를 크게 만들 것이라고 여겨 공론화하지 않고 대신 자신이 물러나는 체직을 요청했었다. 하지만 을사사화와 양재역 벽서사건이 잇달아 발생하고 사건 처리 과정에서 김저는 삼수에 유배되었다가 1545년 사사되었고, 집안 재산은 적몰당했다.

1567년 선조가 즉위하자 을사사화 때 억울한 이들을 사면해주자는 논의가 있었다. 아울러 적몰당한 재산도 돌려주라는 명을 내렸다. 김저의 첩은 김저가 죽은 후 거의 20여 년간 수절하면서 지냈다. 유희춘은 사면과 재산을 되돌려주는 일이 결정되자 종을 시켜 김저의 첩을 찾았던 것이다. 그리고 백미 1말, 대해(大海) 4장을 보냈고 김저의 첩이 사례를 했다. 또한 김저의 형 아들로부터 사례를 받기도 했다.

2년 후 김저의 첩은 남편의 직첩을 받아내고자 했고 유희춘에게 그 일을 부탁했다. 유희춘은 즉시 이조에 알려 며칠 사이에 김저의 직첩 19벌을 받아냈다. 김저의 형 아들이 삼촌의 첩을 돌봐주어서 사례했다는 것을 보면, 첩은 김저에 대한 신의를 지켰던 듯하다. 그녀는 적몰된 재산이 환급되었을 때 옛집으로 돌아와 남편의 직첩을 모두 받아내기로 했다. 직첩은 남편의 벼슬 증거이다. 직첩을 집안에 보관해둠으로써 남편의 경력과 가문의 내력을 증빙하려 했던 것으로 보인다. 직첩뿐 아니라 관의 문서를 받아내는 일은 쉽지 않았고 시간이 많이 걸리는 편이었다. 그러나 이 기록을 보면 단 하루만에 직첩 19개를 작성해서 내주었다. 김저의 첩은 김씨 집안을 다시 일으키고 존속시키려는 자신의 뜻을 이루고자 빠르게 받을 수 있는 방법으로 청탁을 한 것으로 보인다.

3) 남성의 인적 관계망 확장해주기

조선시대 여성들은 친가, 외가, 시가 등의 사람들을 통해 인적 네트워크를 만들었다. 배우자인 남편을 통해 공적 영역에 있는 집 밖 사람들에게까지 확장했다. 그 안에서 수혜자와 증여자가 되기도 했고, 청탁도 했다. 아울러 자기 집안 남성을 자신의 인적 관계망 속에 넣음으로써 그들의 인적 관계망을 확장시켰다. 남성들의 인적 관계망은 혈연·지연·학문·관직 등의 관계에 의해 성립되었고 대개 공적 영역에서 형성되었다. 이는 남성들 스스로 만든 인적 관계망이었는데, 여성들 또한 자기 집안의 남성들의 인적 관계망 확장에 적극적이었다.

> 진천의 교리였다가 돌아가신 이유추는 휘(諱)가 여(畬)이다. 선생의 조카 응남이 교리 부인의 명으로 찾아와서 사례 인사를 했다. 자세히 물어보니 홍인지가 현감으로 있을 때에 달마다 주는 관례 외에 찬미(饌味)을 더 보내주었다고 한다.

위 일화는 이응남이 1572년 10월에 유희춘을 방문한 내용이다. 이응남은 이여의 형 이치(李菑)의 아들이고 이여의 조카이다. 이여의 부인 이씨는 시조카인 이응남을 시켜 유희춘에게 인사하게 했다. 유희춘과 이씨는 그 동안 지속적으로 연락했고 유희춘은 이씨의 사정을 헤아려 도움을 주기도 했다. 이 일화에 의하면 홍인지가 진천 현감으로 왔을 때 관례보다 더 많은 음식을 주었는데 이씨는 이것이 유희춘의 배려라고 여겼다. 그리하여 시조카를 시켜 인사하게 했던 것이다. 이는 사례 행위인 동시에 이응남의 인적 관계망을 외연, 확장하는 계기였다. 이씨는 이응남이 유희춘을 방문하게 해 시조카의 인적 관계망을 넓혀 주었다. 이응남은 숙모가 그녀의 인적 관계망에 자신을 넣어줌으로써 자신의 인적 관계망 확장할 수 있었던 것이다.

> 김희경을 초청하여 혼사를 논의했다. 그것은 안기수의 처 김씨가 자기 친정과 시가의 두 오촌 조카를 짝을 지어주려고 권하는 것이다. 바로 돌아가신 평산부사 조우부의 아들과 생원 아무개의 딸이다. 혼사가 이루어질 것 같다고 한다.

안기수의 처가 혼사를 주도하고 있다. 유희춘은 김희경을 초청해 혼사를 논의하고자 했다. 혼사는 공적으로 남성끼리 논의하지만 혼사 관련 일을 구체적으로 수행하는 사람은 안기수의 처 김씨이다. 조씨와 김씨 집안을 사돈으로 맺어주고자 하면서 두 집안의 사람들의 인맥을 새롭게 확장시킨다. 혼사는 두 집안이 인척이 됨으로써 남성과 여성에게 동시에 인적 관계망을 확장할 수 있다. 여성들은 혼사 논의를 주도하면서 집안 남성들을 자신의 인적 관계망에 넣어 그들의 인맥을 확장시켜 준다.

이처럼 여성은 자신의 인적 관계망 속에 또 다른 남성이나 여성을 첨입시킴으로써 자신뿐 아니라 남성의 관계망도 확장해주고 남성의 공적 활동 영역이 확대시켰다.

5. 남성·여성 간의 호혜(互惠)와 조화에 기반한 삶

　이상과 같이 『미암일기』에 나타난 조선 중기 여성들의 인적 관계망과 그 안에서 수행된 여성들의 활동을 살펴보았다. 그녀들의 인적 관계망은 남편을 경유하여 남편의 관직 동료와 그들의 부인, 남편의 첩 쪽 사람들과 관계망을 형성하고 있었다. 또한 친가와 시가 양쪽에 걸쳐 인적 관계망을 맺었고 촌수의 관점에서 볼 때 8촌까지 뻗어 있었다. 특히 촌수가 먼 경우는 주로 여성의 친가 쪽이었다. 여성들은 인적 관계망 안에서 수혜자였고 동시에 증여 행위를 통해 친밀도를 높였다. 또한 집안의 후사를 세우는 일, 자식의 군역 면제, 남편이나 집안 남성들의 벼슬 구하기 등과 같은 일을 청탁하는 데에 적극성를 보였다. 심지어 지역민들의 청탁을 받아 다시 청탁하기도 했다. 이처럼 여성들은 청탁자 또는 청탁 수용자의 역할을 하였다. 나아가 자신의 인적 관계망 안에 집안 남성들을 넣음으로써 그들의 인맥 확장을 시도하기도 했다.

　조선 중기는 조선 초기에 비해 여성들이 상대적으로 덜 자유로웠고 법적 지위, 집안에서의 위상, 재산상의 권리 등에서 축소되었다. 그러나 여전히 친가 쪽 사람들과 폭넓은 인적 관계망을 맺었다. 남편 동료들이나 그들의 부인들과 관계를 맺고 교류함으로써 집 밖의 인적 관계망을 통해 대외적 활동을 비교적 자유롭게 할 수 있었다. 이는 조선 후기와 다른 모습이다. 송덕봉은 결혼 후에도 송씨들이 많이 살던 친정 담양에서 살았고 친정 사람을 중심으로 인적 관계망을 만들었다. 그녀의 조카 송진은 송덕봉의 문집을 엮어 선물하기도 했다. 조선 후기의 경우 여성작가인 서영수합의 문집은 남편 집안인 홍씨 집안사람들에 의해 엮어졌다. 여성 대상 교훈서에서도 조선 후기로 갈수록 혼인 후 여성들의 행위를 그 집안의 흥망과 직결시키며 시가 구성원들과의 관계 맺기에 대해 집중적으로 서술하였다. 이는 여성들의 인적 관계망이 시가 쪽으로 옮겨져 그쪽과의 관계망이 확대된다는 의미이다. 이에 따라 여성들의 인적 관계망은 친가

쪽보다 시가 쪽 비중이 늘어나는 경향이 강했다. 이처럼 조선 중기 여성들의 인적 관계망은 조선 후기에 비해 비교적 친가 쪽 비중이 큰 편이다.

이러한 사실로 미루어볼 때, 조선시대 여성들과 남성들은 일상의 삶 속에서 상호 부조함으로써 호혜의 관계에 있었다. 조선시대 남성들만의 활동을 중심으로 바라보는 관점에서 비켜서서 여성과 남성의 관계에 대한 동시적 성찰이 이루어져야 할 것이다. 그럼으로써 인간으로서 호혜(互惠)하며 조화를 이루면서 살았던 그들의 삶의 모습의 실체가 더 잘 드러나게 될 것으로 보인다.

『미암일기』은 조선 중기 일상의 모습을 여실히 보여준다. 이에 더해 유희춘이 자신과 교유하던 사람들의 상호 인적 관계망을 구체적이고 자세하게 서술함으로써 여성들의 집 밖 인적 관계망도 구체적으로 드러날 수 있었다. 이런 점에서『미암일기』는 남성뿐 아니라 조선 중기 여성들의 삶 속에서 형성되었던 인적 관계망의 양상과 경계, 관계망 속에서 여성들이 수행했던 삶의 양상을 보여주는 텍스트로서의 의의가 크다.

참고문헌

유희춘,『미암일기』, 고전번역원 DB(https://db.itkc.or.kr/)
_____,『미암일기초』(조선총독부 조선사편수회, 1938, 담양문화원, 영인본), 1990.
유희춘, 이백순 역,『(다시 읽는) 미암일기』, 담양군, 2004.
구완회,「조선 중엽 사족서얼자녀의 속량과 혼인-『미암일기』를 통한 사례 검토-」,『경북사학』 8(1), 14-79, 1985.
김명화,「조선후기 충훈부의 공신자손 파악과 수단-『충훈부등록』과 공신자손세계단자를 중심으로-」,『고문서연구』 56, 81-117, 2020.
김세서리아,「조선 유학의 가족 서사를 통한 관계적 자아의 정교화: 송덕봉의 서간문에 나타난 부부서사를 중심으로」,『한국여성철학』 25, 1-33, 2016.
김영석,「고려시대와 조선초기의 상피제」,『서울대학교법학』 52(2), 91-119, 2011.
김현숙,「조선 여성의 선물 교환 실태와 緣網-19세기 중반 호서지역을 중심으로」,『조선시대사학보』 75, 53-89, 2015.

문희순, 「16세기 여성지식인 덕봉(德峯) 송종개(宋鍾介) 문학의 특징과 의의」, 『호남사학회』 44, 165-198, 2011.

박미해, 「조선중기 예송·증송, 별송의로서의 처가부양」, 『한국사회학』 42(2), 138-163, 2008.

송재용, 「『미암일기』의 글쓰기 방식 일고찰」, 『동양고전연구』 30, 43-67, 2008.

원창애, 「조선후기 선원보첩류의 편찬체제와 그 성격」, 『장서각』 17, 39-72, 2007.

이근호, 「17세기 전반 경화사족의 인적관계망=≪世舊錄≫의 분석을 중심으로-」, 『서울학연구』 38, 151-194, 2010.

이성임, 「16세기 조선 양반관료의 사환과 그에 따른 수입」, 『역사학보』 145, 91-146, 1995.

_____, 「조선 중기 양반관료의 '칭념'에 대하여」, 『조선시대사학보』 29, 47-74, 2004.

_____, 「16세기 양반사회의 선물경제」, 『한국사연구』 130, 53-82, 2005.

_____, 「16세기 양반의 칭념 수수와 그 인적 배경」, 『사림』 82, 수선사학회, 293-330, 2022.

이영춘, 「16세기 사림파와 김저의 정치활동」, 『한국사상과 문화』 12, 93-117, 2001.

이재령, 「유교의 공사관계와 조선왕조의 상피제」, 『법철학연구』 17(2), 155-182, 2014.

이재옥, 「조선시대 과거합격자의 디지털아카이브 편찬과 인적 관계망 구현」, 한국학중앙연구원 박사학위논문, 2017.

이종범, 「조선전기 담양 대곡 송씨가의 성장과 관계망」, 『호남학』 50, 235-272, 2011.

전경목, 「숨은그림찾기:유희춘의 얼녀 방매명문」, 『장서각』 32, 78-107, 2014.

전경목, 「『미암일기』를 통해 본 16세기 양반관료의 사회관계망 연구」, 『조선시대사학보』 73, 71-113, 2015.

조영준, 「조선후기 조직의 부의와 경제적 성격」, 『규장각』 40, 171-196, 2012.

최주희, 「16세기 양반관료의 선물관행과 경제적 성격」, 『역사와 현실』 71, 245-289, 2009.

한춘순, 「명종대 을사사화 연구」, 『인문학연구』 2, 317-357, 1998.

● 이 장은 『문화와 융합』 45(5)에 실린 논문을 수정, 보완한 것이다.

02장

호남 누정 '소쇄원'의 메타버스 활용 방안

1. 왜 지역학인가

　최근 지역학에 대한 열기가 높다. 지역학이란 특정 지역에 대한 정치·경제·사회·문화 및 역사적 특성 등을 중심으로 종합적이고도 총체적인 지식을 탐구하는 것을 목적으로 하는 학문을 말한다. 새로운 학문 체계로 받아들여지고 있는 이 지역학은 아이러니하게도 세계화 경향으로 시작된 '한류열풍' 속에서 본격화하기 시작했다.
　지역학에 대한 관심의 시작은 1990년대로 거슬러 올라간다. 당시의 주류였던 이데올로기의 대립과 냉전 구조가 붕괴되면서 구(舊) 질서는 새롭게 재편되었고, 이 변화의 바람을 타고 국제협력과 교류가 전 지구적으로 확산되기 시작한 것이다. 이 국제 정세의 변화 속에서 우리나라의 대외 교역도 확대되기 시작하는데, 세계화 정책을 뒷받침하기 위해 해외의 각 지역에 대한 정보와 지식의 생산이 중요해졌다. 이에 발맞춰 정부 주도의 지역학 지원정책이 대대적으로 추진되기 시작한 것이다.[1] 즉, 세계화 정책

---

[1] 고상두, 「한국의 동북아 지역연구: 한중일 갈등극복을 위한 모색」, 『정치·정보연구』 제21권 1호, 한국정치정보학회, 2018, 38쪽.

으로 우리나라의 대외 교역이 확대되기 시작하였고, 한국 기업의 해외시장 진출 양상이 다변화되면서 '한류 열풍'의 물꼬가 트이게 된 것이다.

'한류 열풍'은 콘텐츠 개발의 중요성을 인식하게 했고, 세계무대에서 통용되는 보편적인 콘텐츠 개발과 함께 지역 정체성에 기반을 둔 전통문화유산에 대한 개발의 필요성이 커지게 되었다. 세계화, 한류 경향이 역설적이게도 지역문화의 중요성을 강조하는 계기로 작용한 것이다. 이후 2000년대부터는 공공 및 민간 영역 모두에서 지역학 연구의 관심이 높아졌다.

지역학은 몇 가지 점에서 특징을 갖는다. 우선 학문적 지식 자체를 목적으로 삼는 인문학, 자연과학 등의 순수학문과 달리 지역 현안과 현상에 대한 분석을 통해 실제적인 해결방안을 모색한다는 점에서 차별성을 갖고 있다. 또 지역학은 다른 지역과 구별되는 상대적 개념으로 그 지역을 이해하고 분석하면서 그 지역의 정체성을 확립하고, 지역주민의 애향심을 고취시키는 실용학문으로서 의미를 갖는다는 점에서도 일반 학문과는 차이가 있다. 이런 점에서 지역학에 대한 논의는 보다 다각적이고 다양한 방향으로 학제적인 관심 속에서 연구되고 논의돼야 한다.

그렇다면 지역학이 지역학으로서의 역할을 충실히 수행해 내기 위한 출발점은 어디에서 시작되어야 하는 것인가에 대한 질문에 답을 모색할 필요가 있다. 지역학이 개별 학문 분야를 넘어 지역의 총체적인 이해와 이를 바탕으로 지역의 현안과 발전을 위해서는 1차적으로 문화 자원에 대한 발굴과 데이터화가 필수적이다. 특히 발굴된 자료들이 개별 학문 분야를 넘어 학제간 연구는 물론이고 다(多)학문 간에 총체적 접근이 가능할 수 있기 위해서는 메타데이터, 즉 '데이터'로 활용하기 위해 구조화된 데이터로 가공하는 작업이 중요하다.[2]

누구나 쉽게 접근이 가능한 구조화된 데이터는 IT와 만나 무한히 확대

---

[2] 박진한 외, 「인천학의 현황과 지역학연구의 새로운 방향 모색-공간정보기술의 활용과 디지털 인문지도 구축」, 『열린정신 인문학연구』 17권 3호, 원공대학교 인문학연구소, 2016, 51-53쪽.

재생산되면서 지역 재생, 지역 활성화를 위한 관광, 문화자원 개발과도 즉각적으로 결합할 수 있기 때문이다. 이러한 재생산화의 목표는 지역의 정체성과 차별성을 획득하여 궁극적으로는 지역문화의 발전에 앞장서게 한다는 점에서 가치와 의미를 갖는다.

물론 지역문화 정체성 찾기에 대한 노력이 그동안 이뤄지지 않은 것은 아니다. 자치단체 기구의 문화정책을 중심으로 활발하게 진행돼 온 것도 사실이다. 그러나 면면을 살펴보면 지역 관련 콘텐츠들이 경쟁하듯 발표되기는 하였으나 대부분 다른 지역 성공 사례를 모방, 조합하는 수준을 벗어나지 못하고 있음을 인정해야 할 것이다. 이는 그동안 출시된 문화콘텐츠 중에서 지속적으로 문화 성장에 기여한 사례가 드물다는 점이 입증할 수 있을 것이다.

이에 호남 문화유산 중 문화 콘텐츠로서의 잠재적 가치를 지니고 있으면서, 동시에 지속적으로 문화 성장에 기여할 수 있는 자원으로서 '누정'을 보다 본격적으로 개발하기 위한 대안을 찾고자 한다. 바로 '메타버스' 활용 방안의 가능성에 대한 모색이 본 논의의 핵심 취지다. 호남의 문화유산 중 글로컬로서의 성장과 확장 가능성이 높은 누정을 중심으로, '호남의 누정'을 어떻게 메타버스로 활용할 수 있을 것인지 가능성을 제시해 보고자 하는 것이다.

한편, 지역학으로서 누정에 대한 연구는 기본적으로 과거와 현대를 잇고 계승하며 새로운 삶의 가능으로서의 교두보 역할을 할 수 있을 것으로 판단된다. 이에 대한 기대효과는 다음 세 가지로 정리될 수 있다.

우선 지역주민의 애향심을 고취시키고 지역문화의 이해와 여론 형성의 구심점 역할을 할 수 있다는 점이다. 지역 내에서 발생하는 갈등 상황을 해결하는 데 있어 분명한 기준을 제시할 수 있는 지렛대 역할을 하게 될 수도 있고, 지역 주민의 가장 큰 불만 사항인 문화생활 결핍에 대한 해소 방안에 대단히 효과적인 방책이 될 수도 있다. 둘째, 지역만의 고유한 색깔을 확립하여 지역 주민의 자긍심을 고취시키고 지역 발전에 대한 열의를 자극하여 다른 지역과의 경제적 교류를 촉진시키며 지역민들의 지역 정치에 대한 참여 열기를 높여 민주주의 의사결정 구조를 더욱 확고하게 다지는 초석으로의 역할을 기대할 수 있다. 이러한 성과들이 상대적으로 적은 투자를 통해서 얻을 수 있다는 점에서 지역학 연구의 생산성은 특히 강조될 만하다.[3]

셋째, 이 논의는 전통적인 누정 문화에 대한 현대적 가치로서의 재인식과 문화자원으로서의 활용 방안을 제안한 것이라는 점에서 과거의 누정문화가 가지고 있는 문화공동체로서의 가치를 현대의 문화공간으로 재 편입하는 작업으로, 지역을 살아있는 정치적·경제적·문화적 공동체로 기능할 수 있게 한다는 점에서, 또 과거와 현대라는 시간과 공간의 한계를 극복하고 새로운 삶의 연장 공간으로 기능할 수 있게 한다는 점에서 가치 있는 작업이라고 할 수 있을 것이다.

2. 누정의 기능과 가치

1) 문화재로서, 공동체적 공간으로서의 가치

누정(樓亭)이란 누각(樓閣)과 정자(亭字)를 말한다. 누각은 대체로 관(官)에서 건립한 공적 건물이며 정자는 대부분 사적인 건물을 의미한다. 누정은 건립 목적과 건립 주체에 따라 의미를 달리하기는 하나, 누정마다 기능은 어느 정도 차이가 있다. 그러나 일반적으로 보았을 때, 누정의 기능은 상류계층인 선비들의 유휴소로서, 또는 지적 활동의 산실로서 의미를 지닌다. 즉 상류계층인 선비들이 정치인으로서, 유학자로서, 또는

---

3) 오영교, 「지역학의 대두와 강진학」, 『다산과 현대』 8, 연세대학교 강진다산실학연구원, 2015, 214쪽.

교육자로서 그들의 활동과 관련하여 많은 누정들을 건립하였으며, 이러한 공간에서 선비들은 선비로서 갖추어야 할 가치관과 의지를 함양하고 실천하였던 것이다. 그런 점에서 누정은 선비됨의 과정과 선비사상을 실천하기 위한 수양적 공간이라고 할 수 있다.

누정이라는 공간이 갖는 또 하나의 특이점은 주거하는 가정의 공간이 아니라 별서로서의 공간이라는 점에 있다. 그런 이유로 누정에서는 시문을 제작하거나, 강학을 베풀거나, 담론을 펼치거나, 휴식을 취하는 등 주로 문화 활동이 이루어졌다. 당시의 개인적인 사색이나 사회적 교류의 중심에는 항상 누정이 있었던 것이다.[4]

그렇다면 누정 문화는 언제부터 시작되었을까? 우리나라에서 누정 건립의 시작은 삼국시대로부터 추정되며, 조선시대에 와서 활발하게 이루어졌다. 누정 건립에는 신선사상, 유교사상, 풍수지리사상 등이 근간으로 작용하였다. 그러다 고려말 들어 온 성리학이 그간의 사상적 배경이 되었던 불교사상과 더불어 사회현상 및 문화를 구성하는 주요한 동인으로 작동하게 된다. 성리학적인 소양을 가진 지식층이 유교의 이념을 실현하고자 하는 뜻에서 도처 곳곳에 많은 누정을 건립하게 된 것이다. 자연과 조화를 이루는 자리에 위치하여 세속의 때를 벗고 마음을 순화하는 공간으로서의 누정의 기능이 당시의 성리학이 추구하는 정신세계와 맞닿아 있었던 때문이다. 성리학적 이념을 누정이라는 공간에 반영하여 온 것이다.

16세기 들어 누정의 건축은 한층 활발해진다. 호남지역에서도 그러한 모습은 확인할 수 있다. 이는 무오사화로부터 시작된 4대 사화의 영향으로 중앙에서 축출당한 사림 중 크게 피해를 본 지역이 호남이라는 사실과 무관하지 않다. 사화로 피해를 본 호남 지역인들이 중앙 정계 진출이 억제되거나 좌절을 겪으면서 벼슬을 버리고 고향으로 돌아와 누정을 짓고

---

[4] 김신중, 「전남의 누정과 그 연구동향」, 『국학연구론총』 8, 택민국학연구원, 2011, 240쪽.

은일의 도학을 실천했던 것이다.5) 누정문화권으로 이름을 얻고 있는 무등산과 그 인근의 소쇄원(瀟灑園), 면앙정(俛仰亭), 환벽당(環碧堂), 식영정(息影亭), 물염정(勿染亭), 송강정(松江亭), 풍암정(楓巖亭), 명옥헌(鳴玉軒), 취가정(醉歌亭) 등이 모두 이 시기 건립된 것들이라는 사실이 이를 뒷받침한다.

이때의 누정은 경관을 즐기면서 단순히 시를 읊거나 술을 마시는 풍류의 장소를 넘어서서 선비들의 높은 이상과 투철한 학문 정신을 실현하는 곳이었을 뿐 아니라, 자연을 바라보고 자연과 인간의 문제를 고민하고 성찰하는 철학적 공간이자 공동체적 공간의 역할이 컸다는 점에서 주목할 만하다.

면앙정. 조선 중기의 문신이었던 송순이 만년에 벼슬을 따 후학들을 가르치기 위해 지은 정자
(출처: https://encykorea.aks.ac.kr/Article/E0018157)

---

5) 이에 관해 지봉 이수광은 "호남은 대체로 명현일사(名賢逸士)가 많은데 중종, 명종 즈음에 이르러 가장 성하였다."- 이수광, 남만성 번역, 『지봉유설』 권14, 「문장부」7, 시예 을유문화사, 1994, 214쪽.

누정은 또한 선비정신을 바탕으로 한 고도의 집약과 절제로 완성한 뛰어난 건축물이라는 점에서도 중요한 유형 유산이다. 누정으로 대표적인 강릉의 '경포대'는 고려 말 안축의 「관동별곡」를 시작으로, 송강 정철(鄭澈, 1536~1593)의 「관동별곡」, 나아가 조선의 수많은 시인 묵객들이 언급한 단골 문학 소재의 공간이다. 경포대는 경포호 주변의 수려한 자연경관과 조화가 돋보이는 관동팔경(關東八景)의 제일경(第一景)으로 유명한 곳에 자리를 잡고 있는데, 뛰어난 경관의 조망성을 강조하기 위해 마루를 3단으로 구성하였다. 여기에 누마루를 2단으로 올린 건축 방식은 유래를 찾아볼 수 없는 독특한 구조라는 점에서 건축물로서도 의미를 가지고 있다.

조선 당대의 지식인들의 풍류와 친교의 장으로, 또 학문과 교육의 공간으로, 나아가 세상의 이치를 논하며 자신을 성찰하는 공동체의 공간이자 철학적 공간으로 누정은 오랜 기간을 지역 속에서 많은 역할과 기능들을 수행해 내었다. 역사·예술·학술·건축·경관(장소)으로서 뛰어난 가치를 가지고 있는 공간이자 장소가 바로 '누정'인 것이다.

미국학자 루스 베네딕트가 "전통원림문화는 한 나라의 문화적 특수성이 배태(胚胎)된 중요한 매개체일 뿐만 아니라, 유형적인 물질요소인 산(山)·수(水)·건축(建築)·식물(植物) 등 해당 민족의 정신이 오롯이 발견될 수 있는 복합적인 창작행위의 결과물"이라고 언급한 바 있다. 이로 볼 때, 누정이야말로 민족 정신을 담은 복합적 창작행위의 산물이라고 할 것이다.

이와 같이 누정의 기능은 좋은 풍광을 지닌 장소로서의 단순한 원림의 기능에 그치지 않았다는 점이다. 조선 당대의 지식인들의 풍류와 친교의 장으로, 학문과 교육의 공간으로, 나아가 세상의 이치를 논하며 자신을 성찰하는 공동체의 공간이자 철학적 공간으로 오랜 기간을 지역 속에서 묵묵히 많은 역할과 기능들을 수행해 낸 공간이라고 할 수 있다. 역사·예술·학술·건축·경관(장소)으로서 뛰어난 가치를 가지고 있는 특별한 공간인 것이다.

소쇄원 들어가는 입구
(출처: http://www.soswaewon.co.kr/bin/minihome/neo_main758.htm?seq=9979)

나아가 세속에 살더라도 맑고 깨끗한 마음을 늘 지니고자 하는 철학과 이상이 깃들어 있는 공간으로서의 누정은 조선시대 선비들의 감성과 철학이 오롯이 깃든 삶의 공간으로, 현대를 사는 우리에게 여전히 많은 이야기를 건네는 사유의 공간이자 실재의 공간이다.

지역학 연구가 활발해지면서 각 지역마다 누정 문화의 연속성 유지에 대한 목소리가 높은 것은 누정이 가지고 있는 이러한 다양한 가치 요소에 대한 인식이 확산돼 있기 때문이다. 특히 누정을 중심으로 한 문학 공간으로서의 '문학'과 '예술'의 현재적 감상, 그리고 현대 '공동체'에서의 역할[6]에 대한 이해가 커진 것도 이러한 인식들이 배경으로 작동하고 있음이다.

누정이 갖는 공간의 기능에 대한 가치에 대해서는 국가적 차원에서도 인식을 같이 하고 있다. 문화재위원회는 1962년 '문화재보호법'을 제정하

---

[6] 이정아, 「조선시대 누정의 문화유산적 가치」, 한국건축역사학회 춘계학술발표대회 논문집, 2021.

명종 때 나주 목사를 지낸 김윤제가 고향에 돌아와 후학 양성을 위해 지은 환벽당.
(출처: https://encykorea.aks.ac.kr/Article/E0064983)

고, 지속적인 평가를 통해 역사적, 학술적, 예술적 가치가 높다고 인정되는 누정에 대해 국보, 보물, 명승, 국가민속문화재, 시도지정 유형문화재 등으로 지정, 보호 관리하고 있다. 현재 경복궁 경회루가 국보로, 정읍 피향정·제주 관덕정 등 25건이 보물로 지정돼 있다. 2006년 이후부터는 '명승' 지정이 두드러지는데, 보길도 윤선도 원림, 담양 소쇄원, 강릉 경포대 등이 '명승'으로 지정된 바 있다.

문화재 지정 평가 항목들을 볼 때, '보물'이 누정의 건축적 가치를 평가 기준으로, '명승'이 누정이 자연경관의 조망점이자 조망 대상이 되어 만들어내는 역사문화경관적 가치를 지정 조건으로 삼고 있음을 확인할 수 있는데, 이는 누정이 가지고 있는 다양한 가치들이 인정되고 있음을 말해준다.

그러나 앞서 언급했듯, 누정에 대한 연구 및 발전 방향에서의 한계는 명료하다. 전문 연구자들의 관심 대상으로만 존재한다는 점, 즉 학술적 가치 이상의 의미를 확보하지 못한다는 점에서 그러하다. 또 문화 자원으

1448년 목사 신숙청이 군사들의 훈련청으로 창건한 제주 관덕정
(출처: https://encykorea.aks.ac.kr/Article/E0004770)

로서의 활용성을 높이기 위한 인프라적 측면에서도 아쉬움이 많다. 누정을 누구나 손쉽게 접근하며 다각적인 방면에서 활용할 수 있도록 정보를 데이터화하는 '메타 데이터화'가 필요한데, 이 단계까지는 나아가지 못하고 있기 때문이다. 누정에 대해 좀 더 알고 싶어서 관련 웹사이트를 검색해보면 건물의 연혁과 건축 정보 정도만 간략하게 서술되어 있는 것이 대부분일 뿐 아니라 누정과 연관이 있는 다양한 자료를 찾기 쉽지 않다는 점이 이를 입증한다. 또 한문학 유산을 볼 수 없음은 물론이고 한문학 유산을 볼 수 있는 웹사이트로의 연결 링크도 찾아볼 수 없다.[7]

누정이 문화재라는 문화유산의 가치를 넘어, 누정 자체로서의 공간의 기능이 현대를 사는 우리들에게 여전히 유효하다는 점에서도 누정의 활용 영역은 보다 적극적이고 다각적으로 모색될 필요가 있는 것이다.

---

[7] 박순,「누정(樓亭)에 대한 위키백과 편찬 방안 연구 - 누정 관련 한문학 유산의 편찬 방안을 중심으로」,『인문과학』 120, 연세대학교 인문학연구원, 2020, 88쪽.

2) '소쇄원'으로서의 기능과 의미

양산보에 의해 지어진 소쇄원[8]의 이름 '소쇄(瀟灑)'란 맑고 깨끗함을 의미한다. 양산보가 누정을 지을 당시, 이 공간을 어떻게 인식하고 건축했는지 의도를 잘 드러내 주는 말이기도 하다. 자신의 스승인 정암 조광조(1482~1519)가 기묘사화로 유배되자 세상에 뜻을 버리고 낙향해 세운 것으로, 속세를 벗어나 맑고 한가로운 삶을 살겠다는 은일(隱逸)의 뜻을 '소쇄'라는 이름에 담아 건축한 것이다. 그런 점에서 우리나라 선비의 고고한 품성과 절의가 짙게 배어 있는 공간이라고 할 수 있을 것이다.

소쇄원은 또 양산보를 중심으로 호남 시단을 형성한 당대 문인들이 이곳을 찾아 담론하고 시문을 지었던 곳으로, 문학과 학문연구의 산실로도 기능했던 공간이다. 실제로 호남지역의 한시 활동은 양산보가 활동했던 16세기에 매우 활발하게 전개되었는데, 그 활동의 중심 무대가 바로 무등산권에 위치한 누정 '소쇄원'이었다.

양산보의 문집 『소쇄원사실』에 따르면 16세기 초 당시 소쇄원시단에 출입했던 인물들로 면앙정 송 순(宋純)·석천 임억령(林億齡)·하서 김인후(金麟厚)·송강 정 철(鄭澈)·고봉 기대승(奇大升)·서하당 김성원(金成遠)·옥봉 백광훈(白光勳) 등이 언급돼 있음을 알 수 있다. 그야말로 당대의 혁혁한 문사들이었다.[9] 이들은 소쇄원을 중심으로 정치적,

---

8) 소쇄원은 사적(事績) 304호 문화재였다가, 지난 2008년에 전라남도 명승 40호로 지정받아 현재 담양군청에서 보호 관리하고 있다. '사적'에서 '명승'으로 바뀐 것은, 사적은 건물을 중심 가치로 둔 것이고, 명승은 수려한 풍광을 중시한 기준이라고 볼 때, 자연을 품고 있는 아름다운 원림 소쇄원의 명승 지정은 타당하다는 판단이다. 김인후가 쓴 〈소쇄원즉사(瀟灑園卽事)〉의 시(詩)에 간지가 1528년으로 기록돼 있어 이 무렵 건립된 것으로 추정된다.

9) 소쇄원 시단에 대해서는 하서 김인후의 작품 〈소쇄원 48영〉과 고경명이 기록한 〈유서석록〉(1574), 후대에 작성된 『소쇄원사실』(1731)에 비교적 자세한 기록이 남아있고 이를 그림으로 판각한 〈소쇄원도〉(1755)도 전해지고 있다. 이 외에 정철과 송순의 기록에도 소쇄원 관계가 등장한다. 관련 자료가 많기 때문에 그 내력을 비교적 소상히

소쇄원의 광풍각
(출처:http://www.soswaewon.co.kr/bin/minihome/neo_main758.htm?seq=9979&_aldo=115)

문학적으로 관심을 공유하면서 연대를 형성하며 호남지역의 시가문학을 본격화하였는데, 이 일대를 성산가단(星山歌壇)이라 불렀다. 16세기 정치적으로도, 시가문학사상적 측면에서도 중요한 위치를 차지했던 공간이 바로 소쇄원인 것이다.10)

소쇄원은 무등산권에 자리잡은 좋은 풍광을 지닌 원림으로도 알려져 있다. 그만큼 많은 누정들이 주변에 자리잡고 있는데, 전신민(全新民)(?~?)의 독수정, 김덕령(金德齡, 1567~1596)의 취가정, 김윤제(金允悌, 1501~1572)의 환벽당, 임억령(林億齡, 1496~1568)의 식영정, 김성원(金成遠, 1525~1597)의 서하당 등이 그것이다.

알 수 있다.
10) 임준성, 「〈소쇄원48영〉 재연 요소 분석과 문화콘텐츠 활용 방안」, 『한국시가문화연구』 31, 한국시가문화학회, 2013, 249쪽.

소쇄원의 제월당. 주인이 거처하며 조용히 독서하는 곳

제월당의 내부

소쇄원의 풍광을 표현하고 있는 다수의 작품 중 〈소쇄원 48영(瀟灑園 四八詠)〉은 양산보의 은거와 뜻을 같이 한 벗 김인후가 소쇄원에 붙인 마흔여덟 수의 오언절구로, 두 가지 점에서 문학적 가치가 높다. 사계절에 걸쳐 소쇄원의 만상과 그 변화를 문학으로 형상화한 시라는 점, 그리고 소쇄원의 건축 미학적 요소를 형상화하고 문학적 소재로 승화하는 데 성공한 작품이라는 점이다. 이는 소쇄원이 자연과 인공을 조화시킨 대표적인 원림이자 건축물인 동시에 인문학적 공간으로 자리잡고 있음을 보여주는 사례이기도 하다. 최정은은 현존하는 소쇄원의 실존 공간과 〈소쇄원 48영〉에서 드러나는 경물 및 유희 공간을 분석하여, 소쇄원이 "우리를 영원케 하는 곳", "소리와 그늘과 시의 정원"이라고 평가하기도 하였다.[11]

한편 〈소쇄원도〉[12]는 〈소쇄원 48영〉의 시적 분위기를 풀어낸 일종의 도해로서 유명한 예술작품 중 하나로, 소쇄원이 가지고 있는 인문학적 공간으로서의 우수성을 잘 보여준다. 김지현은 〈소쇄원도〉에 대해 '소쇄원'이라는 장소, 공간에 대한 기록이며, 감상에 대한 표출로서 당시의 많은 정보와 사고를 보여주는 작품이자, 그 시대의 많은 정보와 사고를 드러낸 일종의 '드로잉'으로 보고, 과거의 공간적 체계와 사고의 표현에 대한 해석과 인식에 대해 연구를 전개했다.[13] 나아가 〈소쇄원도〉는 시공간 체험과 동시에 그곳에서 느껴지는 인간의 오감적 감각과 감흥까지 표현하기 위해 많은 복합적 기호가 상호 연관성을 가지고 있는 텍스트로, 소쇄원은 단순한 건축물을 넘어서 당대의 감성과 사유체계를 담아낸 확장된 공간임을 재확인하였다.

---

11) 최정은, 「유희성을 배경으로 한 다중참여형 인스톨레이션에 관한 연구」, 국민대학교 석사학위논문, 2007.
12) 〈소쇄원도〉는 16세기 초 조선조 문인 양산보가 조영한 별서정원을 사실적으로 묘사한 판화이다. 우암 송시열(1607-1689)이 그린 것을 1755년 다시 판각한 가판화(家板畵)로 알려져 있다.
13) 김지현 외, 「지자체 메타버스 프로젝트 사례」, 『적정기술』 15, 한밭대학교 적정기술연구소, 2023.

3) 문학 교육의 살아있는 공간으로서 '누정'

기존의 문학 교육은 교육 목표와 내용, 방법, 평가 등이 중심이 되는 문학 교육과정에 따라 교실 수업으로 진행돼 왔다. 그러다 보니 학교 안팎의 문학 경험을 연결시키는 작업은 많지 않았다. 따라서 교실 밖의 다양한 문학 경험들을 교실 수업과 접목하는 작업은 드물 수밖에 없었다.[14]

현실과 접목하지 못하는 문학 교육의 현실적 한계를 인식하면서 교육계는 최근 '문학의 생활화'라는 새로운 목표를 설정하고 교육의 전환을 시도한 바 있다. 그러나 여전히 평가에 매몰되어 있으며, 삶과 동떨어진 문학 교육이라는 비판[15]에서 자유롭지 못하다. 이런 연유로 문학 교육에 대한 변화를 촉구하는 목소리가 지속적으로 일고 있음도 사실이다.

그 목소리 중 하나가 문학 교육은 '실용적인 학문'이 되어야 한다는 인식이다. 즉 교육의 내용이 우리 삶과 밀접한 관련성을 가질 수 있어야 하며, 지식과 평가가 중심이 아닌, 학습자의 역량을 향상시킬 수 있는 역량 기반의 교육으로 이뤄져야 한다는 것이다. 그런 점에서 '실용적인 학문'으로서의 문학 교육이 이루어지기 위한 대안 중 하나가 문학과 현실을 연결해 주는 '공간'에 대한 시각을 새롭게 하는 것이라는 박준형의 주장은 주목할 만하다.

박준형[16]은 "독자가 작품을 이해한다는 것은 작가가 문학을 통해 구현해 놓은 세상을 이해하는 것인데, 작품의 근간이 되는 공간에 대한 이해는 작품을 이해하는 기반일 뿐 아니라, 독자의 배경지식과 접목하면서 작품에 대한 풍성하고 풍부한 의미를 끌어낸다는 점에서 중요하다."고 했다.

---

14) 우신영, 「팬데믹 시대, 문학교육 앞의 실문들에 대하여」, 『문학교육학』 64, 한국문학교육학회, 2019, 45-46쪽.
15) 정재찬 외, 『문학교육개론Ⅰ』, 역락, 2014.
16) 박준형, 「문학공간의 교육적 활용 방안 연구」, 『문화와융합』 42(12), 한국문화융합학회, 2020, 461쪽.

따라서 "문학 교육은 작품 내, 외적 공간[7]까지 확장되어야 학습자의 삶과 밀접한 살아있는 교육이 될 것이며, 문학을 매개로 각 학습자를 둘러싼 지역적, 환경적 맥락에 대한 이해로 학습자가 속한 지역과 그 정체성에 대한 장소성 교육까지 나아갈 수 있을 것"[18]이라고 덧붙였다. 이는 문학 공간에 대한 이해가 작품에 대한 이해에서 독자가 발딛고 사는 현실의 공간을 새롭게 이해하는 작업, 즉 문학 교육이 궁극적으로 추구하는 실용적인 학문이 될 수 있음을 언급한 것이다.

정리한다면 소쇄원과 관련한 다양한 작품의 의미를 제대로 이해하고 현실에 접목할 수 있기 위해서는 '소쇄원'이라는 현실적 공간을 체험하고 그 공간을 이해하는 것에서부터 시작하는 것이 중요하다는 점이다.

이상을 통해 볼 때, 누정으로서 '소쇄원'은 누정으로서의 일반적 기능 외로도, 문화재로서, 역사적으로나 문학적으로, 또 건축학적으로도 풍부한 가치를 지니고 있음을 확인할 수 있다. 그렇다면 과제는 소쇄원이라는 공간이 가진 다양한 가치와 의미를 어떻게 하면 보다 다양하게, 열린 정보로 활용하여 일반 이용자들에게 의미를 확장하게 할 수 있을 것인가, 이를 통해 현대 사회에서도 여전히 유효한 삶의 공간으로 끌어올 수 있을 것인가이다.

3. 메타버스 활용 방안

메타버스는 '가상', '초월' 등을 뜻하는 영어 단어 '메타'(Meta)와 우주를

---

17) 박준형은 작품을 이해하기 위해서는 무엇보다 '공간'에 대한 이해가 중요하다고 하였다. 그는 논문에서 작가의 생가와 마을 등의 삶의 공간, 작가를 기리는 문학관 등을 작품 '외적 공간'으로, 문학의 배경이 되는 공간, 작가가 문학 창작의 모티프를 얻은 공간을 작품 '내적 공간'으로 구분하였다.
18) 박준형, 「문학 공간 교육을 위한 3D creation & coding SW 활용의 의미」, 『문화와 융합』 44(12), 한국문화융합학회, 2022, 1043쪽.

뜻하는 '유니버스'(Universe)의 합성어로, 현실 세계와 같은 사회·경제·문화 활동이 이뤄지는 3차원의 가상세계를 가리킨다. 메타버스는 특히 가상현실(VR, 컴퓨터로 만들어놓은 가상의 세계에서 사람이 실제와 같은 체험을 할 수 있도록 하는 최첨단 기술)보다 더 진화한 개념으로, 아바타를 활용해 단지 게임이나 가상현실을 즐기는 데 그치지 않고 실제 현실과 같은 사회·문화적 활동을 할 수 있다는 특징을 가지고 있다.[19] 특히 시공간의 경계를 무너뜨리고, SNS보다 높은 연결성과 몰입도를 가지고 있어, 메타버스는 현재 다양한 영역에서 지속적으로 보폭을 넓혀가고 있는 중이다.

대표적 사례로 대규모 국공립 박물관들의 메타버스 활용 서비스를 들 수 있다.[20] 메타버스를 통해 문화유산의 원형 복원 및 보존뿐 아니라 관람객을 위한 전시, 체험할 수 있는 공간까지 영역을 확장해 서비스하고 있는 것이다. 이는 메타버스가 가진 강점, 즉 최첨단의 고도화된 디지털 기술을 통한 실감형 영상 및 전시 콘텐츠 제작의 가능성과 함께 시공간의 경계를 무너뜨린 가상현실, 증강현실 기술 도입을 통해 다양한 체험 요소를 제공받을 수 있음을 입증해 준 사례이다.

이러한 메타버스 활용 사례들을 통해, 이용자들은 디지털 문화유산을 기존보다 실감나게 서비스로 제공받게 됐을 뿐 아니라, 현실에서 이용할 수 없는 부분인 전시, 체험, 교육의 영역까지도 가능하게 되었음을 알 수 있다. 디지털 문화유산을 메타버스 서비스로 개발한다면 이용자에게 더욱 능동적이고 개방적인 체험환경을 제공받을 수 있음을 확인한 것이다.

이와 같이 메타버스는 '원형'의 자원인 물질(또는 비물질)을 디지털과 연결하여, 원형 그대로, 또는 원형보다 더욱 다양하고 다채롭게 형상화된 서비스를 제공할 수 있게 되었으며, 가상(또는 증강)의 공간에서 우리는

---

19) 네이버지식백과 참조.
20) 설연수, 주정민, 유종원, 「디지털 문화유산의 메타버스 활용방안 연구」, 『스마트미디어저널』 4, (사)한국스마트미디어학회, 2021.

본인의 아바타(Avatar)를 통해 자유롭게 체험하고 활동할 수 있게 됐다. 기존의 온라인 가상공간에서의 서비스 제공, 일대일의 상호작용이 가능해지면서 이용자들은 실제의 공간인 현장에 있는 것과 같은 실재감을 느낄 수 있게 된 것이다. 디지털 문화유산을 더욱 효과적으로 활용하기 위해서는 메타버스 환경에서 관람객과 소통하고, 교류할 수 있는 방안 모색이 필요한 이유이다.

바야흐로 메타버스는, 상상의 공간을 뛰어 넘어 인간이 살아가는 또 다른 유형의 세상으로, 경험 가능하며, 소통 가능한 (비물질적)공간으로 이해되고 있다. 그만큼 기존의 기술과는 차별화된 플랫폼일 뿐 아니라, 메타버스를 통해 인간의 활동 공간, 경험의 공간이 확장되었다고 볼 수 있는 것이다.

그렇다면 소쇄원이라는 의미지향적 공간을 메타버스를 활용해 어떻게 구축하여야 일반인 누구라도 적극적으로 경험하여 의미를 형성하는 공간으로 활용할 수 있을 것인가의 문제로 집중된다.

세계적 건축가 안도 타타오는 '건축의 본질과 목적은 형태의 조작이 아니라 감성에 기반을 둔 공간의 구축이며 에워 쌓인 공간으로 한정된 장소를 만들어 내는 것'이라고 했다. 나아가 '건축의 공간은 고정적인 의미 체계가 아닌, 그곳을 체험하고 경험하는 사람의 참여와 열린 해석 속에서 다양한 의미가 열릴 수 있어야 한다.'[21]고 하였다.

이선정도 공간은 체험을 전제로 하게 되는데, 공간에서의 현상학적 신체 지각 체험은 공간을 구성하는 사물과 그것을 뒷받침하는 장이 서로 얽혀서 새로운 의미를 유도하는 작업이라고 할 수 있으며, 현상학적 지각 체험을 통해 공간에서 다양한 의미의 가능성을 창조하게 된다고 했다.[22]

이영미[23] 또한 "공간은 독립적으로 존재하지 않으며, 인간과 환경, 인

---

21) Ando Tadao, Shintai and Space, Phaidon Press Limited, London. 1988.
22) 이선정, 「현상학적 체험을 통한 건축의 의미생성에 관한 연구」, 대한건축학회학술발표논문집 15(2), 179-181쪽.

간과 인간, 환경과 환경은 이분법적인 존재가 아니라 서로가 유기체적으로 연결되어 지속적으로 서로에게 영향을 주고받는다."고 언급하였다.

이들 연구자 공히 공간을 체험하고 경험한다는 것의 의미가 무엇인지, 궁극적으로 공간의 기능은 어떠한 것이어야 하는지를 분명히 하고 있다는 점에서 공통적이다. 공간을 체험한다는 것은 이성적 논리보다 촉각, 시각, 후각, 또는 통합감각 등 인간의 감각들이 활성화되고 재구성되는 것을 의미하며, 이들이 종합되었을 때 비로소 공간에 대한 새로운 의미를 창조해 낼 수 있다고 한 것이다. 이는 앞서 제시한 박준형의 언급과도 상통한 부분이 있다. 문학이 실용 학문의 영역에 다가가기 위해서는 '문학 공간'에 대한 우선적인 이해가 필요하다는 지점이다.

이를 위해, 먼저 소쇄원의 의미와 가치를 가장 잘 담고 있는 〈소쇄원 48영〉[24]을 공간에 살릴 수 있도록 메타버스로 재현해 내는 방안을 제안한다. 최첨단의 디지털 기술을 활용해, 소쇄원의 공간과 풍광을 재현하되, 소쇄원의 세부 경관 구성과 아름다움을 잘 담고 있는 〈소쇄원 48영〉을 적극 활용하는 것이다. 즉 자연과 인간을 매개하는 '누정'으로서의 소쇄원의 기능을 가상의 공간에 그대로 재현해 내어 인간과 자연, 환경이 서로 유기체적으로 연결되어 지속적으로 영향을 주고 받을 수 있도록 하는 것이다.

둘째, 가상의 공간에 구현된 소쇄원의 공간을 제대로 이해하고, 감상하며 공감할 수 있도록 그동안의 축적된 1차적 연구 자료 뿐 아니라 디지털 문화유산들도 연결하여, 이용자들이 필요하다고 판단되는 경우, 정보들을

---

23) 이영미, 「현상학적 체험공간으로서 '정자'에 나타난 감성의 트랜스액션」, 『감성의 응용』 45, 호남학연구원, 2009, 486쪽.
24) 오언절구 한시로 지어진 〈소쇄원 48영〉은 12영씩 모두 4단락으로 구성돼 있다. 1단은 서(序), 2단과 3단은 소쇄선경에서 자연을 즐기고 관조하는 정경을, 4단은 태평성세를 기원하면서 소쇄옹 가문의 번영을 축원하는 결사로 구성돼 있다. 소쇄원의 건축적 구성과 함께 각 공간에 대한 작가의 감상까지 전해주고 있는 〈소쇄원 48영〉은 누정 '소쇄원'을 보다 풍부하게 이해시켜주는 중요한 작품이다.

선택적으로 자유롭게 이해할 수 있도록 하는 작업이 필요하다.

  그간의 소쇄원에 관한 연구는 다각적으로 이루어져 왔다. 특히 건축학, 조경학 분야에서 상당 부분 성과물이 축적돼 있다. 그러나 연구물들은 전공자들에게 의미 있었던 것이지, 일반 이용자들 모두에게까지 풍부한 의미를 확장해 내지는 못하였다. 물론 소쇄원 공간이 담고 있는 의미를 알려주기 위한 다채로운 기획들도 없었던 것은 아니지만, 이들 콘텐츠들은 소쇄원의 정보들을 들려주고, 알려주어 지식화할 뿐, 그 지식은 파편적으로 남아 온전하게 의미를 형성해 내지는 못했다. 즉 1차적 지식과 정보의 수준을 넘어서지 못한 것이다. 이를 위해서 '가상 도슨트'를 적극 활용하는 방안을 제안한다.

  셋째, 아바타를 활용해 구축된 공간을 자유자재로 이동하며, 자신의 느낌과 감상, 이해들을 서로 소통하고 토론할 수 있는 상호작용의 기능들을 담아내어, 보다 적극적인 의미 공간으로의 전환을 유도해 내는 것이다.

  현재 소쇄원 내원(內園) 면적은 1400여평 규모로, 그 안은 인문학적 사유 체계를 담아 조성된 건축, 조경물들이 자리를 잡고 있다. 〈소쇄원도〉에 의하면 소쇄원에는 정자가 8개 있는데, 현재 남아 있는 건축물로는 '광풍각', '제월당', 대봉대와 초정이 있다.

  소쇄원은 아름다운 풍광만이 아니라 곳곳이 '소리의 정원'으로 불릴 만큼 다양한 자연의 소리를 담아 내는 곳이다. 계곡을 끼고 있어 물소리뿐만 아니라 하늘과 땅, 생물의 소리가 함께 담겨 있기 때문이다. 특히 입구의 무성한 대나무 숲에 서면 바람의 움직임과 함께 생황으로 들리는 대나무 소리를 화음처럼 들을 수 있는 곳이 소쇄원이다. 〈소쇄원 48영〉의 작가 김인후는 이를 두고 "무정한 바람과 대나무지만/밤낮 생황을 분다네."라고 표현했다. 이 청각적 표현은 촉각으로까지 전이되어 우리의 모든 감각을 깨우며 심신을 정화케 한다. 소쇄원이 힐링의 공간이자 치유의 공간으로 확장될 수 있음을 보여주는 부분이다.

  소쇄원의 주요한 조경 수목들도 볼거리인데, 대나무 외로도 매화, 소나무, 동백, 산수유, 황매화 등이 다양하게 조성돼 있으며 조경물로는 너럭바위, 흘러내리는 폭포, 걸상 모양의 탑암(榻岩), 홈을 판 고목으로 물을 이어 가는 두 개의 연못 등이 있다. 소쇄원의 안과 밖을 구분하듯 연결해 내는 긴 담장이 동쪽에 걸쳐 있고, 북쪽의 산 사면에서 흘러내린 물이 계곡을 이루고 흘러와 담장 밑을 통과하여 소쇄원의 중심을 관통하고 있다.[25]

〈소쇄원 48영〉에 담긴 공간을 소쇄원의 배치도인 〈소쇄원도〉[26]를 통해 확인하면서 찾아가는 여정 또한 추억 속 '보물찾기' 같은 재미를 소환해 줄 것이다. 〈소쇄원 48영〉 중 '소쇄원'의 감성적 공간 이미지가 잘 담긴 몇 수를 살펴 보겠다.

제1영: 小亭憑欄(작은 정자의 난간에 의지해)

瀟灑園中景　소쇄원의 빼어난 경치
渾成瀟灑亭　한데 어울려 소쇄정 이루었네
擡眸輪颯爽　눈을 쳐들면 시원한 바람 불어오고
側耳聽瓏玲　귀 기울이면 구슬 굴리는 물소리 들려라

천득염 교수는 〈유서석록〉[27]의 기록에 의거해, 제1영이 '대봉대 위의

---

[25] 전남대 건축학부 천득염 교수와 함께 소쇄원의 공간에 대해 연구하고 있는 모임인 '소쇄원 연구회'는 소쇄원 연구자료, 소쇄원 건축, 조경 등에 대한 자료를 체계적으로 정리하여 온라인으로 제공하고 있다.
 (http://www.soswaewon.co.kr/bin/minihome/neo_main758.htm?seq=9979&_aldo=112).
[26] 1755년 제작된 〈소쇄원도〉는 소쇄원을 구체적이고 사실적으로 묘사한 목판화로, 소쇄원의 사시사철 아름다운 변화를 담아내고 있어 기록 회화성 면모와 함께 감상 목적도 함께 가지고 있다.
[27] 〈유서석록〉은 제봉 고경명(1533-1592)이 41세 되던 해인 1574년 4월 20일부터 24일까지 5일간 당시 광주목사 임훈(林薰)과 함께 무등산을 오른 감상을 기술한 기행문으로, 이 글 중에 소쇄원에 관한 내용이 있어 당시 소쇄원의 모습을 파악할 수 있다.

초정'에서의 풍광을 표현한 것으로 풀이했다. 소쇄원의 입구에서 멀지 않은 곳에 넓은 축대를 쌓고, 여기에 초가로 작은 정자'를 꾸몄는데, 축대가 '대봉대'이고, 작은 정자를 '초정'이라고 한 것이다. 초정 바로 옆에는 물길을 내어 작은 연못을 만들고 손님이 오면 낚시로 물고기를 건져 회 안주를 삼았다고 설명했다.

이 풍광을 표현해 낸 제1영을 음미하다 보면 사방으로 트인 이곳으로 불어 오는 바람의 소리, 그 곁으로 흘러 오는 맑은 물소리, 이 무릉도원에 발을 디딘 선비가 내는 패옥 부딪히는 소리를 듣게 된다. 청각은 시각과 촉각으로 전이되어 우리의 감성을 맑게 순화시킨다. 치유의 공간이자 힐링의 공간 소쇄원으로 들어 선 것이다.

제6영: 小塘魚泳(작은 연못에 고기떼 놀고)

方塘未一畝 네모진 연못은 한 이랑도 못 되나
聊足貯淸漪 맑은 물받이 하기엔 넉넉하다
魚戱主人影 주인의 그림자에 고기떼 헤엄쳐 노니
無心垂釣絲 낚싯줄 던질 마음 전혀 없구나

제6영은 광풍각에서 수평적 시선에서 볼 수 있는 연못을 보고 읊은 시로 알려져 있다. 양산보는 소쇄원 조영 당시 물소리가 들리는 계곡 가까이 정자를 세워 '광풍각'이라 짓고 이곳에서 손님들과 담소를 나누었다. '광풍(光風), 즉 '빛'과 '바람'이라는 제호에서 확인할 수 있듯, '비 갠 뒤 해가 뜨며 부는 청량한 바람'이 머무는 곳이 바로 이곳이다. 제호에서 주는 따뜻함과 청량함이 교차됨을 느끼면서 우리의 심신은 이 곳에서 또 한번 맑아진다.

제6영에서 작가는 작은 연못과 물고기, 여기에 사람 이야기를 담아 스토리텔링해 낸다. 작은 연못이어서 더욱 족한 공간, 유유히 노니는 물고기, 물고기에 문득 눈길을 빼앗긴 한 사람. 자연과 인간이 합일한 이 공간 속에서 욕망을 벗어 내니 비로소 자유로움이 찾아드는 대목이다.

제13영: 廣石臥月(넓은 바위에 누워 달을 보며)

露臥靑天月　나와 누우니 푸른 하늘에 밝은 달이라
端將石作筵　넓은 바위는 바로 좋은 자리가 됐네
長林散靑影　주위의 숲에는 그림자 운치 있게 흩어져
深夜未能眠　깊은 밤인데도 잠 이룰 수 없어라

제13영에서 다루고 있는 공간의 주된 조경물은 '너럭 바위(넓은 바위)'이다. 너럭 바위는 광풍각 앞에 있는 조경물로, 양산보는 손님이 오면 이곳에서 담소를 즐겼다고 한다. 왠지 잠이 오지 않아 서성이는 밤, 너럭 바위에 누워 보니 달이 더욱 푸르게 다가온다. 하늘은 맑기만 하고 숲 그림자는 어우러져 또 다른 밤 풍광을 만들어 낸다. 그대로 또 한 폭의 그림이다. 시각과 촉각이 어우러지고 청각을 불러내니, 이 자연 속에 잠 못드는 이유는, 잠을 이루지 못한 안타까움의 정서가 아니라, 소쇄원이 밤새 그려낸 밤 풍경이 좋아서, 또는 소쇄원의 아침을 깨워줄, 좋은 누군가의 방문이 기대되어서일 것이다.

세 편의 시를 따라가다 보면 자연과 더불어 살아가는 소쇄원의 공간이 치유의 공간으로 치환되는 모습을 확인할 수 있다. 물론 이러한 공간의 의미 구현이 가능하기 위해서는 앞서 제시한 '가상 도슨트'를 통해 소쇄원의 공간적 의미를 이해할 수 있는 서비스가 필수적이다.

이러한 메타버스 서비스를 통해 이용자들은 자신의 아바타를 통해 소쇄원 공간을 자유롭게 체험하며, 가상의 도슨트를 통해 문화유산 해설을 듣거나, 증강현실 이미지를 통해 문화유산의 상세한 정보를 확인하는 활동이 가능할 수 있을 것이다. 또 자신의 감상과 느낌을 실시간으로 상호

소통할 수 있도록 구현해 내어, 좀 더 다양하고 풍부한 의미들을 경험할 수 있을 것이다.

4. 나가며

본 연구는 문화재로서, 또 인문학적으로도 의미 있는 공간 '누정' 중 호남 최고의 문화유산인 '소쇄원'을 어떻게 하면 보다 많은 이용자들에게 다가갈 수 있게 할 것인지, 동시에 이용객 모두에게 보다 의미 있는 삶의 공간으로 활용될 수 있을 것인지를 모색하고자 했다.

대안으로 오언절구 한시인 〈소쇄원 48영〉을 메타버스 서비스로 구현할 수 있는 가능성을 제안해 보았다. 이를 정리해 본다면 다음 세 가지로 언급할 수 있다.

첫째, 실제의 소쇄원 공간을 인문학적 이미지로 형상화한 〈소쇄원 48영〉을 중심으로, 그 실제의 공간과 이미지의 공간들을 매칭해 가상 공간 속에 재현해 내는 것이다. 특히 소쇄원 공간이 가지고 있는 최상의 가치, 즉 인간의 모든 감각을 열어주는 수려한 풍광들과 자연의 소리들을 잘 구현하여 정화된 공간, 힐링의 공간들로 호흡할 수 있게 하는 것이다. 자신의 아바타로 이 공간을 자유롭게 체험하게 될 이용자는 메타버스에서 구현된 공간이 가진 실재감과 현장감으로, 실제의 소쇄원을 방문하는 것보다 더욱 자유롭고 편안하게 공간을 체험하고 공간에 몰입할 수 있을 것이다.

둘째, 소쇄원 공간의 자료와 정보의 총체적 연결망 구축, 그리고 가상의 도슨트 활용이다. 소쇄원의 공간에 대한 그동안의 연구 성과들은 다양한 영역에서 이뤄져 왔고, 성과물도 상당하다. 또 지역학의 바람을 타고 최근에는 디지털 문화유산으로도 구축된 자료들도 많다. 문제는 이 자료들이 상호 연결성을 갖지 못하고 파편화된 지식으로만 남겨져 있다는 사실이다. 이 문제를 해결하기 위해 새롭게 구현되는 메타버스 상에서 '가상 도슨트'를 구현하는 것이다. 도슨트는 방문자와 정보를 연결해 주는 매개로, 소쇄원에 대한 총체적인 자료를 연결해 줄 뿐 아니라, 이용자의 궁금증을 해소하고 공간에 대해 이해를 확장할 수 있도록 다양한 서비스를 제공한다. 이용자는 자신의 필요에 따라 적절히 정보를 선택할 수 있고, 자유롭게 진행되는 체험 속에서 자신의 경험을 극대화할 수 있을 것이다.

셋째, 아바타 활용과 상호 소통하는 공간으로서의 활용이다. 메타버스는 기존의 소셜 미디어와는 다르게 아바타를 활용해 이용자가 구축된 공간을 자유자재로 이동하며, 자신의 느낌과 감상, 이해들을 실시간으로 소통하고 토론할 수 있는 공간이다. 그런 점에서 상호작용의 기능들이 확대되었고 몰입감도 더욱 높아졌다. 이러한 기능은 '체험'이라는 활동을 더욱 적극적으로 할 수 있는 방법이 될 수 있을 것이다.

이상과 같이 소쇄원의 공간에 대한 메타버스 활용 가능성은 전통적인 누정 문화에 대한 현대적 가치로서의 재인식과 문화자원으로서의 활용방안을 제안한 것이라는 점에서 의미 있는 작업이다. 나아가 과거의 누정 문화가 가지고 있는 문화공동체로서의 가치를 현대의 문화공간으로 재편입하는 작업으로, 지역을 살아있는 정치적·경제적·문화적 공동체로 기능할 수 있게 한다는 점에서, 또 과거와 현대라는 시간과 공간의 한계를 극복하고 새로운 삶의 연장 공간으로 기능할 수 있게 했다는 점에서 보다 가치 있는 작업이라고 할 수 있을 것이다.

참고문헌

김신중, 「전남의 누정과 그 연구 동향」, 『국학연구노총』 8, 택민국학연구원, 239-266, 2011.
김지현, 이서영, 이경진, 「지자체 메타버스 프로젝트 사례」, 『적정기술』 15, 한밭대학교 적정기술연구소, 49-66, 2023.
설연수, 주정민, 유종원, 「디지털 문화유산의 메타버스 활용방안 연구」, 『스마트미디어저널

』 4, (사)한국스마트미디어학회, 110-120, 2021.

곽기영, 『소셜 네트워크 분석』(제2판), 청람, 2017.

박 순, 「누정(樓亭)에 대한 위키백과 편찬 방안 연구-누정 관련 한문학 유산의 편찬 방안을 중심으로」, 『인문과학』 120, 연세대학교 인문학연구원, 87-121, 2020.

박준형, 「문학공간의 교육적 활용 방안 연구」, 『문화와융합』 42(12), 한국문화융합학회, 459-481, 2020.

_____, 「문학 공간 교육을 위한 3D creation & coding SW 활용의 의미」, 『문화와 융합』 44(12), 한국문화융합학회, 1041-1049, 2022.

박진한, 남상욱, 이호상, 「인천학의 현황과 지역학 연구의 새로운 방향 모색」, 『열린정신 인문학연구』 17(3), 원광대학교 인문학연구소, 33-62, 2016.

오영교, 「지역학의 대두와 강진학」, 『다산과 현대』 8, 연세대학교 강진다산실학연구원, 199-227, 2015.

우신영, 「팬데믹 시대, 문학교육 앞의 실문들에 대하여」, 『문학교육학』 64, 한국문학교육학회, 43-69, 2019.

이선정, 「현상학적 체험을 통한 건축의 의미생성에 관한 연구」, 『대한건축학회학술발표논문집』 15(2), 179-181쪽, 1996.

이수광, 남만성 번역, 『지봉유설』, 시예 을유문화사, 1994.

이영미, 「현상학적 체험공간으로서 '정자'에 나타난 감성의 트랜스액션」, 『호남문화연구』 45, 전남대학교 호남학연구원, 477-513, 2009.

임준성, 「〈소쇄원48영〉 재연 요소 분석과 문화콘텐츠 활용 방안」, 『한국시가문화연구』 31, 한국시가문화학회, 247-281, 2013.

정경운, 「심미적 경험 공간으로서의 소쇄원 시청각적 경험을 중심으로」, 『호남학』 9(41), 전남대학교 호남학연구원, 351-338, 2007.

정재찬 외, 『문학교육개론Ⅰ』, 역락, 2014.

최정은, 「유희성을 배경으로 한 다중참여형 인스톨레이션에 관한 연구」, 국민대학교 테크노디자인전문대학원 석사학위논문, 1-83, 2007.

천득염, 이은정, 이윤주, 「소쇄원도에 대한 연구」, 『호남학』 62, 1-27, 2017.

천득염, 한승훈, 「소쇄원도(瀟灑園圖)와 (소쇄원(瀟灑園) 사십팔영(四十八詠))을 통하여 본 소쇄원(瀟灑園)의 구성요소(構成要素)」, 『건축역사연구』 3(2), 67-90, 1994.

Tadao Ando, Shintai and Space, Phaidon Press Limited, London, 1988.

● 이 장은 『문화와 융합』 45(5)에 실린 논문을 수정, 보완한 것이다.

03장

해광 송제민의 미완의 기획, 대일 복수론 다시 소환하기

1. 후쿠시마 원전 오염수 방류를 맞아 송제민을 다시 생각한다

　일본은 우리에게 늘 숙제를 던져준다. 일본은 우리와 가깝기도 하지만, 멀고 먼 나라이기도 하다. 끊임없이 우리를 시험하고 도발하고 능멸한다. 최근 후쿠시마 원전 오염수 바다 방류를 둘러싸고 국제적인 공방이 오가고 있다. 우리나라 국회의원들도 '후쿠시마 원전 오염수 전문가 현장시찰단'이라는 이름으로 2023년 5월21일부터 5박6일간의 일정으로 일본 후쿠시마 제1원자력 발전소를 방문하고 돌아왔다. 그런데 여야 국회의원들이 전하는 말들이 서로 다르다. 마치 임진왜란 2년 전인 1590년 일본 통신사 일행 김성일과 황윤길의 엇갈린 진술을 21세기 대한민국에 재소환한 듯하다. 이런 상황에서 임진왜란의 전란을 극복하려고 부단히 애썼고, 전쟁 후 일본에 대한 복수를 외쳤던, 담양의 이름 없는 선비 송제민을 떠올리는 것은 지극히 자연스럽다. 만약 그 당시 우리가 일본에 대한 복수를 끝까지 마쳤다면, 36년간의 일제 강점기는 역사에 존재하지도 않았을 것이다. 미완의 기획으로 끝나버렸지만, 초야에 묻힌 호남의 선비 송제민의 일본에 대한 복수 논의는 오늘날 우리에게 여전히 커다란 경종으로 다가온다.

복수란 "자기보존 본능의 연장인 종족보존 본능에서 말미암는 생명체의 자위(自衛)적 자연현상이다."[1] 이런 복수 개념이 춘추전국시대를 거치면서 『예기』와 『춘추공양전』에 사회적 당위규범으로 등장한다. 이 두 고대 유가 경전의 복수 관념은 "혈육이나 군주를 위한 복수"[2]라는 사적 복수 및 공적 복수의 외피를 입고 있다. 이 복수 관념은 근본적으로 "삼강오륜의 회복"에 그 가치가 있으며, "삼강오륜의 가치가 훼손되었을 때 복수를 해야 한다"는 당위적 규범의 형태로 강제되고 있다.[3]

유가의 복수 논리는 『예기』와 『춘추공양전』의 다음과 같은 주장에 근거한다. 첫 번째, "부모의 원수는 함께 하늘을 이고 살지 않는다(반드시 죽여야 한다). 형제의 원수는 무기를 가지러 되돌아가지 않는다(그 자리에서 죽여야 한다). 친구의 원수와는 한 나라에 살지 않는다(쫓아내든지 죽여야 한다)."[4] 두 번째, 부모의 원수가 있을 때 어떻게 해야 하는가라는 자하의 질문에 대한 공자의 답변이다. "거적에서 자고 방패를 베개 삼으며 벼슬하지 않는다. 원수와는 천하를 함께 하지 않으니, 저잣거리나 조정에서 원수를 만나면 무기를 가지러 되돌아가지 않고 그 자리에서 싸운다."[5] 세 번째, "임금이 시해되었는데 신하가 적을 토벌하지 않으면 신하가 아니다. (자식이) 원수를 갚지 않으면 자식이 아니다."[6]

그런데 이러한 복수에 대한 논의, 특히 공적 복수에 대한 논의가 임진왜

---

1) 김지수, 「전통 중국에서 복수의 예법과 철학지혜-禮와 法의 긴장관계」, 『법학논총』 41권 3호, 2021, 6쪽.
2) 리펑페이(李鵬飛), 「고대 중국의 '복수' 관념과 그 문학적 표현」, 『민족문화연구』 65호, 2014, 346쪽.
3) 류영하, 「논어 '직(直)'사상을 통해 본 복수의 정당성 연구」, 『한국철학논집』 제74집, 2022, 302쪽.
4) 『禮記』「曲禮上」: 父之讎, 弗與共戴天. 兄弟之讎, 不反兵. 交遊之讎, 不同國.
5) 『禮記』「檀弓上」: 子夏問於孔子曰, 居父母之仇如之何? 夫子曰, 寢苫枕干, 不仕. 弗與共天下也, 遇諸市朝, 不反兵而鬪.
6) 『春秋公羊傳』「隱公」 11년: 子沈子曰, 君弒, 臣不討賊, 非臣也. 不復讎, 非子也.

란(1592), 정유재란(1597), 정묘호란(1627), 병자호란(1636)을 거치면서 조선시대에도 등장한다. 이 논문은 임진왜란과 정유재란이 발발하자 의병활동을 전개한 유교 지식인 송제민이 남긴 「만언소(萬言疏)」에 실려 있는 복수 논의를 발굴·소개하고 그 의의를 살펴보려고 한다.

2. 섬과 바다를 오가며 임진왜란을 끝장내려 한 해광(海狂)의 삶

해광(海狂) 송제민(宋齊民, 1549-1602)은 벼슬하지 않은 초야(草野)의 선비였지만 임진왜란이 일어나자 호남에서 거의(擧義)했고, 의병장 김천일의 종사관이 되어 수원까지 북진했다. 또 평소 알고 지냈던 조헌과 박춘무에게도 거의할 것을 권유하였는데, 조헌은 의병장이 되어 직접 전투에 참가하여 적의 전진을 막다가 전사했다. 이후 김덕령에게도 거의를 권유하고 후방에서 적극적으로 지원활동을 펼쳤다. 임진왜란 때 호남과 충청 의병활동의 이면에는 송제민의 역할이 컸다고 할 수 있다. 그럼에도 불구하고 그에 대한 연구 성과는 미흡하다.[7]

그는 성리학을 공부하면서 때때로 옛사람 가운데 때를 만나지 못한 이들의 시도 읊조렸다고 한다.[8] 특히 독서와 경전 연구는 치용을 위한 것으로 여기면서 사장(詞章)에 대해서는 사람의 뜻을 어지럽힌다고 여겨 가까이 하지 않았다. 이를 보면 그 필요성이 절실한 경우를 제외하고는 평소 시문 짓기를 즐겨하지는 않았던 듯하다. 현재 남아있는 글은 '소모호남의병문(召募湖南義兵文)'과 '만언소(萬言疏)'뿐이다.[9] 이 또한 송제

---

7) 송제민에 대한 본격적인 연구는 단 2편에 불과하다. 송병완, 「해광 송제민 선생의 생애와 업적」, 『(25회)전국향토문화 공모전 수상집』, 2010; 김덕진, 「해광 송제민의 학문성향과 의병활동」, 『역사학연구』 14, 2011.
8) 『海狂集』下,「遺事」: 惟日孜孜於性理之文,....有時慷慨徘徊庭中, 吟詠古人不遇者之詩句.
9) "公之遺集。只檄與封事而止."『海狂集』의 서문을 쓴 김종수는 그의 글이 격문과

민에 대한 연구가 활기를 띠지 못한 원인일 수 있다. 이 논문은 남아있는 문헌을 토대로 그의 일본에 대한 인식과 복수 논의를 발굴함으로써 그 의미를 드러내 보고자 한다.

송제민의 초명은 제민(濟民)이고, 후에 제민(齊民)으로 고쳤다. 젊어서는 세상을 경영하고 구제할 뜻이 있어 그 이름을 썼지만, 중년에 그 뜻을 이루지 못해 제민(齊民)으로 바꾸었다.10) 배를 타고 강이나 바다를 떠돌아다니며 스스로 호를 해광(海狂)이라고 지었다. 아버지는 송정황(宋庭篁)으로 문장으로 세상에 드러났다. 어머니는 김윤경(金允敬)의 딸, 김후(金珝)의 손녀이다. 1549년 2월 26일 전라도 담양 대곡에서 태어났다. 9세 때 아버지가 사망하자 중부인 송정순(宋庭筍)이 가르쳤다.

1592년 임진왜란이 일어나자 송제민은 양산룡(梁山龍), 양산숙(梁山璹)과 창의(倡義)하여 사람을 모으고 김천일이 의병을 일으켰다는 소식을 듣고 가서 만나 그의 종사가 되어 수원까지 갔다. 적의 기세가 드세자 호서에서 의병을 일으켜야 한다는 논의가 있었고, '송아무개가 아니면 그 일을 능히 할 수 없다'는 의견에 따라 호서로 가 사대부들에게 의병을 일으킬 것을 호소하여 20여일 만에 거의 2천여 명을 모았다. 이때 일찍이 토정 이지함 문하에서 알고 지냈던 조헌을 좌의장으로, 박춘무(朴春茂)를 우의장으로 하여 함께 의병 일에 관해 논의했다. 고경명이 패했다는 소식을 듣고 호남에 창의 격문을 띄우고자 했는데 그 사이에 조헌이 전사한 소식과 김천일이 진주에서 전사했다는 소식을 듣고 김덕령을 찾아가 의병을 일으키기를 권했다. 곧이어 직접 제주도로 가 준마를 구해 의병에게 지원해주었다.

정유재란 때 남원에 와 있던 양원(楊元)에게 '남원성 근처 물길은 크고

봉사에 그칠 뿐이라고 하였다.(金鍾秀, 『夢梧集』권4, 「海狂集序」)
10) 백성을 구제하겠다(濟)는 생각은 자신이 백성보다 낫다는 우월의식의 발로이다. 송제민은 훗날 이러한 우월의식을 버리고 자신이나 백성이나 동등하다(齊)는 생각을 하고 실제로 이를 실천한 것으로 보인다.

성이 그 아래 있으므로 진형이 좋지 않으므로 옮겨야 한다'고 수비책을 건의하기도 했다. 그는 직접 전투를 하지는 않았지만, 의병 일으키기를 권유하고 의병을 모으는 데에 힘쓰고, 의병활동을 뒤에서 적극 지원했다. 그의 의병 활동은 조헌이나 김천일, 김덕령이 왜적과 싸워 물리치는 기반이 되었다는 점에서 그 역할과 의의는 매우 크다고 할 수 있다.

임진난 와중에 선릉과 정릉이 왜적에 의해 도굴되어 시신이 훼손되는 사건이 발생하고, 왜군이 강화·화친을 요구해오자 복수할 수 있는 계책을 다방면으로 세워 「와신기사(臥薪記思)」를 저술하기도 했다.[11] 이를 바탕으로 만언소를 지어 선조에게 바치고자 하였지만 방백이 꺼려 임금에게까지 도달하지는 못했다. 이에 실망하고 초야로 물러 나와 후학을 가르치는 일에 몰두했다. 그는 일찍이 경세제민의 큰 뜻을 품고 왜적에게 대항하는 의병활동을 하고, 나라의 원수를 갚고 백성들을 살리려 노력했다. 그러나 시세에 의해 그 뜻이 좌절되자 이름과 자(字)까지 고침으로써 그 실망감과 울분을 표현했다.

그는 평생 인민애물(仁民愛物)을 지향했다. 나라가 왜군에게 짓밟히고 백성이 무고하게 죽어가는 상황에서 의병을 모아 왜적에 대항하고 의병 활동을 마음으로 또 물질로 지원한 것도 이를 실천한 것이었다. 또 일찍이 백성들을 위해 의국(醫局)을 설치하고, 섬과 바다를 다니면서 소금을 매매하며, 전염병이 돌고 기근이 들자 해채(海菜)와 여러 곡식, 나무 열매 등을 구해 백성들을 구제하고 살렸다. 평소의 뜻과 말을 몸소 실천했던 것이다. 이에 대해 기정익(奇挺翼)은 행장에서 "의지와 행동이 일치한 대개(大槪)를 볼 수 있다"라고 증언했다.[12]

---

11) 「臥薪記思」는 "땔나무 위에 누워 생각나는 것을 기록한다"라고 해석할 수 있다. 현재 송제민의 저술에 대해 해설하는 문건 중에 「臥薪記思」를 「臥薪記事」로 표기한 것이 있는데 이는 오류로 보인다.
12) 『海狂集』下, 「行狀」: 可見志行一致之大槪矣.

3. 송제민의 일본에 대한 인식과 복수(復讎) 논의

1) 일본의 진짜 얼굴을 꿰뚫어 본 송제민

조선은 일본을 오랑캐로 규정하고 교린의 대상으로 여기면서 한편으로는 견제 대상으로 보기도 했다. 송제민은 일본에 대해 일찍부터 신의 없는 나라로 규정했다. 그는 일본이 예전부터 말을 번복하는 일들이 많았기 때문에 신뢰할 수 없다고 단언했다. 그 사례로 도요토미 히데요시(豐臣秀吉, 1537-1598)이 칼을 몰래 숨기고 들어와 길을 빌려달라고 했지만, 사실은 명나라에 쳐들어가려는 간교한 계책이 있었다고 했다. 저들의 본모습이 잔악하고 탐욕스러워 그 속내를 전혀 짐작할 수 없을 만큼 간교하다고 본 것이다.13) 이 판단은 소문으로 듣거나 문헌을 토대로 한 것이 아니라 송제민 자신이 '8,9년 동안 직접 보고 체험'한 것이라고 하였다.14) 철저히 체험한 것을 토대로 하여 일본의 본모습을 판단하고 있는 것이다.

한편 조선은 임진왜란과 정유재란을 겪으면서 일본에 대한 인식이 더 부정적으로 변한다. 전쟁 직후 일본은 원수라는 인식이 보편적이었고,15) 영원히 함께 할 수 없는 적이며 선왕의 능묘를 파헤치고 무고한 백성을 함부로 죽인 복수의 대상이 되었다. 두 차례 전쟁을 겪으면서 가족들을 잃은16) 송제민의 일본에 대한 인식도 크게 다르지 않았다. 그에게 일본은 무도하고 흉악한 적이며 원수였다.

---

13) 『海狂集』下, 「遺事」: (秀吉之始遣使乞款也, 朝野動色相賀. 惟先生深以爲憂曰) 日本素稱反覆全無信義之國也. 今秀吉包劒入庭簒弑其君. 又謂假道吾境入寇上國云. 窮兇極惡. 天地所不能容而姦謀秘計有萬難測. 若不設備而竟修和好則, 不但悖義, 吾恐於是國受其兵也.
14) 『海狂集』上, 「萬言疏」: 況貪兇殘賊, 自有天地未之有也, 則此非傳聞妄想, 實乃八九年來, 目所親見之明驗也.
15) 이규배, 「조선시대 적대적 대일인식에 관한 고찰-임진왜란~조선시대 말기를 중심으로」, 『군사』84, 2012, 32쪽.
16) 김덕진, 「해광 송제민의 학문성향과 의병활동」, 『역사학연구』14, 2011, 121-122쪽.

송제민은 우선 조선과 일본은 교린 관계로 지내면서 조선은 도나 예를 잃은 적이 없다는 사실을 강조하였다. 이에 비해 일본은 흉악함을 자행하여 남의 나라를 침략해 성을 부수고 죄 없는 백성들을 죽인 포악한 적이라고 규정했다. 나아가 선왕의 능침까지 훼손함으로써 조선의 임금과 백성에게 최대의 욕을 보인 원수라고 했다.17) 선왕의 능침은 선릉(宣陵)과 정릉(靖陵)이다. 선릉은 성종과 정현왕후의 능이고 정릉은 중종의 능이다. 왜군이 한양을 함락시킨 후 퇴각하기 직전에 도굴했을 것으로 추정된다. 선조(宣祖) 임금은 선릉의 경우 1593년 4월 13일에서야 보고를 받고 능을 살폈지만, 시신이 없었으므로 대신 옷가지만 갖추어 다시 매장했다. 정릉의 경우 능 주변에 중종의 체구와 비슷한 시신이 있었지만, 확인 결과 중종 시신이 아니어서 역시 옷가지만 매장했다.18) 선조(先祖)를 중시하고 임금이 최상의 지위에 있던 시대에 '선조(先祖) 임금의 능'을 도굴하고 훼손한 것은 조선을 무시하고 모욕하는 사건이었다. 오랑캐에 의해 임금의 조상이 욕을 당한 사건인 만큼 조선에 주는 충격은 매우 컸다. 송제민은 왜적이 조선의 사직을 흔들어대고 폐허를 만든 원수이며 영원히 용서할 수 없는 적이라고 생각하였다.

이처럼 송제민은 일본을 흉악하고 용서할 수 없는 원수로 규정했지만, 한편으로 현실을 냉철하게 직시하였다. 송제민은 조선과 일본을 나란히 놓고 비교한다. 일본은 강하고 무리가 크며 부유한 나라라고 하였다. 반면 조선은 약하고 작으며 가난하다고 했다. 국제 정세를 객관적 입장에서 적확하게 꿰뚫어 본 것이다. 그리고 조선과 일본의 관계를 비유적으로 설명한다. 일본은 사납고 배고픈 호랑이이며, 조선은 맨몸과 맨손인 상태이다. 호랑이를 대적할 만한 무기나 호랑이의 공격을 막아낼 보호 장치가

---

17) 『海狂集』上, 「萬言疏」: 今者我朝之與日本 旣修隣好 無所失道 而猖然逞兇 無故而屠人之城 戮人之親 甚至先王陵寢抔土變 動宗廟社稷 一炬成墟 則實祖宗十代之深讐 而東國君臣子孫萬世之大讐也.
18) 신명호, 「선정릉의 역사와 관리제도」, 『역사와 실학』31, 2006, 126-133쪽.

전혀 없다. 이런 상황에서 호랑이를 대적한다면 호랑이의 밥이 되어 호랑이 배를 채워줄 뿐이다.19) 송제민은 조선의 형세가 배고픈 호랑이 앞에 무방비 상태로 있는 것과 같다고 보았다. 일본은 강하고, 무엇이든 집어삼키려고 하는 큰 적이라고 여겼다. 이는 당시 상황을 직시한 판단이다. 오랑캐라고 여기고 상대적으로 우월감을 자랑하던 조선 사회 속에서 임진왜란, 정유재란은 일본이 '막강한 힘'을 지닌 오랑캐라는 사실을 깨닫게 해주었다. 일본이 조선을 유린하고 치욕을 가져다준 불구대천의 원수이지만 한편으로 일본의 강대함에 대해서는 현실적으로 인정하지 않을 수 없었던 것이다.

2) 송제민, 복수를 위한 방책을 제시하다

(1) 구천(句踐)의 사례 제시

일본이 비록 강성한 나라이지만 전쟁을 일으켜 조선을 피폐하게 만들고 왕릉과 왕의 시신을 훼손함으로써 조선 사회에 큰 충격과 치욕을 안겨 준 원수였다. 복수 대상이었던 것이었고, 치욕을 씻어야 했다. 전쟁 직후 송제민은 복수(復讎) 설치(雪恥) 의리를 주장하면서 장문의 「만언소(萬言疏)」를 지었다.

1592년 왜적이 조선을 침략하자 명나라는 지원병을 파견하여 조선을 도와주면서, 한편으로 왜와 강화·수호하고자 하였다. 1594년경부터 명은 일본과 강화협상을 추진하면서 조선도 이를 받아들이도록 압박을 가했다.20) 심지어 한양을 되찾은 뒤 왜군이 철수하면서 남하할 때 왜군을

---

19) 『海狂集』上, 「萬言疏」: 今我國家之與日本 其强弱衆寡之形 不啻裸夫之敵猛虎而已 則其不爲膏虎牙而撑虎腸者幾希矣. … 我國之與日本 而强弱言之 彼强而我弱也. 以衆寡言之 彼衆而我寡也. 以大小言之 彼大而我小也. 以貧富言之 彼富而我貧也.
20) 한명기, 「조선시대 한중일 관계와 상호인식의 추이」, 『한국학연구』57, 2020, 364쪽.

추격하지 말 것을 요구했고 왜군을 호위하여 조선군의 공격을 차단하는 일까지 벌였다.[21] 조선은 이에 대하여 처음에는 강력히 반대했지만, 점차 강화와 수호에 대해 논의를 진행하는 방향으로 나아갔다. 정유재란이 끝나고 왜군이 완전히 돌아가자 1600년 전후로 조정은 왜국과 수교를 재개하는 쪽으로 입장을 정리하였다.

송제민은 조정의 이러한 논의 내용을 전해 듣고 비분에 차 상소문을 작성했다. 표면상 상소문에서는 '임금의 구언(求言)에 응하는 것'이라고 표현했다. 그는 왜란 때 의병을 일으키고, 여러 의병장들을 격발시켰으며 그들이 왜적과 전투하다가 죽는 일을 겪었다. 왜국과의 강화나 수교 재개는 목숨까지 바친 의병들의 희생과 전쟁으로 인한 백성들의 고통을 도외시한 결정이나 마찬가지였다. 그에게 왜국은 '복수의 대상'이지 '강화나 수호 관계'를 맺는 대상은 아니었다. 그래서 그는 조정의 결정에 강력하게 항거하는 상소를 작성했던 것이다.

그는 상소에서 '거적에서 자고 방패를 베개 삼으며 원수와 함께 하늘 아래 살지 않는다.'라는 공자의 말을 인용하여, "복수의 의리는 인륜의 대강(大綱)이고 천리의 대경(大經)"[22]이라고 하면서 복수 의리를 반복적으로 강조했다.[23] 이와 함께 복수를 위한 계책도 함께 제시했다.

그는 월나라 구천이 실행했던 여러 계책을 끌어와 복수에 대해 논의했다. 그가 구천을 끌어온 것은 당시 임금과 조정이 왜국과 강화하는 일을 '구천이 오나라의 신첩이 되기를 자청한 것'과 비슷하게 보았기 때문이다. 그러나 구천이 오나라에 굽힌 것과 조선이 왜국과 강화하는 일은 서로 다름을 강조했다. 즉 조정이 오나라 신첩이 되기를 자청했던 구천의 속마음을 철저히 헤아리지 않고서 왜국에 굴종하는 것으로 생각한 것이다. 그래서 구천의 속마음과 구천이 복수를 위해 실행했던 일 중 7가지를

---

21) 장준호, 「임진왜란기 조선의 전쟁수행과 류성룡의 역할」, 『서애연구』2, 2020, 180쪽.
22) 『海狂集』上, 「萬言疏」: 伸之愚意以爲復讐之議 人倫之大綱天理之大經.
23) 김덕진, 「해광 송제민의 학문성향과 의병활동」, 『역사학연구』44, 2011, 112쪽.

제시하면서, 임금이나 조정이 과연 그 7가지를 잘 해낼 수 있는지 반복적으로 질문하였다. 그가 제시한 7가지는 교적(驕敵: 적을 교만하게 만들기), 용간(用間: 간첩 이용하기), 양민(養民: 백성 기르기), 교사(敎士: 가르치기), 임상(任相: 현명한 재상 임명하여 전적으로 일 맡기기), 임장(任將: 뛰어난 장수를 임명하여 군사에 관한 일을 전적으로 맡기기), 지일(志一: 뜻과 마음을 하나로 한결같이 하기) 등이다.

구천은 한동안 오나라에 머물면서 부차에게 철저히 순종했고 자신의 책사인 범려까지 인질로 제공하는 등 부차를 안심시켜 교만한 마음을 갖도록 하였다. 범려를 인질로 제공한 것은 오나라에 잡혀 있는 동안 오나라의 정세와 동태를 소상히 관찰하여 멀리서도 오나라의 상황을 꿰뚫어 알 수 있었기 때문이다. 동시에 오나라 사람들과 교류하면서 내분을 일으킬 수 있었다. 한편 구천은 귀국한 후 복수를 위해 착실히 준비했다. 우선 백성의 수를 늘려 군대의 규모를 증대하고자 했고, 그들에게 싸우는 법 등을 가르쳤다. 인구 증가와 싸움에 능숙한 군인을 양성하는 방책을 쓴 것이다. 그리고 문종(文種)을 재상으로 삼아 전적으로 정사를 맡겼고, 범려를 등용하여 군사에 관한 일을 완전히 믿고 맡겼다. 그럼으로써 백성들이 한마음으로 뭉치고 나라에 대한 충심을 갖게 하여 강력한 군대를 만들 수 있었다. 구천은 오로지 복수하겠다는 일념으로 10여 년간 준비를 착실히 하여 결국 오나라에 대한 복수를 이뤄냈다.

(2) 지일(志一)과 용간(用間)

송제민은 구천이 실행했던 7가지 방책을 설명하면서 조선도 그것을 활용할 수 있다고 제안한다. 그 중 가장 중요하게 다룬 것은 임금의 지일(志一)이었다. 임금은 천하의 본보기이기 때문에 임금의 마음이 한결같아야 한다고 했다. 그것을 마음과 신체의 관계로 비유했는데, 마음은 몸의 주재자로서 마음이 전일(全一)하면 수족도 마음에 순종하여 바르고 잘 움직이게 된다.[24] 따라서 임금의 마음이 한결같고 치우침이 없어야 함을 강조했다.

송제민은 당시 임금과 조정의 상황을 직접 비판한다. 조정의 논의가 동서남북으로 갈렸는데 전쟁에 대응하는 방식, 강화 및 수호 진행 여부가 당론에 따라 달랐음을 비판한다.[25] 그런데 이런 분기 상태는 조정 신하들이 갈라진 것이 아니라 임금의 마음이 동서남북으로 갈라져 때에 따라 지향하는 방향이 달랐기 때문이라고 본 것이다. 신하들은 임금 뜻의 여부와 향배에 따라 움직였을 뿐이라고 하였다. 일본에 대해 복수하고자 하는 임금의 마음이 단호하다면 조정의 논의가 분분하게 갈라질 일이 없다는 것이다. 무엇보다 복수(復讐) 설치(雪恥)를 이뤄내기 위해서는 임금이 구천처럼 '복수' 일념을 견지할 것을 주장했다.[26] 복수 일념으로 고난을 극복하고 복수 계책을 세워 착실히 실천하는 일의 중요성을 강조한 것이다.

다음으로 중요하게 다룬 방책은 용간(用間)이다. 송제민은 왜국이 임진왜란 때 쉽게 쳐들어올 수 있었던 것은 미리부터 첩자를 보내 조선의 정세, 지리, 군대의 허실 등을 자세히 정탐하여 정보를 얻었기 때문이라고 했다. 또 왜국은 돈을 풀어 인심을 사 심복을 만들어 놓고 조선의 비밀 정보를 캐냈으며, 심지어는 조정의 논의[27]도 첩자의 간계에 의한 것이라

---

24) 『海狂集』上, 「萬言疏」: 心君若能主宰乎一身而主一無適 使耳目口鼻四肢百體 皆由順正.
25) 실제 송제민은 분당의 폐해를 겪었다. 유성룡이 송제민의 명성을 듣고 조정에 추천했으나 이산해와 정인홍이 반대했다. 그가 박순과 정철 쪽 사람이라는 것이 그 이유였다. 유성룡은 남인, 이산해와 정인홍은 북인, 정철은 서인계열이었다.
26) 『海狂集』上, 「萬言疏」: 今者 東西南北之說議者 莫不憂之以爲難於去河北之賊 臣愚獨以爲不然也. 朝廷未嘗有東西南北 而特以殿下之心 有東西南北也. 何者. 纔見聖心之所向而擧朝追之 聖心之所背而擧朝攻之 則東西南北 無非聖心之所以或二或三之地 而朝廷之上 豈更有南北東西哉. 以此而論之 未有聖志能一道而朝廷之分朋離析有如是者. 則殿下之所以一其志者 恐不及於句踐矣.
27) 『海狂集』上, 「萬言疏」: 甚至有言金德齡之死 李舜臣之被囚 元均之代領 雖出於一時之公議 而其實則未必非賊間爲之媒蘖云 則雖未必其信然亦不可謂必不然 則豈不寒心乎. 송제민은 김덕령의 죽음, 이순신의 옥살이, 원균의 임용을 실례

고도 했다. 그래서 송제민은 첩자를 쓰는 방책의 중요성을 역설했다.

무릇 간자(間者)란 삼군의 눈과 귀이다. 삼군에게 눈과 귀가 없으면 그 적에 대한 강함과 약함이 수십 배나 차이가 나니 가히 위태롭다고 할 수 있습니다. 하물며 피차 서로 멀리 떨어져 있고 추나라가 초나라를 대적하기 어려운 상황과 같으니 어떠하겠습니까?…(중략)…만약 간첩의 편지를 이용한다면 씌여진 내용들이 평범한 안부의 말을 하면서 혹은 저들을 추켜세우고 우리를 꾸짖어 저들이 좋아할 말만 쓴다고 하여도 적들의 허실, 기밀 비밀 계획 등을 모두 말하지 않음이 없을 것입니다. 저 적들이나 우리나라 사람들도 그 글을 보고서도 다른 뜻이 있다는 것을 알지 못할 것입니다. 오직 이 술수를 알고 있는 자만이 보고서 이해할 수 있을 것입니다.…(중략)…만약 저를 시켜 적국에 가서 정탐하게 한다면 한 사람을 경도에 두고 적 속으로 들어가 산천, 도로, 인심, 풍속, 물정, 일의 형세, 흉악한 간계, 비밀 계획 등을 모두 조사하겠습니다. 그리고 본국에 사로잡혀 있는 백성을 시켜 이어서 알리게 하고 또한 왜사(倭使)에게 전하게 하면 의심이 없을 것입니다. 그러므로 저들의 허실과 동정을 만 리 밖에서도 훤히 알 수 있는 것입니다. 저는 어려서부터 어렵게 자라서 다른 기술은 없습니다. 다만 고난과 노고, 배고픔같이 사람들이 견디기 어려워하는 것을 잘 참아내고 마음 편히 여기는 것은 제 평생에서 가장 잘하는 것입니다. …(중략)…저는 이미 늙었으므로 용감함으로 적을 위협하기도 부족하고, 문장도 나라를 빛내기도 부족하지만 오직 이 일을 잘 할 수 있습니다.[28]

로 들기도 했나. 실세로 낭시에 유성룡은 권율을 의수복사에, 이순신을 전라좌수사에 천거했고, 이에 대해 김성일은 이순신을 발탁한 것이 잘못되었다고 주장하기도 했다. (장준호, 「임진왜란기 조선의 전쟁수행과 류성룡의 역할」, 『서애연구』2, 2020, 162쪽.)

28) 『海狂集』上, 「萬言疏」: 夫間者 三軍之耳目也. 三軍無耳目則强弱之數什倍於敵 猶可危也. 況彼此之懸絶 不啻鄒楚之難敵哉.… 若用於間諜之書則 所書者

송제민은 간첩과 첩자는 군대의 눈과 귀라고 할 만큼 중요하다면서 이를 군대의 강약을 결정짓는 중요한 요인으로 꼽고 있다. 적국에 첩자를 심어 놓고 그쪽의 모든 상황-물정, 산천 형세, 도로, 인정의 향배, 국내외에 대한 비밀스러운 정책과 논의들-을 정탐하게 하여 그 정보를 지속적으로 보고 받으면, 멀리서도 상대방을 꿰뚫어 볼 수 있기 때문이다. 실제로 임진왜란 때 의병장으로 정유재란 당시 전라도 영광에서 포로로 잡혀간 강항(姜沆, 1567-1618)은 일본의 문헌을 조사하고, 관직이나 일본의 지리 등에 대해 소상한 정보를 얻어냈고, 조선에 돌아와 자세하게 보고할 수 있었다.[29] 그것은 그가 포로로 일본에 살면서 일본인과 교류하고 일본의 문헌 등을 자세히 살펴볼 수 있는 시간이 있었기 때문이다.

특히 송제민은 그 구체적 방법까지 제시한다. 그저 평범한 안부 편지 정도를 쓰는 것처럼 하면서 그 안에 적국의 상황을 슬쩍 서술해 놓는다면 누구도 눈치채지 못한다는 것이다. 더 나아가 자신이 그 일을 직접 할 수 있다고 자원하기도 한다. 그만큼 송제민의 일본에 대한 복수 의지는 강고했으며, 임금도 복수에 함께 해야 함을 강조하였다.

그 다음으로 제안한 것은 임상(任相)과 임장(任將)이었다. 이는 곧 인물의 재능과 역량에 따라 그에 부합하는 직무를 맡겨야 한다는 것이었다. 구천은 문종을 재상으로 임명하고, 군사 일에 관한 것은 범려에게 맡겼다. 그들의 재능에 부합하는 임명이었다. 송제민은 당시 조선의 인재 등용 세태를 비판하면서 직무와 재능의 부합성을 철저히 따져야 하고

雖是平常問安之辭 惑譽彼詆此順彼所喜之辭 而敵中虛實密機祕計無不說盡 而非但彼敵不知 我國人見之亦不知其有他意矣. 惟知此術者 見之乃可解也.… 若使小臣往探敵國 則當敎一人留置京都 而往在敵中備審山川道路人心風俗物情事勢凶謀祕計 易不但使本國俘民源源續報 亦可傳附於倭使 而亦不疑矣. 則彼中虛實動靜 可照然於萬里之外矣. 臣自少時困陋窮巷 無他技能 只喫辛含苦忍勞耐飢 人所不堪者 處之晏然 不以經心者 乃平生之所長也. … 臣今已年老 武不足以威敵 文子不足以華國 只有此事庶幾可及.

29) 정장식, 「임진왜란후의 대일본 인식」, 『일본문화학보』4, 1998, 371쪽.

무엇보다 백성을 위해 헌신할 수 있는 마음과 자세를 갖춘 사람을 등용해야 한다고 하였다. 그래야 나라와 조정이 잘 다스려져 백성들도 편안하게 살 수 있고, 백성들도 나라와 임금을 위해 진심을 다하고 기꺼이 죽기를 마다하지 않는 충의의 마음을 가지게 될 것이라고 했다. 백성들이 뭉쳐야 나라도 강성해지고 복수도 완수할 수 있다고 여긴 것이다.

이와 더불어 양민 곧 백성을 기르는 것과 교사 즉 백성을 가르치는 방도를 제시했다. 여기서는 교활한 아전이 수령을 좌지우지하면서 사리사욕을 채우기 때문에 백성들은 도탄에 빠졌다고 비판했다. 즉 윗자리에 있는 이들은 국가가 백성에게 물건 하나만 바치라고 한 것만 보고 백성들이 그 물건 하나만 바칠 것으로 알고 있지만, 그 사이에서 아전과 수령이 농간하기 때문에 실제 백성들의 노고와 바칠 공물의 양은 몇 배나 더하다고 했다.30) 이는 백성을 기르는 뜻이 아니며 오히려 백성들을 죽음에 빠뜨리는 일이라고 했다. 구천이 인구 증가 정책을 시행하여 백성들을 편안히 살게 함으로써 민심을 얻은 것과 대조하면서, 교활하고 탐욕스러운 아전과 수령을 철저히 응징할 것을 요구한다. 이를 통해 민심을 하나로 결집하여 나라를 강성하게 하고, 복수의 기반을 공고히 해야 함을 역설한 것이다.

송제민은 교적(驕敵), 곧 적이 교만한 마음을 갖게 하여 경계심을 풀고 방비를 느슨하게 하도록 만드는 방법도 제시한다. 일본이 전쟁 기간에 조선 백성을 죽이고 조선을 유린하여 거칠 것이 없지만 교만하지 않은 것은 명나라가 있기 때문이라고 하였다. 조선이 명나라에 의지하거나, 명나라가 조선을 도와줄 기미가 있다면, 일본은 경계심을 늦추지 않고 오히려 방비를 더 공고하게 하게 될 것이다. 그것이야말로 조선이 걱정해야 할 사항이므로, 오히려 명나라에 의지하지 않는 것이 일본의 경계심을

---

30) 『海狂集』上, 「萬言疏」: 在上之人 只見國家之所奉者一物 則只知民供一物而已 豈知該司人情已費倍筵之貨也.

풀고 교만하게 만드는 방법이라고 강조하고 있다. 명나라에 전적으로 의지하거나 명나라의 위세에 힘입어 일본과의 교류를 지속한다면 조선으로서는 이익이 되지 않는다는 말이다. 송제민이 일본과의 강화·수호가 구천이 했던 것과 다르다고 한 점이 바로 이 지점이다.[31]

　구천에게는 월나라가 의지할 강대국이 없었으므로 복수를 위해 자신을 최대한 낮췄다. 이는 구천의 철저하고 치밀한 계획을 기반으로 한 것이다. 그런데 조선은 명나라라는 대국의 지원을 받을 수 있기 때문에 일본과 강화하여 스스로 낮추는 것이 구천의 상황과는 다르다고 하였다. 조선만의 자주적이고 자강적인 계책을 구체적이고 면밀하게 세우고 모두 한마음으로 '복수'의 일념으로 결집한 이후에야 구천이 오나라에 했던 행동을 따라서 할 수 있다는 것이다. 그는 구천의 속내를 철저히 분석하지 않고 그가 보인 행동만 따라 하는 것은 백성들을 죽음으로 몰아넣는 일이라고 주장했다. 오히려 명나라에 의지하기보다는 조선이 자구책을 마련하여 자주적으로 부국강병을 실현하여야 한다고 여긴 것이다. 그는 일본과 비교하여 조선이 열세에 놓인 국제 관계 속에서 일본에 대해 복수를 하려면, 조선이 스스로 복수 계획을 마련하고 모두 한마음으로 집결해야 함을 강조했다.

3) 송제민의 복수론: 21세기 대일 외교의 반면교사

　춘추전국시대는 천자의 권위가 무너지고 각 국의 제후들 간에 토지겸병 전쟁이 빈번하던 시기였다. 『춘추좌전』에 "구수(仇讎)가 8회, 구(仇)가 16회, 수(讎)가 56회"나 등장하는 것에서도 알 수 있듯이 당시는 "제후

---

[31] 『海狂集』上,「萬言疏」: 自古攻人之國 屠人之城者 未有若是之慘 則宜乎賊之生驕 而有不敢驕者 以天兵爲之救故也. 今天兵已撤回矣 我國無可依矣 而賴天兵而猶賊酋之不敢驕 不敢驕則其備之者 必不敢忽 不敢忽者 豈非我國之大患. 而實無天兵之可依則今日之所以驕敵者 勢已異於句踐矣.

간 상호 복수전(復讐戰)"이 일상화되던 시기이다.32) "복수가 성행할 뿐만 아니라, 이념상 당연한 도리이자 의무로까지 칭송되기에 이른다."33) 이에 대한 단적인 예가 『국어』에 보인다. 구천이 복수전을 펼치려 할 때 월나라의 신하와 백성들은 앞장서서 외친다. "자식은 부모의 원수를 갚으려고 생각하고, 신하는 군주의 원수를 갚으려고 생각하는데, 그 누가 감히 힘을 다하지 않겠습니까? 부디 복수의 전쟁을 벌입시다!"34)

조선의 복수 논쟁은 춘추전국시대 이후에 형성된 이러한 복수 관념에서 비롯한다. 하지만, 맹자는 "내가 남의 부모를 죽이면 그 사람 역시 나의 부모를 죽이고, 내가 남의 형을 죽이면 그 사람 역시 나의 형을 죽이는," 서로 죽고 죽이는 복수의 악순환이 한 끗 차이라고 주장한다.35) 그래서 양혜왕이 제(齊)나라에 패해 큰아들을 잃은 일, 진(秦)나라에게 7백리를 빼앗긴 일, 초(楚)나라에게 굴욕을 당한 일에 대한 복수를 하여 치욕을 씻고자, 맹자에게 어떻게 하면 되겠냐고 질문할 때 맹자는 복수에 대한 계책 대신 왕도(王道)를 제시한다.36) "춘추에 기록된 전쟁 가운데 의로운 전쟁이란 없다. 저것이 이것보다 나은 것이라면, 있기는 있다."37) 라는 주장도 이 연장선상에 놓여 있다.

---

32) 김지수, 「전통 중국에서 복수의 예법과 철학지혜-禮와 法의 긴장관계」, 『법학논총』 41권 3호, 2021, 7쪽.
33) 김지수, 「전통 중국에서 복수의 예법과 철학지혜-禮와 法의 긴장관계」, 『법학논총』 41권 3호, 2021, 7쪽.
34) 『國語』 「越語上」: 子而思報父母之仇, 臣而思報君之讐, 其有敢不盡力者乎? 請復戰!
35) 『孟子』 「盡心下」: 孟子曰, 吾今而後知殺人親之重也. 殺人之父, 人亦殺其父, 殺人之兄, 人亦殺其兄. 然則非自殺之也, 一間耳.
36) 『孟子』 「梁惠王上」5장: 梁惠王曰 晉國 天下莫強焉, 叟之所知也. 及寡人之身, 東敗於齊, 長子死焉, 西喪地於秦七百里, 南辱於楚. 寡人恥之, 願比死者, 一洒之, 如之何則可. 孟子對曰 地方百里而可以王. 王如施仁政於民, 省刑罰, 薄稅斂, 深耕易耨, 壯者以暇日, 修其孝悌忠信, 入以事其父兄, 出以事其長上, 可使制梃, 以撻秦楚之堅甲利兵矣. 이에 대한 논의는 이주강, 「孟子・退溪의 反戰論과 孝宗의 義戰論」, 『퇴계학논집』 15호, 2014, 390-393쪽 참고.
37) 『孟子』 「盡心下」2장: 孟子曰, 春秋, 無義戰, 彼善於此則有之矣.

그런 맹자가 월나라 왕 구천을 지혜로운 사람(智者)의 사례로 제시[38] 한다. 그런데 그 이유는 구천이 복수 전쟁을 해서 승리했기 때문이라기보다 작은 나라인 그가 큰 나라를 섬겼다는 점에서였다. 복수의 화신 구천이라는 이미지는 사마천에 의해 형성되었다. 한(漢)이라는 통일 제국의 시대를 산 사마천은 『사기(史記)』에서 회계지치(會稽之恥)-와신상담(臥薪嘗膽)-복수설치(復讎雪恥)의 줄거리에 따라 구천을 개인적인 복수를 추구하는 왕으로 묘사한다. 그리고 신하들의 뛰어난 능력을 부각한다. 반면, 춘추전국시대라는 다극 체제의 역사서인 『국어(國語)』는 구천을 대의에 따라 오나라와 전쟁을 한 인(仁)을 갖춘 성왕(聖王), 즉 왕도(王道)를 실천한 인물로 그리고 있다.[39] 구천에 대한 맹자의 긍정적인 이미지는 『사기』보다 『국어』의 묘사에 더 가깝다.

『국어』와 맹자와 달리 조선 사대부들의 구천 소환은 왜란과 호란이라는 국가 위기 상황에서 자신들의 필요에 맞는 취사선택을 통해 조선의 정치에 투영하는 식이었다.[40] 특히 정묘호란과 병자호란이라는 두 차례의 호란을 겪었던 인조 시대의 사대부들은 구천 담론을 활용하여 전쟁의 발발과 그 결과에 대한 서인의 책임을 청나라에 대한 복수설치로 전환시켰다[41]는 평가를 받는다.

이와 함께 전란의 참혹한 현실과 이에 대한 "복수 능력의 부재에서 발생한 분노의 문제는 실질적 복수 행위를 갈망하는 서사"[42]로 이어졌다.

---

38) 『孟子』 「梁惠王下」: 齊宣王問日, 交鄰國有道乎? 孟子對日, 有. 惟仁者爲能以大事小. 是故湯事葛, 文王事昆夷. 惟智者爲能以小事大, 故大王事獯鬻, 句踐事吳.
39) 이아영·송재혁, 「성왕(聖王)과 패자(覇者) 사이: 월왕 구천(句踐)에 대한 『국어』와 『사기』의 평가」, 『한국정치학회보』 53집 4호, 2019, 78-85쪽.
40) 송재혁, 「왜란·호란 양란기 구천(句踐) 담론과 재건의 정치」, 『한국동양정치사상사연구』 제16권 1호, 2017, 99쪽.
41) 송재혁, 「왜란·호란 양란기 구천(句踐) 담론과 재건의 정치」, 『한국동양정치사상사연구』 제16권 1호, 2017, 119쪽.
42) 권대광, 「임진록에 드러난 복수담의 심리학적 고찰」, 『한국문학이론과 비평』 제85집,

청나라에 대한 복수 설치로 대치된 일본에 대한 복수 의지는 "『임진록』이라는 서사적 상상력의 영역으로 진입"하였다.43) 복수에 대한 조선 지식인들의 이러한 문학적 형상화는 패전으로 인한 정신적 외상을 극복하기 위한 일종의 치유행위44)였다.

초야의 선비 송제민에게도 구천은 "역사 유비로서 본받아야 할 역할 모범"45)이었다. 그러나 그의 복수 논의는 당시 사대부들과 달리 반전(反戰)·의전(義戰) 등의 명분론적 전쟁의 차원에서 이루진 것이 아니다. 또한 『선조실록』에 보이는 구천 기록은 강화론의 근거, 국정 쇄신론의 근거, 화친에 대한 찬반 근거로 활용46)되고 있지만, 복수론의 근거로는 제시되지 않는다. 따라서 송제민의 복수 논의는 현실적 가능성의 측면에서 살펴 볼 필요가 있다.

송제민의 복수 설치의 방책은 세 가지 측면에서 그 의의가 있다. 첫 번째, 그의 복수 논의는 즉각 실천할 수 있는 '현실적' 방안이라는 점에서 의의가 있다. 임진왜란 이후 세대는 대체로 일본에 대해 화이론(華夷論)으로 접근하였다. 즉 일본은 함께 할 수 없는 오랑캐라서 함께 할 수 없고, 화친해서도 안 된다고47) 강조했다. 이는 화(華)·이(夷) 구분이라는 명분을 중시하는 입장이다. 반면 송제민은 화·이 구분보다는 일본의 실제 모습을 간파했다. 그들이 오랑캐이기도 하지만 '잔악하고, 신뢰가

2019, 268쪽.
43) 권대광, 「임진록에 드러난 복수담의 심리학적 고찰」, 『한국문학이론과 비평』 제85집, 2019, 266쪽.
44) 백진우, 「병자호란의 상흔에 대한 문학적 치유 양상 연구」, 『어문논집』 69집, 2013, 32쪽.
45) 백신우, 「병자호란의 상흔에 대한 분학적 치유 양상 연구」, 『어문논집』 69집, 2013, 36쪽.
46) 송재혁, 「왜란·호란 양란기 구천(句踐) 담론과 재건의 정치」, 『한국동양정치사상사연구』 제16권 1호, 2017, 100-111쪽.
47) 이규배, 「조선시대 적대적 대일인식에 관한 고찰-임진왜란~조선시대 말기를 중심으로」, 『군사』 84, 2012, 35쪽.

없기' 때문에 외교를 재개하더라도 언제든지 외교적 약속을 깨뜨리고 침략할 가능성이 높다고 본 것이다. 명분 위주가 아닌 실질적인 일본의 모습에 기반한 복수 논의이다.

두 번째, 국제 정세에 대한 객관적 평가를 기반으로 했다는 의의가 있다. 송제민은 조선이 중화 문명국이라는 우월적 자의식을 내세우기보다는 조선을 국제 정세의 관점에서 철저히 분석하였다. 당시 일본은 부유하고 국력도 조선보다 우위에 있었다. 조선은 전쟁이 벌어진 현장이었기 때문에 직접적인 피해가 엄청났다. 일본에 비해 경제적으로나 국력으로나 열세에 있었다. 송제민을 이를 분명하게 간파했고 적극적으로 인정했다. 간첩 이용하기나 적의 마음을 교만한 상태로 만들어 놓기와 같은 방식은 강한 국력이 아니어도 충분히 실행할 수 있는 방법이다. 이는 화이 명분론에 치우쳐 일본을 오랑캐로만 여기며 현실적이고 구체적인 복수 방안을 제시하지 않았던 이들과는 다른 것이다.

세 번째, 송제민은 안으로는 임금과 백성이 한마음으로 복수 의지를 견지하면서 정치를 바르게 하여 국력을 기르고, 밖으로는 일본을 겨냥한 정탐으로 그들의 약점을 찾아 그들을 약화시키고자 하였다. 이른바 현실적이고 실질적인 내수(內修)를 기반으로 한 외양(外攘)이라고 할 수 있다. 그만큼 그는 일본에 대한 복수를 강조했고, 그 책무를 자신도 함께 지고자 하는 의지를 보여주었다. 자기 책무 의식은 임진왜란 때 송제민을 의병 활동 조력자 및 후원자로서 적극적으로 활동하도록 추동하였다. 이런 점에서 볼 때 그의 복수 논의는 항일 의병 정신의 발로라고도 할 수 있다.

송제민은 임진왜란과 정유재란을 겪으면서 자강하여 복수하지 못했음을 평생 한스럽게 생각하면서 국가의 죄인으로 자처했다.[48] 임종할 즈음

---

[48] 『海狂集』下,「遺事」: 居處器服飲食 一以罪人自處 絶不與世相接 盖其意以爲 國讐未雪 一國臣民 自是罪人也.

자신의 삶을 돌아보면서 "백성과 나라에 보탬이 된 것이 없고, 섬 오랑캐
들이 흉악함과 욕을 군부(君父)에 미치게 했는데도 복수를 통해 치욕을
씻어내지도 못하면서, 나라의 계책도 미약하여 왜국과 통화(通和)하는
것도 구하지 못하고, 그저 2백년 예의의 나라가 오랑캐와 금수가 되는
것을 목격했을 뿐이다"라고 한탄했다.49) 여기에는 그가 젊었을 때부터
품었던 증민고국(拯民固國)의 뜻, 제세의 뜻을 펼치지 못한 자책이 깔려
있다.

4. 공적 차원에서 복수의 가능성을 보여주다

송제민은 비록 벼슬길에 오르지는 못한 선비였지만, 국난 시기를 당하
여 국가와 백성을 염려하고 원수를 갚고자 하는 충의의 마음은 평생토록
한결같았다. 전쟁 직후 강화·수교 논의가 진행되는 과정에서 그는 「만언
소」를 써서 강화 반대 발언을 하는 용기가 있었고, 목숨을 걸고 적국에
들어가 정탐하는 첩자의 책무를 스스로 맡아 하겠다는 결의도 보였다.
그의 「만언소」는 열세에 놓여 언제든 일본에 의해 모멸당할 위기에 있는
조선을 구하고자 하는 의기를 보여주었다.

박세채는 송제민에 대해 "일본에 사신을 보내 서로 통하고 화친하려는
논의가 결정되었을 때 공경 대신 중 한 사람도 상소한 이가 없었고 오직
공만이 초야의 선비로서 그 일을 능히 해냈다"라고 평했다.50) 후일 정조
는 '송제민이 창의하고 적을 섬멸한 일, 분충(奮忠) 순국한 절의는 읍지에

---

49) 『海狂集』 下, 「遺事」: 今余之生也 旣無功德於民 又不效力於國 島夷逞兇辱及
君父 而旣不能報雪 國計微弱通和讐邦而又不能匡救 目見二百年禮儀之邦 不
免於夷狄禽獸之歸.
50) 朴世采, 『南溪集』卷83, 「處士海狂宋公傳」: (當壬辰二陵之變, 國家旣不能自强
報雪, 而且被挈於天朝.) 竟至遣使通和, 是時公卿大臣無一人上書極諫, 而獨
公以草莽遠士能之.

도 있고, 향교 소재 절행 성책에도 자세하므로 이에 그 창의하고 많은 이를 격발한 것은 조중봉의 정충에 뒤지지 않고, 일을 도모하고 의병을 잘 먹이고 김덕령을 실제 도운 것, 초야에서 와신상담한 일 등은 실로 평소에 마음에 쌓여 있었던 것이고, 하루아침 저녁에 가히 할 수 있는 것이 아니다'라고 평가했다.

여하튼, 송제민은 국가와 국가 사이의 공적 복수를 화이론적 명분론에 입각해 논한 것이 아니라 국력의 차이를 인정하고 실질적으로 복수를 실현할 수 있는 현실적 방책들을 구천의 사례를 들어 제안하고 있다. 그는 힘의 불균형 상태에서 적국 정보의 중요성을 인식하고 첩보원 혹은 정보원 운용의 구체적인 방안을 제시하되 위험을 무릅쓰고 본인이 자원하는 등 지행(志行) 합일의 복수론을 펼치고 있다. 또한 그의 방책들은 명분론에 치우쳐 있지 않기 때문에 일본에 대한 애증취사(愛憎取舍)를 한결같이 지공무사(至公無私)[51]라는 객관적 태도로 임하고 있다. 그런 점에서 그의 복수 논의는 나중에 이직보원(以直報怨)의 관점에서도 해석할 수 있는 여지를 남기고 있다는 점에서 또다른 의의를 찾을 수 있다.

참고문헌

『國語』
『禮記』
『論語集註』
『孟子』
『春秋公羊傳』
송제민, 『海狂集』 한국역대문집DB, 미디어한국학.
(http://db-mkstudy-com.libproxy.chosun.ac.kr/ko-kr/mksdb/e/korean-anthology/book/reader
    /625/?sideTab=toc&contentTab=image&articleId=849603)

---

51) 『論語』「子路」: 於其所怨者, 愛憎取舍, 一以至公而無私, 所謂直也.

한국고전종합DB, 한국고전번역원.(https://db.itkc.or.kr/)

권대광, 「임진록에 드러난 복수담의 심리학적 고찰」, 『한국문학이론과 비평』 85, 2019.
김덕진, 「해광 송제민의 학문성향과 의병활동」, 『역사학연구』 14, 2011.
김지수, 「전통 중국에서 복수의 예법과 철학지혜-禮와 法의 긴장관계」, 『법학논총』 41(3), 2021.
노영구, 「임진왜란 의병에 대한 이해의 과정과 새로운 이해의 방향」, 『한일군사문화연구』 13, 2012.
류영하, 「논어 '직(直)'사상을 통해 본 복수의 정당성 연구」, 『한국철학논집』 74, 2022.
리펑페이(李鵬飛), 「고대 중국의 '복수' 관념과 그 문학적 표현」, 『민족문화연구』 65, 2014.
백진우, 「병자호란의 상흔에 대한 문학적 치유 양상 연구」, 『어문논집』 69, 2013.
송재혁, 「왜란·호란 양란기 구천(句踐) 담론과 재건의 정치」, 『한국동양정치사상사연구』 16(1), 2017.
신명호, 「선정릉의 역사와 관리제도」, 『역사와 실학』 31, 2006.
이규배, 「조선시대 적대적 대일인식에 관한 고찰-임진왜란~조선시대 말기를 중심으로」, 『군사』 84, 2012.
이아영·송재혁, 「성왕(聖王)과 패자(覇者) 사이: 월왕 구천(句踐)에 대한 『국어』와 『사기』의 평가」, 『한국정치학회보』 53(4), 2019.
이주강, 「孟子·退溪의 反戰論과 孝宗의 義戰論」, 『퇴계학논집』 15, 2014.
장준호, 「임진왜란기 조선의 전쟁수행과 류성룡의 역할」, 『서애연구』 2, 2020.
정장식, 「임진왜란후의 대일본 인식」, 『일본문화학보』 4, 1998.
한명기, 「조선시대 한중일 관계와 상호인식의 추이」, 『한국학연구』 57, 2020.

● 이 장은 『동양철학연구』 112에 실린 논문을 수정·보완한 것이다.

04장

임철우의 소설에 나타난 5·18
-『봄날』을 중심으로

1. 임철우와 5·18

　임철우는 1954년 10월 15일 생으로 전남 완도군의 작은 섬 평일도에서 출생했다. 광주 숭일고를 졸업하고 전남대학교 영문과에 재학 중 5·18을 맞았다. 그 역시 5·18 때 돌을 던졌다. 그러나 그는 도청 최후의 날 집의 다락방에 웅크려 숨어 있었다. 자신보다 더 어리거나 또래인 학생들, 여성들, 어른들이 남아 있던 그 곳에 그는 끝내 가지 못했다. 5·18 과정에서 그의 동료들은 사망하거나 잡혀가기도 했는데 혼자 살아남았다. 이 모든 것은 그에게 거대한 충격을 주게 된다. 5·18이라는 미친 잔혹한 상황에서 도망쳐 살아남은 그는 이후 맹렬한 부끄러움과 죄책감으로 온 몸과 정신이 꺼져가는 삶을 살다가 어느 날 이불 속에서 대성통곡을 한 뒤『봄날』을 쓰겠다고 하나님에게 맹세한다. 이것이 10여 년간 원고지 총 7000여장에 이르는 소설을 쓰게 된 배경이다. 그런데 도대체 어떻게 10일 간의 항쟁을, 그것도 같은 시간 다른 공간에서 동시 다발적으로 벌어지는 수많은 사건들을 적을 수 있을까. 임철우는 이를 해결하기 위해 수없이 다양한 인물을 생성하여 각기 다른 사건이 갖는 특징, 그리고 다양한 정체성을 가진 다수의 인물들이 5·18 상황에 대처하는 저마다의 방식을 보여준다. 때문에 소설은 5·18 기간 동안 수많은 인물 군상의 내면과 행동을 생생하게 그려낸다. 이것이 『봄날』을 기록소설이자 증언소설, 또 체험소설로 만들어낸 비결이기도 하다. 작품을 쓰는 과정의 고통은 감히 상상할 수는 없다. 『봄날』 말미 작가의 말에는 다음과 같은 문장들이 있다. "당시의 상황을 재현해내는 작업 자체가 참으로 고통스런 반복 체험에 다름아니었다. 지난 10년 동안 나는 내내 5월 그 열흘의 시간을 수없이 다시 체험해야만 했고, 수많은 원혼들과 함께 잠들고 먹고 지내야 했다. 그러는 동안 가끔은 정서적으로나 정신적으로 몰라보게 피폐되어가는 듯한 내 자신을 깨닫고 깜짝깜짝 놀라기도 했다. 고통스런 기억의 반복 체험이란 것이 얼마나 사람을 소모시키는 것인지, 처음으로 알았다." 그럼에도 끝내 작품을 놓지 않았던 임철우의 모습을 무엇이라 해야 할까. 이는 마치 어느 날 문득 그리스도의 부름에 응답해 평생 고통과 번민 속에서도 신앙을 전파한 사도 바울과 같지 않은가. 감히 말하건대 임철우도 5·18의 사도라 할 수 있을 것이다.

이 글은 임철우의 대작 『봄날』에 표현된 감정과 정동[1])을 탐구하여 5·18 항쟁 공동체의 형성/분열 원리를 드러내려는 목적을 갖는다. 감정은 사회변화와 정치적 활동을 추진하는 강렬한 힘이다. 감정은 자신의 올바름을 보증하여 행위를 유발하고 그 행위를 지속하게 하거나 변화하게 만든다. 합리적 분석으로서의 관념은 단지 정신의 활동에 불과하다. 그것이 신체의 감각과 감정을 이끌어내지 못한다면 지성에 의한 정신작용에 그친다. 우리는 변화하는 상황의 옳고 그름에 대한 더 큰 감정적 반응을

---

[1]) 3장에서 다시 다루겠지만 여기서 정동은 늘 운동하는 것으로써 감성을 이루는 것이자 감정으로 포획되지 않는 강렬도(정情의 강한 정도)다. 감정은 이 강렬도의 사회언어적 응축을 뜻한다. 가령 슬픔은 슬픔이라는 감정을 이루는 정동 운동의 사회언어적 고정 형태다. 이때에도 정동은 슬픔이라는 감정적 언어에 종속되지 않으며 슬픔이라는 감정을 만들어낸 과정 속에서 운동한다. 이에 관해서는 브라이언 마수미, 『가상계』, 조성훈 옮김, 갈무리, 2011, 54쪽. 참조.

토대로 움직인다. 한편 감정에도 인지적 기능은 존재한다. 감정이 나름의 합리적 인지 활동과 밀접한 연관이 있다는 것은 근래 주목받는 연구로, 사회학, 인류학, 정치학 등의 영역에서 활발히 논의되는 중이다. 여기서는 전통적으로 언급되었던 감정의 충동성이나 우연성보다 관습을 통한 인지적 성격, 의례나 상징을 통한 인지적 성격, 감정이 가진 본래의 인지적 성격 등이 더 강조된다. 이 글 역시 사회 운동의 비합리적 측면을 비판하는 '집단적 합리성 모델', '인지적 합리성 모델' 등이 가진 합리성/비

(출처 : 일간 문예뉴스 문학IN
https://blog.naver.com/lsr21/40204570748)

합리성이라는 이분 도식을 넘어[2] 감정과 인지의 상호적인 연관을 설명하고 5·18 공동체의 항쟁을 감정의 차원에서 바라보려 한다. 이때 중요한 것은 감정이 가진 복합적이고 공동체적인 성격이다. 5·18과 같은 거대한 사건에서 감정은 복합적이고 중층적일 수밖에 없으며 타인의 피해를 보며 느끼는 분노는 공동체적 감정이다. 한편 타인을 위해 자신의 목숨을 버리는 행위는 감정으로 설명하기 어렵다. 여기서는 자신을 보존하기 위한 이성적 판단을 완전히 마비시킬 만큼의 폭발적인 정동 증폭이 더 정확한 이해의 틀이 된다. 정동은 감정과 마찬가지로 사람을 움직이되 강도적 증감을 통해 사람을 미치게 만들 수도, 침착하게 만들 수도 있기 때문이다. 이 글은 임철우의 『봄날』을 중심으로 5·18 항쟁 공동체의 감정/정동

---

2) 신진욱, 「사회운동의 연대 형성과 프레이밍에서 도덕감정의 역할 – 5.18 광주항쟁 팸플릿에 대한 내용분석」, 『경제와사회』 2007 봄호, 203~245쪽. 참조.

적 형성/분열 원리를 밝히고자 한다. 이는 『봄날』의 감정/정동적 국면을 부각하고, 5·18 '절대공동체'의 형성/분열 원리를 규명하며 5·18 항쟁 서사를 감정론적/정동론적으로 재구성할 것이다.

2. 감정의 특징과 5·18 초기 복합 감정의 항쟁공동체

인간은 같은 상황이나 대상에 대해 두 가지 이상의 감정을 동시에 경험할 수 있다. 우리가 살아가면서 누구나 한 번쯤은 느끼게 되는 애증은 인간의 감정 역량이 단순하지 않다는 간단한 예다. 긍정적 감정에 긍정적 감정이 더해지거나 부정적 감정에 부정적 감정이 혼합되는 경우도 있다. 연인에게서 느끼는 기쁨과 행복감, 친밀감과 안정감 등은 한꺼번에 밀려올 수 있고 불쾌한 상황에서 혐오와 죄책감, 수치심과 당혹감이 동시에 나타날 수도 있다. 감정은 개인의 행동이 어떤 목표에 적합하게 이루어졌는지 알려주는 평가적 요소를 갖고 있다는 점에서 인지적 기능과 떼어놓을 수 없기 때문에[3] 복합적 감정을 느낀다는 것은 나름의 고차적 인지 역량이 존재한다는 것을 입증한다. 복잡한 사회적, 문화적 의미를 통합하지 못하는 영아는 수치심을 느낄 수 없다.[4]

마사 누스바움은 감정의 정체나 인지적[5] 평가적 기능을 철학적으로 밝혀낸 바 있다. 그녀에 따르면 감정은 언제나 어떤 대상을 갖는 것이고 이때 대상은 항상 지향적 대상이어서 주관적 해석이나 바라보는 방식대로 감정 속에 나타난다. 또한 감정은 대상에 대한 특정 종류의 믿음을 전제하

---

3) Mic power, 『성서중심 인지치료』, 최윤경 외 옮김, 학지사, 2022. 참조.
4) 애드 트로닉, 「다층적 의미 형성과 의식 이론의 이자적 확장」, 다이애나 포샤 외, 『감정의 치유력』, 노경서 외 옮김, 눈출판그룹, 2017. 참조.
5) 누스바움에게 '인지적'이라는 말은 단지 '정보의 수용과 가공과 관련된'이라는 의미이다. 여기에 정교하고 복잡한 계산이나 성찰적 자기의식의 의미는 없다. 마사 누스바움, 『감정의 격동 1』, 조형준 옮김, 새물결, 2015, 64쪽.

고 구현한다. 불안은 실제의 위협이 실현되지 않아도 성립한다. 대상이 불안하게 만들 것이라는 해석과 믿음이 동반되면 대상은 불안의 원천이 된다. 마지막으로 감정은 대개 개인의 행복주의적인 삶의 목표와 밀접한 관계를 맺는다. 삶의 방식이나 대상에게 부여한 내재적 가치의 정도는 개인이 추구하는 좋은 삶이나 완전한 삶의 모습에 따라 달라진다. 감정은 행복을 위한 적합한 미래를 그리고 계획하고 실행하게 한다.[6] 80년 5월 광주에서 벌어졌던 극단적 폭력은 각 시민의 행복주의적 지향성이 하나의 공동체를 형성하게 했다. 그것은 익히 알려진 대로 '인간이 인간에게 이럴 수는 없다'라거나, '한 나라의 군대가 아무런 잘못이 없는 자국의 국민에게 이런 가혹한 짓을 저지르는 것은 대단히 큰 잘못이다'라는 등의 직관적 문제의식에서 출발한다. 시민들의 분노나 동정심, 죄책감 등의 감정은 공적 참여를 위한 공동체적 의식을 강화했다.

광주의 5·18 감정 공동체의 시작은 1980년 5월 18일 전남대 앞에서부터다. 공수부대는 처음부터 무차별적인 구타와 폭행을 가했다. 시민들은 난타당해 머리가 깨져 피 흘리고 비명을 질렀다. 과도한 잔인함과 분별없는 진압은 즉각적인 공포와 분노를 자아냈다.

> 말이 채 끝나기도 전에 어이쿠, 비명이 들려왔다. 퍽퍽, 무언가로 난타하는 듯한 소리. '어이구, 사람 죽네. 제발!' 방금 전에 헤어진 그 두 학생들의 음성이 분명했다. 공수대원들이 그들을 어디론가 끌고 가는 듯, 이내 그들의 겁에 질린 비명 소리가 멀어졌다.
> "저런, 개자식들이……"
> 민태가 이를 악물었다. 그러나 뛰어나간다는 건 어리석은 짓이었다. 둘은 분노와 공포에 질린 서로의 얼굴을 차마 외면했다.[7]

---

[6] 마사 누스바움, 같은 책, 71~75쪽. 참조.
[7] 임철우, 『봄날1』, 문학과지성사, 2006, 264쪽.

공포나 두려움은 원시적인 감정이다. 뇌의 편도체가 이 감정을 위한 신호의 전달에서 결정적인 역할을 한다. 여기는 모든 척추동물에게 공통적으로 존재하는, 고차원적 인지 능력과 관련이 없는 부분이다. 때문에 자기 보존의 본능과 결부된 자기 초점화와 대상에 대한 회피로 연결되기 쉽다.[8]

하지만 그들이 느낀 분노는 공동체적이다. 우리는 아무 상황에나 분노하지 않는다. 내게 소중한 이에게 어떤 심각한 부당한 상황이 발생해야 하고 누군가가 그러한 상황을 의도적으로 만들어내야 한다. 문제가 사소해서도 안 된다. 사람마다 다르긴 하겠지만, 자신과 아무런 상관이 없는 지역의 금은방에 도둑이 들었다는 뉴스에 분노하기란 쉽지 않다. 보통은 주인의 불행함에 안쓰러움을 느끼는 정도다. 이는 경찰이 해결해야 할 문제고 내 삶에 막대한 스트레스를 주는 일도 아니다. 그러나 해외의 민간인 학살 뉴스를 접하며 분노할 수는 있다. 생명의 소중함, 고통의 참혹함, 전쟁과 아무 상관 없는 부당한 피해, 유가족의 슬픔, 정치권의 인물들이 만들어낸 무분별한 판단 같은 요소들이 분노를 자아내고 더 이상 그와 같은 일이 발생해서는 안 된다는 생각을 할 수 있다. 사안이 극도로 심각하기 때문이다. 5·18도 마찬가지다. 분노에 질린 얼굴은 그들의 행복주의적 지향점을 그대로 보여준다. 광주 시민이 겪는 부당하고 처참한 위해, 의도적이고 극단적인 공수부대의 폭력은 합리적 분노를 만들어냈고 공수부대 앞에 뛰쳐나가고 싶은 심정을 만들어냈다. 그들 각자의 분노는 개인적인 동시에 공적이다. 그들은 순식간에 광주 시민을 부당한 피해자이자 소중한 이로 인지한 것이다.[9]

둘이 서로의 얼굴을 "차마 외면"했다는 점도 눈여겨봐야 한다. 그들의 감정 상태가 적시된 것은 아니지만 맥락상 위험한 상황에 빠진 시민을

---

8) 마사 누스바움, 『정치적 감정』, 박용준 옮김, 글항아리, 2019, 500쪽. 참조.
9) 마사 누스바움, 『감정의 격동 1』, 조형준 옮김, 새물결, 2015, 73~74쪽. 참조.

(출처 : 중부일보 http://www.joongboo.com/news/articleView.html?idxno=1351858)

구해내지 못한 수치심과 죄책감의 발현으로 읽힐 수 있다. 수치심과 죄책감은 사회적 가치체계와 도덕체계를 내면화하고 이를 제대로 수행하지 못했을 때 겪는 감정인데 수치심은 자신의 올바른 이상과, 죄책감은 자신의 특정 행동과 주로 연관된다. 그들의 외면은 자신들이 추구하는 올바른 자아 이상과 배척되는 태도이자 잘못된 상황을 눈 앞에서 보고 있음에도 잘못된 행동을 할 수밖에 없다는 공적인 마음에서 비롯된 것이다. 광주 5·18이 막 시작되려는 전남대 앞의 한 상황 속에는 적어도 공포와 분노, 죄책감과 수치심이라는 4가지 감정이 복합적으로 스며 있었음을 알 수 있다. 여기서 분노, 죄책감, 수치심은 일종의 씨앗이다. 총과 칼 앞에서 공포를 느꼈던 광주의 시민들은 결국 분노, 죄책감, 수치심 같은 공동체적 감정에 더 경도되었다. 공수부대가 보다 광범위하고 잔악한 폭력을 행사하기 시작하는 19일에는 공동체성을 지향하는 감정들이 더 복합적으로 강하게 표출되며 마침내 시민들을 한 덩어리로 만든다.

하나같이 팬티만 걸친 반벌거숭이들. 스무 명 남짓 될까. 그들은 모두 머리를 아스팔트 바닥에 거꾸로 박은 채 엉덩이를 쳐들고 두 팔은 허리 뒤로 돌려 맞잡은 기묘한 자세를 취하고 있다. 그들을 에워싸고 얼룩무늬들이 진압봉과 발길질을 퍼부어댔다.
"이 개새꺄. 손 안 올려. 각, 대갈통을 쪼개버릴라!"
얼룩무늬들이 내씹는 욕설과 고함이 이쪽까지 또렷하게 들려왔다.
그것은 악몽의 한 장면처럼 기괴하고 을씨년스런 풍경이었다. 머리를 길바닥에 거꾸로 박은 채 한데 뒤엉켜 꿈틀거리고 있는 허연 살덩어리들. 대부분 청년들이었지만, 더러 삼사십대로 보이는 사람도 끼여 있는 듯했다.
"으으으."
이따금 그 살덩어리들이 토해내는 신음 소리.
"오메오메, 저놈들이 사람이까. 개백정이여. 짐승만도 못헌 놈들."
"어째사 쓰까이. 저러다가는 맞아서 병신 되겄네에. 아니, 누가 저 사람들 좀 어떻게 해봐!"
(……)
"야, 저걸, 저 개자식들 하는 짓을 이대로 우리가 보고 있어야만 해?"
금방 울음을 터뜨릴 듯 민태가 이를 악문 채 혼자 뇌까렸다.
(……)
견디기 어려운 모멸감과 분노에 몸을 떨면서도 명기는 그 자리에 있어야 했다.
(……)
"저 개새끼들!"
갑자기 누군가 군중 속에서 튀어나갔다. 그것이 민태라는 걸 명기는 뒤늦게야 깨달았다. 이내 몇 명의 청년들이 튀어나갔다.[10]

길가의 사람들에게 보란 듯이 청년들의 옷을 벗기고 욕설과 발길질을 퍼붓는 공수부대원들을 바라보는 사람들의 감정은 제각각이면서도 비슷하다. 그들의 발화에는 강한 강도의 동정심, 슬픔, 복수심, 원한, 분노, 모멸감 등이 섞여 있다. 이때의 동정심은 과거 서구 사상에서 주장된 조야한 수준의 자기애적 이기심이 아니다. 저들의 동정심은 팬티만 걸친 채 두들겨 맞는 타인의 어려운 처지에 대한 거대한 공감과 안타까움에서 시작한다. "맞아서 병신 되겠"다는 표현이나 "누가 저 사람들 좀 어떻게 해봐!"라는 거센 표현은 강한 동정심과 슬픔을 고스란히 나타내는 한편, 사회의 방향성에 대한 공적인 마음을 드러낸다. 동정심은 적어도 세 가지 차원의 생각을 포함한다. 첫째는 타인의 처지가 심각하게 나쁘다는 생각이다. 타인의 고통이 심각하지 않다면 동정심을 가질 이유가 없다. 둘째는 타인의 고통이 그의 잘못에서 기인한 것이 아니라는 점이다. 우리는 타인의 결백함이 크면 클수록 그를 더 동정한다. 반면 그의 잘못이 적을수록 동정심은 약화될 수 있다. 셋째는 행복주의적 사고다. 고통받는 타인의 모습이 내가 생각하거나 추구하기에 마땅한 삶의 목표와 기획에 어긋난다면 동정심을 갖는다.[11] 슬픔도 동정심과 궤가 비슷하다. 타인이 나의 중요한 부분 중 하나일 때, 그가 고통받음으로써 중요한 무언가를 상실할 때, 그리고 나는 그가 상실한 무언가에 의한 아픔을 느낄 때 슬픔이 발생한다.[12] 여기서도 타인을 향한 행복주의적 사고가 발생하는 셈이다. 이와 같은 풍경은 5·18 내내 무수히 반복된다. 가령 당시 가두 방송을 했던 전옥주는 다음과 같이 증언한다. "충금지하상가(당시 공사중)에 이르렀을 때 정말 피가 거꾸로 솟구쳤습니다. 도망치다 벗겨진 신발들이 무수히 널려 있는 것을 보니까 눈물이 핑 돌더라고요......." 다음으로 당시 구두

---

10) 임철우, 『봄날 2』, 문학과지성사, 2007, 125~127쪽.
11) 마사 누스바움, 같은 책, 230~234쪽. 참조.
12) 정대현, 「슬픔 : 또 하나의 실존 범주」, 한국철학회, 『철학』 100집, 2009. 47~73쪽. 참조.

(출처 : breaknews - https://www.breaknews.com/691701)

닭이였던 박래풍의 증언이다. "……황금동 콜박스 부근으로 갔다. 거기에서 학생으로 보이는 청년 5명을 공수군이 잡아서 무릎을 꿇어앉혀놓고 몽둥이로 구타하는 것을 봤다. 나도 저렇게 되면 어쩌나 하는 생각에 겁도 나고 분하기도 해서 그곳에 모여 있던 학생들 옆으로 갔다."13) 그러니까 감정론적 차원에서 광주 시민들은 일면식도 없던 다른 시민들을 자신의 중요한 일부분으로 생각했으며, 현재의 중요한 삶이나 앞으로 기획되어야 할 목적에 포함되는 존재로 받아들였다고 볼 수 있다. 이와 같은 사고는 실제로 타인을 구하고 반대로 타인에게서 구해지는 과정을 통해 순환적으로 쌓인다. 연대 감정의 확장과 중첩은 결과적으로 애착을 강화한다.

이는 분노와 절망감을 동반한 무력감, 그리고 슬픔과 모멸감으로 반죽된 민태와 명기의 심정에서 더 도드라진다. 그들이 느끼는 모멸감만 봐도

---

13) 광주광역시 5.18사료 편찬위원회, 『5.18광주민주화운동자료총서11권』, 1998, 117쪽, 154쪽.

명확하다. 모멸감은 수치심을 의도적으로 공적인 차원에서 노출되도록 가해지면 발생하는 것으로, 수치심에서 비롯된 개인적인 감정이다.14) 한데 민태와 명기는 광주 시민이 구타당하는 것을 보면서 모멸감을 느낀다. 타인이 느낄 법한 감정을 마치 자신의 것처럼 갖는 것이다. 즉 민태와 명기는 불특정 다수인 광주 시민에 대한 공동체적 애착 감정이 점차 커지고 있었다. 자신이 명확히 관리하거나 통제할 수 없는 불안정한 것에 애착이 형성되면 이에 대한 소중함을 인정하는 배경 감정을 갖게 된다. 그 배경 감정은 대상의 취약성에 대한 믿음, 그들을 보살피거나 돌봐야 한다는 믿음을 동반한다. 배경 감정은 심리적 현실성을 갖고 특별한 이유가 없는 한 종종 비의식적 수준에서 지속된다. 때문에 민태와 명기가 "견디기 어려운 모멸감과 분노에 몸을 떨" 수밖에 없었던 이유, 그들의 감정이 한층 더 격렬해지고 마침내 타인을 위해 뛰쳐나가게 된 이유는 공동체적 배경적 감정과 현재의 상황에서 형성된 공동체적 감정이 합쳐졌기 때문이다.15)

물론 광주 시민을 향한 이때의 배경 감정은 오직 민태와 명기의 것만은 아니다. 애초에 그들이 겪은 공수부대의 만행 자체가 5·18 내내 광주 곳곳에서 반복되었던 일이다. 공수부대가 시민들을 향해 무차별적인 폭력을 저지르는 모습, 사람들을 벌레처럼 꿈틀거리며 기어가게 했던 모습, 여성을 희롱하고 속옷만 입혀놓은 채 길거리에 전시했던 모습 등을 실제로 목격한 사람은 수도 없이 많았고 칼에 찔려 피를 줄줄 흘리거나 총에 맞아 죽은 사람들의 모습 등도 소문에 소문을 거쳐 사람들의 뇌리에 박혔다. 시민들 역시 이러한 과정에서 공포, 두려움, 분노, 절망, 무력, 슬픔, 수치, 모멸, 죄책감, 그리고 혐오, 증오 등의 비교적 강한 강도의 감정 또는 복합 감정을 대부분 겪었을 것이며 저 감정들을 통해 공동체적 연대

---

14) 마사 누스바움, 『혐오와 수치심』, 조계원 옮김, 민음사, 2015, 373쪽. 참조.
15) 배경 감정에 관해서는 마사 누스바움, 『감정의 격동 1』, 조형준 옮김, 새물결, 2015, 138~149쪽. 참조.

감을 느꼈을 것이다. 그러니 항쟁공동체의 초기 구성이 특별한 이념이나 구호 없이 가능했던 것은 그들이 무의식 중에 공유하고 있던 '인간다움의 상태'을 부정하는 공수부대로 인해 탄생한 공동체적 복합 감정 덕분이다. 절대 다수의 시민은 민주주의나 평등, 자유와 같은 이념적 구호 없이 '무고한 광주 사람들을 개 잡이 때려잡고 죽이려 든다'는 상황으로부터 서로를 보호하기 위해 뭉쳤고 어느 순간 서로가 하나 되는 듯한 절대공동체를 형성했다.

3. 절대공동체의 형성 원리

최정운이 정립한 다소 신비한 개념인 절대공동체는 인간 존엄성의 회복과 관련된다. 공부수대의 폭력에 대한 공포와 수치심, 죄책감을 극복하고 서로의 존엄성을 서로 인정하여 인간성을 되살리는 축하의 만남이 절대공동체다. 내 것 네 것도 없이, 심지어 생명과 죽음의 분리도 없이 서로가 서로를 위해 죽고 살아갈 수 있는 "성스러운 초자연적 체험."[16] 그렇다면 도대체 절대공동체는 어떻게 형성된 것일까. 우선 앞서 언급한 감정의 공동체성을 빠트릴 수는 없다. 광주 시민들의 지배적 감정이었던 분노와 슬픔, 수치와 죄책감 등은 타인을 소중한 존재로 받아들여야만 가능한 감정이다. 시민들의 연대는 자연스럽게 진행될 수밖에 없다. 특히 사랑은 공수부대가 말살하려던 인간성을 되살리는데 가장 큰 공헌을 했다. 타인을 소중하고 특별한 존재로 기꺼이 받아들이고, 타인의 관점을 이해하고 고스란히 받아들이며, 서로가 서로를 사랑으로써 대하고 있다는 감각은 서로의 공격성과 불필요한 죄의식을 없애주고 자기 통제력을 발휘하지 않아도 삶이 행복할 수 있다는 확신과 신뢰감을 형성한다. 인정과

---

16) 최정운, 같은 책, 190쪽.

사랑은 그들이 서로에게 마음을 열고 맡길 수 있도록 치유했다.17) 한데 이와 같은 감정들이 죽음을 무릅쓸 수 있는 핵심 원리는 아니다. 공동체적 감정은 '우리가 선'이라는 공적 방향을 지시하고 추동할 뿐이다. 절대공동체의 출현은 감정과 정동의 혼합된 힘에서 가능하다. 수천 수만의 사람이 타인을 대신해 목숨을 던지는 행위는 단순한 분노나 수치, 죄책감 등의 감정만으로 가능하지 않다. 지고한 사랑은 타인을 위한 절대적인 헌신을 만들어내지만 당시의 모든 구성원이 목숨을 내버릴 정도의 사랑을 갖고 있었다 보긴 어렵다. 뭣보다 절대공동체의 성격을 규정할 수가 없다.

아주 짧은 동안, 알 수 없는 침묵이 주위를 감돌고 있었다. 잔잔하면서도 소리없이 끓어오르는 어떤 엄청난 힘을 아슬아슬하게 감추고 있는 듯한 그 침묵 속에서, 그들은 불현 듯 저마다 이상한 감동을 경험하고 있었다.

불씨.

그것은 바로 불씨였다. 저마다의 가슴 밑바닥 어딘가에 지금껏 아스라하니 잊혀져 있던 한 오라기 자그맣고 희미한 불씨 하나가 이 순간 불현 듯 깜박 하고 깨어나, 마침내 꿈틀 피어나기 시작하고 있었던 것이다. 그 이상한 불씨가 무엇인지, 그것을 맨 처음 어디서, 언제, 누가 가져다준 것인지는 아무도 모른다. 그건 슬픔이나 아련한 그리움 같기도 하고, 혹은 뜨거운 분노 같기도 했다. 아니, 그 전부이거나 전혀 다른 그 무엇인지도 모른다.18)

무석은 눈시울이 시큰해지고 목이 잠겨온다. 한순간 무석은 그 낯모르는 사람들 모두를 와락 끌어안고 싶은 충동마저 느꼈다. 뜨거운

---

17) 이와 같은 사랑의 성격에 대해서는 마사 누스바움, 『정치적 감정』, 박용준 옮김, 글항아리, 2019, 281쪽. 참조.
18) 임철우, 같은 책, 177쪽.

애정 같기도 하고 연민 같기도 한, 아니 어쩌면 벅한 그리움 같기도 한 참으로 기이한 감정. 그 알 수 없는 불덩어리로 가슴이 뻑뻑하게 차올랐다.[19]

절대공동체를 이루는 핵심은 "불씨"다. 이와 같은 생각이나 느낌에 대한 증언 자료 역시 차고 넘치는데 전옥주의 증언을 다시 예로 든다. "열흘 동안의 광주항쟁 기간 중 절정을 이룬 20일 밤의 시위에서 성난 군중들의 대오를 지휘하며 내 머릿속에 꽉 찬 한 가지 생각은 이대로 외치다 죽어도 좋다는 것. 내 목숨 역시 몇 시간 전 내 손으로 리어카에 담아 옮긴 저 참혹한 몇 구의 시신들처럼 이미 아무렇지 않게 죽은 목숨일 수 있다는 것이었다. 눈앞에서 벌어지고 있는 믿을 수 없는 참상, 거대한 불의에 대한 맹렬한 적개심과 분노가 솟구쳐 나를 어떤 지점으로 끝없이 휘몰아가는 것을 느낄 수 있었다."[20] 이렇듯 언제 어떻게 생겨난 것인지 알 수 없고 정체도 알 수 없지만 "낯 모르는 사람들 모두를 와락 끌어안고 싶은 충동"을 만들어내고 "슬픔이나 아련한 그리움"을 만들어내기도 하며 "뜨거운 분노 같기도" 한 것. 하지만 "전혀 다른 그 무엇"인지도 모를 "어떤 엄청난 힘"이 "불씨"다. 소설은 여러 인물을 통해 절대공동체를 이루는 이 힘의 성격을 각기 다른 내용으로 적시하기도 한다. 분노, 복수심, 강렬한 의지, 용기, 민중의 힘, 정의로움, 순수한 인간애, 호남인의 한, 지역적 연대 의식, 민주주의 등은 절대공동체의 정체 중 일부다. 그러나 저 추상적인 단어로 표현된 '불씨'와 마찬가지로 추상적인 '절대공동체'가 무엇인지는 끝내 완결될 수 없다. 이론적 언어가 현실을 완벽하게 지시한다는 건 불가능하다. '불씨'와 '절대공동체'는 하나의 텅 빈 기표로써 모든 의미론적 차원을 포괄적으로 수용한다.[21] 다만 어떻게 저 복합적이고 강렬한

---

19) 임철우, 『봄날 3』, 문학과지성사, 2010, 135쪽.
20) 광주광역시 5.18사료 편찬위원회, 같은 책, 235쪽. 강조는 인용자.
21) 이에 관해서는 김주선, 「임철우『봄날』의 재현형식에 관한 연구」, 조선대학교 일반대

(출처 : 한국일보 https://n.news.naver.com/article/469/0000204061)

성격의 정체 모를 '에너지 덩어리'가 가능했는지를 밝히는 것은 가능하다. 에너지 덩어리는 정동과 관계한다.

 브라이언 마수미에게 정동과 강렬도는 동일하다. 강렬도는 대상이 만들어내는 효과의 세기나 지속을 의미하며 신체의 변화를 동반한다. 강렬함은 언제나 초기발생한다. 어떤 것과의 마주침에서 발생하는 정동은 초기발생의 작용이자 표현이다. 강렬함은 주로 피부에서 나타나는 자율 반응에서 구현되지만 강렬도가 크면 클수록 신체의 더 깊은 곳에까지 영향을 미쳐 내장을 진동하게 한다. 정동은 항상 운동한다. 평소의 신체에서,

---

학원 박사학위 논문, 2016. 참조.

신체와 관계 맺는 것 사이에서, 매번 각기 달라지는 신체의 상태에 따라 관계적 차원에서 여러 방식으로 움직인다. 정동은 신체가 존재하는 곳 어디에나 있다. 이는 의식적이지 않지만 감각적이고, 마주친 것들과의 관계에 따라 중첩되거나 강화되지만 옅어지기도 한다. 감정적 특질과의 마주침도 그렇다. 정동은 감정적 특질과의 마주침의 방식에 따라 증폭되거나 감축된다. 가령 우리의 인식적 예상을 뛰어넘는 감각적, 감정적 자극이나 특질과 마주할 때 정동은 증폭된다. 이 증폭은 신체를 떨게 만들고 머리를 하얗게 지우면서 어떤 뜻 모를 상태로 우리를 몰고 간다. 반면 정동에 형태를 부여하고 위치를 지정하는 것은 정동의 움직임을 저해하고 폐쇄한다. 감정을 가리키는 관념은 강렬해진 정동의 응축된 사회언어학적 표현인데, 정동과 감정적 특질의 마주침이 이미 어떤 인식적 파악 속에서 발생할 때 정동은 저해된다. 마찬가지로 어떤 상태에 분노나 슬픔이라는 이름을 붙이고 이를 설명하고 파악한 뒤 상황에 대처하려 할 때 정동은 저해된다. 물론 정동이 사라지진 않는다. 감정은 여전히 기원적 정동의 영향 하에 존재한다. 분노는 분노로 규정되는 강렬함의 특질들을, 감정 발생의 전후로 갖고 있다. 여기서 정동은 여전히 지각되지 않은 채 빠져나가거나 분노에 더 들러붙거나 새로이 규정될 감정을 향해 응축되고 있거나 뜻 모를 상태로 더 거세게 운동하려 하고 있다. 정동은 끊임없이 운동 중이다. 그것은 생명력, 생동의 감각이다.[22]

5·18 과정은 정동(강렬도)의 끊임없는 증폭과 관련되어 있다. 광주 시민들은 5월 18일 오전부터 공수부대의 극단적 폭력을 목격했다. 대학생과 교수, 독서실에서 공부하는 평범한 고등학생들, 버스에 타고 있던 시민들, 시장에서 장사하는 사람들, 평범하게 길거리를 걸어가는 사람들, 손님을 태워준 택시 기사, 앳된 소년과 소녀 모두를 단 하나의 정당한 이유 없이, 어떤 동정이나 가여움 없이 무차별하게 때려 맞아 병신이 되거나 피가

---

[22] 브라이언 마수미, 『가상계』, 조성훈 옮김, 갈무리, 2011, 9~74쪽. 참조.

터지거나 죽었다. 수십 수백 명이 보는 앞에서 수십 수백 명이 잔혹한 폭력에 희생당했다. 사람들은 전남대, 조선대, 광주역, 충장로, 금남로, 대인시장, 그 외 온갖 장소에서 잔혹한 만행을 목도했다. 미친 소문을 들었고 울분을 터트렸다. 5월 18일부터 5월 22일 해방 광주 전까지 시민들은 경악과 충격, 극도의 분노와 극도의 슬픔, 극도의 복수심과 원한, 죄책감과 수치심, 연대감과 뜻 모를 정동을 끊임없이, 새롭고 더 강렬한 방식으로 경험했다. 앞서 모두 분석했기 때문에 일일이 언급하진 않겠지만 분노, 슬픔, 죄책감과 수치심, 연대감 등이 정동과의 마주침으로 인해 그 감정적 특질이 강화되어 절대공동체성을 강화한다. 덧붙여 공수부대원들도 그 모든 자리에 함께 존재했고 그들의 감정과 정동 역시 끌어넘치고 있었다는 점을 염두에 두어야 한다. 정동은 전염성이 강해서 서로가 서로를 더 강하게 증폭시킬 수 있기 때문이다. 다시 말해 그들 간의 맹렬한 전투는 서로의 정동과 감정들을 맹렬히 폭증하게 만드는 매개다. 그러니 절대공동체의 성립과 지속에는 공수부대원들과의 피 튀는 대립적 상황도 큰 몫을 차지했다 볼 수 있다.

"오메오메, 저걸 어쩌사 쓰까이! 세상에, 사람 죽네에! 저러다 사람 죽이겠네에."[23]

"여러분! 공수놈들의 손에 무고한 시민들이 처참하게 죽어가는 것을 우리가 이대로 구경만 하고 있어야 하겠습니까아!"[24]

"니기미! 한번 붙어부러야제! 그 개새끼들한테 지금껏 당하기만 했는디, 온 시민이 한꺼번에 확 들고 일어나가꼬 죽기살기로 붙어버리

---

23) 임철우, 『봄날 2』, 문학과지성사, 2007, 39쪽.
24) 임철우, 같은 책, 179쪽.

자고!"25)

"여기 좀 도와주세요오! 사람이 죽어가요, 제발!"
"여기야 여기! 자동차 밑에도 사람이 깔려 있는 모양이여!"
"누구! 앰뷸런스 좀 불러주시요! 비켜요. 비키란 말요!"
"아저씨이! 아저씨이! 정신차려라우."26)
"와아아아. 전두환을 찢어죽여라아. 계엄령을 해제하라아……"27)

인용문에서 볼 수 있듯이 5·18 초기 이미 강렬해진 정동은 온갖 감정들과 뒤섞이며 시위 내내 더 증폭되기만 했다. 정동은 상황을 의식적 차원에서 이론적으로 정리할 때 정돈되는데, 적응할 수 없는 무참한 폭력은 매일 아무 곳에서나 발생했고 여기에 감정적 특질들이 중첩되었다. 감정과 정동, 신체의 흥분을 가라앉힐 고요와 치유, 합의를 통한 봉합은 전혀 이루어지지 않았다. 언제나 예상을 뛰어넘는 피해를 입었고 소중한 대상이 된 광주 시민이 옆에서 쓰러지는 걸 계속 볼 수밖에 없었으며 수십 만이 내지르는 온갖 흥분된 소리 속에 있었다. 그들은 정체를 알 수 없는 어떤 정동이 더 쌓이거나 고양되어 폭발하는 환경에 놓여 있었다. 게다가 시민들은 집단적인 차원에서 5·18을 경험했다. 이는 그들이 집단적 차원에서 정동과 감정이 전염되는 것을 경험했다는 뜻이기도 하다. 집단적 목적을 갖는 사람들이 동시적으로 특정 활동을 진행하면 자신들의 실체적 존재감을 증식하게 되는 경험을 얻는다. 민족의 한을 담은 아리랑, 정의감을 고취시키는 홀라송, 누가 진정한 대한민국의 국민인지를 호소하는 애국가, 시위대의 마이크 노릇을 했던 두 여인의 애절한 목소리는 집단의 정동과 실체화된 감정을 끊임없이 자극하고 강화했다. 본래 음악은 "직접 인격

---

25) 임철우, 『봄날 3』, 문학과지성사, 2010, 134~135쪽.
26) 임철우, 같은 책, 200쪽.
27) 임철우, 『봄날 4』, 문학과지성사, 2007, 44쪽.

(출처 : 한국근현대사사전 온라인)

의 가장 취약한 부분으로 뚫고 들어가는 식으로 습관, 용법, 그리고 지성화를 우회"할 수 있고, "대상 지향적인 구조를 결여하고 있기 때문에 음악은 종종 아동기의 확실한 형태가 없는, 태곳적의, 극히 강력한 감정적 소재와 친화성을 갖고 있다."[28] 그러니 노래와 이끎이들(모두가 이끎이라 해도 되겠지만)의 목소리는 정동, 감각, 감정의 차원에서 모두에게 영향을

---

28) 마사 누스바움, 『감정의 격동 2』, 조형준 옮김, 새물결, 2015, 486쪽.

미쳐 그들 간의 일체감을 다시 만들어냈고, 노래를 부르는 시위대는 자신들이 부른 노래에 신체와 정동이 반응하는 재귀적 관계 속에서 절대공동체를 이루는 관계감을 더 공고히 했음에 틀림없다.

바로 이렇게 극단적으로 고양된 정동의 강렬함과 감정 공동체로 결부된 집단적 일체감이 너와 나를 구분짓지 않고 공수부대에게 달려들게 했던 동력이다. 이성적 판단은 극단적으로 축소되고 감정과 정동의 움직임으로 최대화된 어떤 판단이 정신과 신체를 지배한다. 이에 대한 가장 강렬한 예시가 도청 앞 집단 발포 상황이다. 일제 사격, 지축을 뒤흔드는 총소리, 피, 피, 피, 쓰러지는 사람들, 찢어지는 비명 소리 등으로 미친 듯이 증폭된 정동은 이성을 마비시켰다. 대화로 풀자는 약속이 배신당하고 시민들이 벌집이 되어 죽어나가자, 몇몇 시민은 군인들이 고스란이 남아 있는 집단 발포 현장에 맨몸으로 괴성을 지르며 뛰쳐나가 총에 맞아 죽곤 했다.

> 이내 또 다른 청년들 네댓 명이 차도로 뛰어나갔다. 길바닥에 떨어진, 피 묻은 태극기를 집어들고 힘차게 흔들며 구호를 외치기 시작한다. 타타타타탕. 다시금 총성이 터지고, 청년들은 짚단처럼 맥없이 고꾸라졌다. 총성은 주변 고층 건물 옥상에서도 터져나왔다.
> (……)
> 그러자, 다시 또 다른 청년들 서넛이 차도로 뛰어들었다.
> "이놈들아, 죽여라아! 이 살인마들아앗!"
> 청년 하나가 웃통을 벗어제치며 악을 썼다.
> 타타타타타타타……
> 또다시 어김없이 가해지는 일제 사격. 그들의 몸뚱이가 길바닥에 나뒹굴었다.[29]

---

29) 임철우, 같은 책, 69~70쪽.

수천 수만 명의 사람들이 비명과 괴성을 지르고, 수십 명의 사람들이 아스팔트에 피 흘리며 널부러져 있는 광경을 보면서 다시 공수부대 앞으로 달려나가는 사람들의 정신세계를 알 수는 없다. 도로로 달려나간 사람들이 총에 맞아 죽는 것을 보면서 다시 또 달려나가는 사람들의 비이성적 마음과 그들이 죽고 난 이후 또 달려나가는 사람들의 마음은 도저히 알 수 없다. 이를 단순히 분노로 표현할 수도 없다. 다만 어떤 지배적인 심상 정도는 있었을 것이고, 그들이 극단적인 판단을 하게 만든 미친 정동의 동요가 있었을 것이다. 그러나 절대공동체의 두 가지 신비, 곧 너와 나를 가리지 않은 공동체성과 죽음을 무릅쓰고 달려들던 시민들의 모습은 공동체성을 형성하는 감정들과 감정의 중첩을 포괄하는 정동의 증폭을 통해 가능했다고 말할 수 있다.

4. 항쟁(절대)공동체의 분열과 감정/정동

공수부대를 물리친 해방 광주의 상황은 절대공동체가 형성되고 유지된 상황과 명백하게 다르다. 공수부대의 위협이 (일시적이지만) 사라지자 이에 맞서기 위해 한순간 존재했던 절대공동체도 점차적으로 흩어졌다. 미친 듯이 불타오르던 정동도 가라앉고 각자의 행복주의적 감정은 다른 양상으로 흘러갔다. 핵심은 감정의 재배치와 강렬도의 엇갈림이다. 시민 개개인은 일상으로 돌아가 자기 생활을 시작해야만 했고 앞으로의 상황을 대비해야 했는데, 결국 항전과 투항 사이에서의 삶을 선택해야만 했다. 어떤 이들은 피를 더 흘려서라도 정의를 쟁취하자고 말하는 이들에게 공감했지만 또 다른 이들은 다시 쳐들어올 신군부의 막대한 화력에 대응하는 것은 허망한 죽음뿐일 수 있다는 것을 잘 알고 있었다. 신군부의 작전 재개에 맞서는 건 곧 죽음이라는 자명한 사실은 각자의 공포와 두려움을 증폭시켰다. 시중에 풀린 너무 많은 총화기는 일상의 안전까지 유의

하게 만들었다. 게다가 명망 있는 수습위원들은 광주의 상황과 생명의 소중함을 이야기하며 사람들에게 총을 놓도록 끊임없이 설득하고 다녔다. 항시 목숨을 내걸어야 한다는 두려움이 항전을 위한 투쟁적 감정/정동보다 더 큰 이들, 수습위원의 호소에 설득된 이들은 투항파에 동조했다. 광주에서 폭도가 날뛴다는 방송과 김대중 간첩설, 독침 조작 사건 등의 조작질, 계급적 갈등도 모두 사태를 어지럽게 또는 관망하게 만드는 계기가 되었다. 절대공동체의 해체 이후의 상황은 결국 시민들의 행복주의적 방향성이 투항에도 정향되도록 만든 것이다. 사태의 흐름을 파악한 항전파는 시민궐기대회와 투사회보를 적극적으로 이용했다.

> "무기를 무조건 반납하다니요! 정부 당국으로부터 공식 사과는커녕 사후 보복을 않겠다는 단 한마디 약속조차 받아내지 못한 마당에, 어떻게 우리 스스로 무장 해제를 한단 말입니까아! 그것은 비겁하고 굴욕적인 투항일 뿐입니다아. 억울하게 죽어간 영령들의 피와 목숨을 우리 손으로 팔아넘겨야 되겠습니까아!"
> 이번엔 여학생의 카랑카랑한 외침. 다시 박수와 함성이 터졌다. 사회를 보고 있는 그들 두 남녀 대학생은 극단 '광대' 회원들이라고 스스로를 소개했다. 때로는 격정적이고 때로는 다분히 감상적인 어조로 그들은 상처받은 시민들의 심정을 능숙하게 조율해내고 있었다.[30]

시민들의 감정에 호소하는 궐기대회는 다분히 의례적 요소를 갖고 있었다. 집단이 모여 나름의 규칙성을 통해 공통된 행위를 반복하고 각각의 관심이 한곳으로 집중되면 공통 감정이 생성되는데, 항전파가 궐기대회에서 의도한 것은 물론 투쟁을 위한 분노 감정의 증폭이었다. 모두가 함께 슬퍼했지만 슬픔과 애도는 항전을 위한 주된 감정인 분노를 추진하거나

---

30) 임철우, 『봄날 5』, 문학과지성사, 2010, 116쪽.

(출처 : breaknews-박태홍작가 https://www.breaknews.com/811588)

밀려나야만 했다. 따라서 집회는 반드시 애국가를 부르고 돌아가신 분들에게 예를 표한 다음 항전의 의지와 감정을 불태우는 연설로 이어졌다. 무기를 반납해서는 안 된다거나 죽어간 영령들의 피와 목숨을 팔아넘길 수는 없다는 식의 내용은 항전의 결의를 다지는 것이되 목소리는 "때로는 격정적이고 때로는 다분히 감정적인 어조로" 표현되었다. 이는 그들의 유대감과 소속감을 키웠다. 그들에게는 모두 (절대)공동체를 이뤘던 배경 감정이 존재했으므로 의례를 통한 감정/정동의 증폭이 쉽게 되었다. 반복되는 의례는 공동목표를 더 명확히 했으며 자신감을 고취시켰고 부도덕에 대한 감정을 공유하게 했다.31) 의례는 참여자들에게 투쟁을 위한 에너지

---

31) 해방광주의 의례의 성격에 관해서는 다음의 논저를 참고할 수 있다. 최정기, 「5·18국가폭력으로 인한 죽음과 민중항쟁 — 5·18 당시 장례준비 의식의 의미를 중심으로」, 『사회와 역사』 No.131, 한국사회사학회, 2021, 217~252쪽; 강인철, 『5·18광주 커뮤

를 불어넣었다는 점에서 분명 효력이 있었다.32) 항전파는 부단했다. 광주의 투쟁 분위기를 끌어 올리기 위해 더 일찍 움직였고 더 많이 움직였다. 투사회보는 그들의 또 다른 무기였다. 미항공모함이 부산에 정박해있다거나 타지역의 국민들이 광주에 시선을 집중하고 있다는 식의 내용을 통해 투쟁을 위한 희망과 에너지를 북돋우고자 했다.

그러나 공동체의 대립이나 감정적 갈등을 끝내 봉합하지 못했다. 항전파의 이론적 논변은 고립된 광주, 최후의 날이 보이는 광주가 흘릴 막대한 피의 존귀함을 넘어설 수 없었고, 궐기대회와 투사 회보밖에 없는 투쟁적 감정/정동의 증폭 활동은 신군부가 주는 두려움과 공포의 크기를 압도할 수 없었다. 내용적 차원에서도 문제지만 종이나 육성 같은 매체 자체의 한계는 곧 그들의 한계이기도 했다. 도청 앞의 광장에 모이는 숫자가 점차 줄어들어도 항전파가 할 수 있는 것은 등사한 투사회보를 더 늘려 벽에 붙이는 것 정도였다. 전국의 매체를 장악한 신군부의 목소리는 그나마 외부의 목소리를 들을 수 있는 극소수의 사람들에게 더한 허탈감을 주었고 하늘과 땅바닥에 날리고 깔리는 수많은 삐라는 시민들의 절망감을 키웠다. 그러니 감정과 정동을 21일의 절대공동체적 수준으로 끌어올리는 건 불가능했다.

뭣보다 절대공동체를 형성해낸 감정/정동의 강렬도를 위한 수많은 우연적인 일들은 결코 똑같이 반복될 수 없었다. 예컨대 당장의 적이 없고 곁에서 죽어가는 동료가 없었으며 무차별하고 무분별한 공수부대의 폭력도 없었다. 불에 타는 건물도 없었고 어둠을 뚫고 다가왔던 운전기사들도 없었다. 절대공동체의 기적 같은 탄생과 지속에는 막연하되 분명한 어떤 목적33)이 있었고 공동체를 지속하게 하는 우연적인 사건들도 끊임없이

니타스』, 사람의무늬, 2020. 205~234쪽. 참조.
32) 의례의 감정적 성격과 공동체성에 관해서는 랜들 콜린스, 『사회적 삶의 에너지』, 한울 아카데미, 2009, 8~89쪽. 참조.
33) 각주 28번 참조.

펼쳐졌다. 이제는 분열을 가속화하는 일들만 자주 발생했다. 앞서 언급한 수습의 상황이나 각종 사건, 계급의 차이는 물론이거니와 새삼 의식하게 된 죽음에 대한 두려움과 자기 생명의 소중함, 가족의 소중함 등이 더 선명하게 다가왔다. 사회적 삶과 생존에 대한 이성적인 분별과 판단은 불가피했다. 정동은 자주 정돈되었고 절대공동체를 이뤘던 거대한 감정/정동은 각기 다른 행복주의적 삶의 방향으로 나뉘었다. 결국 모든 것이 절대공동체의 직접적인 매개에서 벗어났다.[34] 절대 물러나서는 안 된다는 감정보다 절망이 더 커지자 많은 사람이 거리에서 빠졌다. 도청 최후의 날에는 절대공동체의 그것보다 확연히 줄어든 사람만이 영웅적으로 남아 있었다. 죽을 것임을 예감했던 영웅들의 희망은 미래의 정의로움에 근거를 두었다.

5. 남은 과제

감정은 합리적이기도 하고 비합리적이기도 하지만 분명한 인지적 차원을 갖는다. 감정이 갖는 자기 인지의 합리성 느낌과 행위 추동력은 개인의 적극적인 행동과 정치적 판단, 사회변동과 밀접하게 연관된다. 그간의 5·18 문학 연구에서 죄책감과 수치심이 집중적으로 연구된 것은 이 두 감정이 5·18 이후의 지배적인 감정으로서 개인의 변화와 사람들 간의 상호 작용에 큰 영향을 미쳤기 때문이다. 1980년대의 정신이 5·18 이후의 죄책감이며 이는 곧 죄의식의 주체를 낳았다[35]는 연구 역시 감정이 가진 정치적 힘에 기반한 통찰이다. 하지만 5·18에서의 감정이 죄책감과 수치심으로만 귀결되는 건 아니다. 분노나 사랑 등의 감정들을 덧붙이는 것으

---

34) 여기서는 해방 광주에서 발생한 감정/정동의 굵직한 저해 사례 외의 모든 저해 사례를 일일이 기술할 수는 없으니 차후의 과제로 남겨둘 수밖에 없겠다.
35) 서영채, 『죄의식과 부끄러움』, 나무나무, 2017.

로 5·18의 감정을 모두 설명할 수도 없다. 5·18은 초기에서부터 두려움과 분노, 수치심과 죄책감 등의 감정이 혼합되어 나타나는 사건이었고 대개의 감정들은 공동체적 결속감을 강화했다. 서로를 위해 목숨을 내건 절대공동체는 공동체성을 강화하는 혼합된 감정들과 정체를 알 수 없는 비합리적 열기와 흥분, 극도의 정동에 휩싸여 출현했다. 감정론적/정동론적 차원에서, 절대공동체를 이룰 수 있었던 외적 조건이 사라진 해방 광주가 생명의 소중함이나 계급, 매체의 한계, 시간적 한계 등이 이유가 되어 분열된 것은 불가피했다.

감정의 사회적·문화적 성격이나 동력을 고려하면 5·18 이외의 사회적 참사나 국가폭력을 감정론적 차원에서 다시 분석해볼 수 있겠다. 특히 문학은 저와 같은 사건을 다루는 데 있어 감정적 표현이 풍부하게 드러나는 서사 장치다. 그러니 제주 4.3이나 여순 항쟁 사건, 세월호 사건 등을 다룬 문학 작품을 통한 사건의 감정론적/정동론적 재구성은 항쟁이나 참사에 관련된 이들의 모습을 이해하는 새로운 틀을 마련해주고 개인과 사회적 관계에 대한 복합적인 이해를 가능하게 한다. 나아가 사회적 재난의 감정론적/정동론적 비교 연구를 통해 참사를 이해하는 거시적인 틀에 대한 고찰도 가능할 것이라 판단된다.

참고문헌

임철우, 『봄날 1』, 문학과지성사, 2006.
_____, 『봄날 2』, 문학과지성사, 2007.
_____, 『봄날 3』, 문학과지성사, 2010.
_____, 『봄날 4』, 문학과지성사, 2007.
_____, 『봄날 5』, 문학과지성사, 2010.
5.18사료 편찬위원회, 『5.18광주민주화운동자료총서 11권』, 1998.
강인철, 『5·18 광주 커뮤니타스』, 사람의무늬, 2020.

김주선, 「임철우 『봄날』의 재현형식에 관한 연구」, 조선대학교 일반대학원 박사학위 논문, 2016.
김왕배, 『감정과 사회』, 한울아카데미, 2019.
신진욱, 「사회운동의 연대 형성과 프레이밍에서 도덕감정의 역할 – 5.18 광주항쟁 팸플릿에 대한 내용분석」, 『경제와사회』 2007 봄호, 2007.
서영채, 『죄의식과 부끄러움』, 나무나무, 2017.
유경남, 「5.18항쟁 시기 대중의 감정과 저항」, 『인문사회21』 13(1), 사단법인 아시아문화학술원, 2022.
최정기, 「5·18국가폭력으로 인한 죽음과 민중항쟁 – 5·18 당시 장례준비 의식의 의미를 중심으로」, 『사회와 역사』 131, 한국사회사학회, 2021.
최정운, 『오월의 사회과학』, 오월의봄, 2012.
황옥자, 「5.18공동체'와 감정: 절대공동체에서 '합리적 감정 공동체'로」, 『사회와 철학』 41, 사회철학연구회, 2021.
랜들 콜린스, 『사회적 삶의 에너지』, 한울 아카데미, 2009.
마사 누스바움, 『감정의 격동 1』, 조형준 옮김, 새물결, 2015.
_____, 『감정의 격동 2』, 조형준 옮김, 새물결, 2015.
_____, 『정치적 감정』, 박용준 옮김, 글항아리, 2019.
Mic power, 『정서중심 인지치료』, 최윤경 외 옮김, 학지사, 2022.
브라이언 마수미, 『가상계』, 조성훈 옮김, 갈무리, 2011.
애드 트로닉, 다층적 의미 형성과 의식 이론의 이자적 확장, 다이애나 포샤 외, 『감정의 치유력』, 노경서 외 옮김, 눈출판그룹, 2017.

● 이 장은 『감성연구』 26에 실린 논문을 수정, 보완한 것이다.

05장

가집 『금성옥진』과 『율보』의 특성과 지역성

1. 가집으로서 『금성옥진』과 『율보』

　시조 갈래는 일반적으로 고려 후기부터 창작되어 조선 왕조 시기 내내 유행했던 것으로 알려져 있다. 또한 그것들은 단순히 지금 현재 우리가 바라보고 이해하는 것처럼 문학 작품으로서 소용됐던 것뿐만 아니라 노래로도 불렸다. 특히 조선의 사대부들은 이 시조 작품을 '가곡'이라는 노래 형식에 얹어 불렀다. 당연스럽게도 이 노래들은 많은 사대부들에 의해 불렸고, 그것들이 그들 사이에서 유행하였다. 동시에 그것을 부르는 형식인 가곡창도 하나의 정제된 형식을 갖추어 갔고 그 정리된 것들을 이후의 창자들이나 청자들에게 효과적으로 전달하기 위한 수단이 필요했다. 그 수단 중 하나가 바로 가집이다.

　주지하듯 최초의 가집은 1728년에 편찬된 김천택 편 『청구영언』이다.[1] 김천택은 이 가집을 통해 당대까지 성립된 가곡창의 모습을 보여줬고, 동시에 당대 자신이 생각하고 있던 또 다른, 하지만 중요하다고 생각하는 종류의 노래를 '만횡청류'라는 항목에 실었다.[2] 이렇게 18세기 초반에

---
1) 그전에는 흔히 『청구영언』 진본'으로 알려진 가집이다.

『청구영언』이라는 가집이 산생된 이래 꾸준히 많은 가집들이 산생되었다. 18세기 중반의 『해동가요』, 19세기 초반의 『병와가곡집』, 19세기 중반의 『남훈태평가』와 『가곡원류』가 대표적인 가집이다. 각 시기를 대표하는 이러한 가집뿐만 아니라 그 외의 수많은 가집에 대한 연구는 꽤 많이 축적되어 가곡창이나 시조창의 통시적 흐름뿐만 아니라 각 개별 가집의 특성, 시가사적·음악사적·문화사적 의의에 대해 알 수 있게 하였다.

이 글에서 주목하고자 하는 『금성옥진』과 『율보』 역시 가집이다. 『금성옥진』은 현재 단국대학교 율곡기념도서관에 소장되어 있는 가집으로, '평시조'라는 항목에 85수, '사설시조'라는 항목에 33수, '시조법가령'이란 항목에 60수 총 178수가 수록되어 있다. 특히 항목 끝 부분에는 장경세(張經世, 1547~1615)의 〈강호연군가〉 12수가 '전육곡'과 '후육곡'으로 구분되어 수록되어 『금성옥진』의 편찬자가 장경세의 후손이거나 그를 존경했던 후대인 중의 한 사람일 것으로 추정하고 있다. 특히 『금성옥진』에만 등장하는 작품에 등장하는 시어 중에 전주 인근의 지명이 다수 등장하는 것으로 보아 편찬자가 전라도 전주 출신일 것으로 추정하고 있다.[3]

『율보』 역시 현재 단국대학교 율곡기념도서관에 소장되어 있는 가집으로 총 137수가 실려 있는 가집이며, 전체적으로 적어도 2명 이상의 필체가 혼용된 것으로 보인다. 또한 제일 마지막 부분의 기록을 통해 전라북도 김제와 익산 일대에서 불리던 완제 시조창[4]을 기록한 것으로 추정하고

---

[2] 여기에서 '만횡청류'란 김천택이 『청구영언』을 편찬할 때 당대 정제된 형식의 가곡창이라고 받아들여지지 않은 형식으로 노래 불리는 작품을 수록했던 부분을 일컫는다. 특히 이부분에는 현대에 '사설시조'라 칭하는 작품들이 수록되어 있으며 그것의 형식적 특이성(문학적으로든, 음악적으로는)이 당대 일반 가창자 혹은 청자에겐 다른 작품, 독특한 작품으로 받아들여졌을 것이다.
[3] 『금성옥진』에 대한 언급은 김용찬, 「금성옥진」, 신경숙·이상원·권순회·김용찬·박규홍·이형대 저, 『고시조 문헌 해제』, 고려대학교 민족문화연구원, 2012; 진동혁, 「새 자료 시조집 『금성옥진』에 대하여」, 『어문논집』 제33집, 고려대학교 국어국문학연구회, 1994. 참조

있다. 시대적으로는 최소 일제 강점기 이후에 생성된 것으로 추정하며 판소리의 영향을 받은 작품과 부여 팔경과 관련된 작품도 꽤 보인다는 점이 특징적이다.5)

두 가집 모두 나름의 연구 성과가 있긴 하나 이 글에서는 특히 각 가집에서 처음 등장하는 작품들을 중심으로 이 두 가집만이 보여주는 특징에 대해 논해보고자 한다. 후술하겠지만 『금성옥진』과 『율보』는 나름의 지역성을 가지고 있다. 그리하여 이 글에서는 두 가집의 특성에 지역성에 대한 정보까지 더하여 논함으로서 『금성옥진』과 『율보』의 시가사적 의의를 확장하는 것을 목적으로 한다.

2. 『금성옥진』 신출작의 주제적 특성과 『금성옥진』의 지역성

『금성옥진』6)에는 유형 단독 작품이 총 34품이 있고, 군집 단독 작품7)이 총 20작품이 있다. 각 작품들은 어떤 특징적인 순서에 의해 배치된 것으로 보이진 않고, 작자가 생각나는 대로 작품을 배치했던 것으로 보인다. 우선 군집 단독 작품들의 특징을 살펴보자.

---

4) 전라도 지역, 특히 전라북도 전주 지역을 중심으로 유행했던 시조창 형식.
5) 『율보』에 대한 언급은 이상원, 「율보」, 위의 책; 전재진, 『律譜(檀大本)』의 위상과 錦江 유역 시조문화의 영향」, 『한국학논집』 제48집, 계명대학교 한국학연구원, 2012. 참조.
6) 이하 서술할 내용에서는 가집을 언급할 때에는 가집의 약칭을 사용한다. 가집 약칭에 대한 것은 모두 『고시조대전』에서 언급한 것을 따랐다. 김흥규 외 편저, 『고시조대전』, 고려대학교 민족문화연구소, 2012.
7) 유형 작품이란 '형태상으로도 뚜렷한 친연성이 있으며, 발생적 연관성도 있을 법해 보이는 유형적 관계가 발견되는 작품'을 의미하며, 군집 작품이란 '동일 작품의 미세한 변종이라고 간주할 만한 작품들의 집합'을 의미한다. 즉 유형 단독 작품이란 이 작품 외에는 비슷한 작품이 보이지 않는 작품을 의미한다고 할 수 있다. 이러한 개념은 모두 『고시조대전』을 참고하였다. 위의 책.

표 1 『금성옥진』 군집 단독 작품

가번	주제	가번	주제
#1	운명에 대한 순응	#98	백성에 대한 걱정
#2	효	#99	임에 대한 그리움
#7	임에 대한 그리움	#100	성리학적 이념
#8	객한(客恨)·향수	#102	달라진 세속 인심
#26	성리학적 이념	#104	강호 자연
#26	성리학적 이념	#111	속세에 대한 거부감
#27	은거의 삶	#115	대장부의 삶(揚名)
#29	성리학적 이념	#117	강호 자연
#46	소식·소동파	#123	용호당의 모습
#49	강호 자연	#124	무인의 삶, 유흥
#55	항일(抗日)	#125	임에 대한 그리움
#62	성리학적 이념	#130	유흥
#63	성리학적 이념	#131	강호 자연
#68	강호 자연	#137	강호 자연
#69	강호 자연	#158	충신의 삶
#72	임에 대한 그리움	#163	삶에 대한 비탄
#74	취흥	#177	강호 자연

표 내용은 군집 단독 작품들의 가번과 각 작품의 요약한 주제들이다. 한두 작품을 여타 가집의 다른 군집 작품들과 비교해보면서 그것의 특징을 살펴보자.

富春山 嚴子陵이 諫義大夫 마다하고
小艇에 낙디 싯고 七里灘 도라드니
아마도 物外閑客은 이쑨인가 ᄒ노라 『원국』82

富春山 嚴子陵은 諫義大夫 마다하고
小艇에 낙디 실고 七里灘江 나려가니
白鷗야 날 보고 안 체 마라 世上 알가 하노라 『시세』7

富春山 嚴子陵이 諫義大夫 마다하고
小艇의 낙딕 실고 七里灘 나려가니
아마도 三公不換은 此江山인가 『금성옥진』 30

이 작품은 다수의 『가곡원류』 계열 가집에서 하나의 군집 작품이 전해진다. 엄자릉 고사를 인용하면서 속세(벼슬)에 대한 욕심을 버리고 칠리탄에 은거하러 들어간 엄자릉의 이야기를 하고 있으며, 이러한 엄자릉의 행동을 추켜세우고 있다. 한편 『시셰』에 수록된 작품은 앞의 『가곡원류』 계열 가집에 수록된 군집 작품과 초중장이 거의 유사하나, 종장의 모습이 다름을 알 수 있다. 두 번째 군집 종장에서는 별다른 설명은 없으나, 화자를 설정하여 화자 역시도 엄자릉처럼 속세를 벗어나겠다고 하고 있다. 『금성』에 실린 세 번째 군집 작품도 역시 앞의 두 작품과 중장까진 유사하나, 종장이 다르다. 『금성』의 작품에서는 삼정승의 지위보다 더 나은 게 이 강산이라면서, 자신이 살고 있는 강호 자연에 대한 만족감을 드러낸다.

간밤의 쑴도 죠코 아젹 가치 일 우더니
반가온 우리 님을 보랴 ᄒ고 그럿타쇠
손 줍고 반갑다 홀 다람이요 홀 말 업서 하노라 『해박』512

간밤에 쑴도 됴코 식벽 가티 일 우더니
반가운 ᄌ네를 보려 ᄒ고 그럿턴지
뎌 님아 왓는 곳이니 자고 간들 엇더리 『원국』276

간밤의 쑴도 좃코 오날 아침 ᄭᆞ치 지저구던니
아마 정영 벗임네가 오시랴고 그럿튼가
기왕의 오서슨니 자고 가미 엇더시오 『금성』84

이 작품은 18세기 후반 가집에서 주로 등장하는 군집 작품과 『가곡원류』 계열 가집에서 등장하는 군집 작품, 『금성』 작품, 『정음』 작품이 전해진다. 우선 이 글에서는 『정음』 작품은 비교 대상에서 제외하였다. 첫 번째 군집 작품에서는 자신의 좋았던 꿈과 길조(吉鳥)인 까치의 등장을 이야기하며, 자신이 보고 싶었던 임이 왔다고 이야기하고 얼마나 보고 싶었는지 반가워 할 뿐, 말을 잇지 못하는 화자의 모습을 보여준다. 두 번째 군집 작품은 첫 번째 군집 작품과 중장까지 유사한 모습을 보여주나 종장의 내용이 다소 다르다. 두 번째 군집 작품의 종장에서는 임을 만나긴 했으나, 그 임이 언제라도 떠날 것 같다는 걱정에 자고 가는 게 어떠냐고 넌지시 물어보는 것으로 작품이 끝난다. 『금성』에 전하는 작품은 두 번째 유형과 거의 유사한 모습을 보인다. 다만 앞 두 군집 작품과는 다르게 사랑하는 임에게 더 있으라 하는 게 아니라, 벗에게 말을 전하는 내용으로, 다른 모습을 보인다.

　아주 단순한 인용으로 보이지만 대부분의 『금성』 내 군집 단독 작품이 이와 유사한 모습을 보인다. 그렇다면 위 두 작품에서 나타나는 『금성』 군집 단독 작품의 특징은 무엇일까. 우선 앞서 인용했던 표까지 함께 살펴보면 확실히 눈에 띄는 특징이 있다. 『금성』 내에 나타나는 군집 단독 작품들은 모두, 흔히들 언급하는 '양반 취향'의 전형적인 모습이 드러난다는 점이다. 흔히들 조선시대 시조 작품들, 특히 18세기 중반 이전의 시기, 『청김』의 만횡청류가 등장하기 전까지의 시조에서 대표적으로 이야기되는 것은 '강호가도'였고 성리학적 윤리, 성리학에 입각한 삶들에 대한 지향과 예찬이라는 것은 주지의 사실이다. 그런데 『금성』에 등장하는 군집 단독 작품은 모두 그 안에서 설명될 수 있는 작품들이다. 특히 처음 언급한 #30의 경우에는 『가곡원류』 계열 가집에서 엄자릉의 물외한객[8]과 비슷한 모습을 예찬하다가, 20세기 초반 시조창 가집인 『시세』에서는 그

---

8) 물외한객(物外閒客) : 세상 밖에서 유유자적하며 한가로운 마음으로 사는 은거자.

자신의 삶을 이야기하는 것으로 내용이 바뀌는데, 역시 20세기 초반 시조창 가집인 『금성』에서는 오히려 내용에 한자 고사를 그대로 인용하며, 오히려 19세기나 그 이전의 양반 취향에 더 어울릴법한 모습을 보인다. #84의 경우도 양반 취향에 가까운 모습을 보인다고 할 수 있다. 그리워하는 대상이 다른 군집에서는 사랑하는 임, 사랑하는 이성에 대한 발화들로 이해할 수 있으나 『금성』 출현작은 발화의 대상이 친구로 바뀌어 있다. 물론 이성에 대한 애정을 이야기하는 것이 성리학적으로 어긋나는 것도 아니고, 19세기 이전의 시조 작품에서 이뤄지지 않았던 것은 아니지만 이 군집의 시작이었던 19세기 후반 가집에서도, 이후의 『가곡원류』 계열 가집에서도 모두 애정하는 임에 발화했던 것을 굳이 『금성』에서 벗으로 바꾸었다는 것은 이 작품을 이성에 대한 애정을 이야기가 아닌 벗에 대한 마음, 우정을 이야기하는 것으로 바꾸려는 편자의 의도가 적용된 것이라 할 수 있다. 그리고 그 의도가 바로 성리학적 이념에 조금 더 가까운 주제의식을 보여주고자 했던 것이라 생각할 수 있다.

군집 단독 작품에서 보이는 이러한 성리학적 이념에 대한 강조는 유형 단독 작품에서 더욱 도드라지게 나타난다.

표 2 『금성옥진』 유형 단독 작품

가번	주제	가번	주제
#21	성리학적 이념	#86	삼국지 고사
#23	성리학적 이념	#93	임에 대한 그리움
#30	은거의 삶	#103	강호 자연
#31	강호 자연	#116	속세에 대한 거부
#42	강호 자연(송순 작품과 유사)	#132	임에 대한 그리움
#45	강호 자연	#134	강호 자연
#53	장지화, 강호 자연	#140	탄로
#59	남이(南怡)에 대한 예찬	#149	취흥
#78	강호 자연에서의 흥	#155	탄로
#84	임에 대한 그리움	#161	삼국지 고사

인용된 표에 드러난 것처럼 대부분의 작품이 성리학적 이념이라고 할 만한 주제적 특성이 보인다. 앞에서도 충분히 언급했지만 『금성』은 시조창 가집이며, 대략 20세기 초반에 생성된 가집이다. 주지하듯 19세기 중반 『가곡원류』 계열 가집의 등장으로 가곡 한바탕의 모습은 완성이 됐고, 완정한 형태의 가곡창의 모습이 나타난다. 또한 『청김』에서 최초로 등장하는 만횡청류, 즉 흔히들 말하는 '사설시조' 형식에서 형식적·주제적 자유로움을 볼 수 있으며 19세기 초반부터 유행하기 시작하는, 가곡창과는 다른 종류의 노래인 시조창이 유행하기 시작했으며 1863년 방각본 『남훈태평가』의 등장으로 시조창의 대중화를 짐작할 수 있다. 특히 『청김』'만횡청류'의 등장으로 당대 사설이 담고 있는 주제적 스펙트럼이 굉장히 확대됐다는 것을 알 수 있다. 당대 상류층에 대한 비판적 시각이나 애정에 대한 과감한 언사뿐만 아니라 애욕(愛慾)에 대한 이야기까지 하니 말이다. 그런데 이러한 상황에서 20세기 초반의 시조창 가집에서 등장하는 유형 단독 작품들에서 성리학적 이념에 대한 것이 많은 것은 특이한 일이다. 그런 면에서 한 작품이 눈에 띈다.

  錦繡江山도 千里의 防防谷谷 ◆
  피눈물 헐닌 烈士 千秋의 限 ◆
  우리도 太極旗 놉피 달고 大同團 ◆ 『금성』 55

가집 자체에 훼손된 부분이 있어 자세한 내용은 알 수가 없다. 다만 여기에 주목할 만한 단어가 몇 개 있다. 태극기라는 단어가 최초로 언급된 것은 1880년이고, 1883년 태극기가 최초로 사용됐다고 한다. 그런 면에서 작품 속에 "태극기 높이 달면"이라는 언급을 통해 이 작품은 최소 그 이후라 할 수 있다. 또한 종장 마지막 부분에 등장하는 "大同團"이라는 단어를 통해 작품의 창작 연도를 더 자세히 유추해볼 수 있다. 대동단은 1919년 3월 말에 조직된 독립운동단체를 가르키는 것으로 이들은 전국적으로

지부를 설치해 활동했던 조직으로 알려져 있으며, 1920년 다수의 단원이 실형을 선고받으며 그 후 활동이 알려지지 않는다. 그렇게 본다면 이 작품은 1919~1920년 즈음에 창작된 것으로 유추해볼 수 있으며 또한 그런 면에서 『금성옥진』의 산생 시기도 그 즈음으로 예상해볼 수 있다. 여하튼 이러한 종장에 등장하는 단어를 통해 이 작품이 독립 운동과 관련된 작품임을 알 수 있으며, 그 연장선에서 중장의 "피눈물 헐닌 烈士 千秋의 限"이라 한 부분에서 나름의 독립 운동 활동들이 실패로 돌아간 그 환경들에 대한 화자의 통한(痛恨)을 이야기하며, 그럼에도 그러한 독립에 대한 의지를 꺾지 않고자 하는 마음을 보여주고 있다고 할 수 있다.

하나 더 언급할 것이 있다. 『금성』에서 찾을 수 있는 지역성은 다음 두 작품을 통해 찾아볼 수 있다.

> 碧城山 저문 구름 자개봉 비가 되야
> 錦江水 흐르는 물에 一葉船 씌워 놋고 月宮姮娥 벗을 삼고 淸風에 萬醉하야 누워스니
> 아마도 人間 淸福을 나 혼자 누루는가 『금성』108

> 赤城山 나는 구름 자기봉 비가 되야
> 「月宮香娥 벗철 삼고」錦江水 흘느난 물의 葉船 씌워 롯코 月宮香娥 벗철 삼고 淸風의 萬醉하야 루어스니
> 아마도 人間 淸福을 나 혼자 루리낫듯 『금성』136

우선 두 작품은 초장 첫 부분을 제외하고는 거의 똑같은 모습을 하고 있다. #136은 편자가 다소 급하게 필사를 한 듯, 여타 작품들을 필사할 때의 필사 질서와는 많이 다른 모습을 보인다.

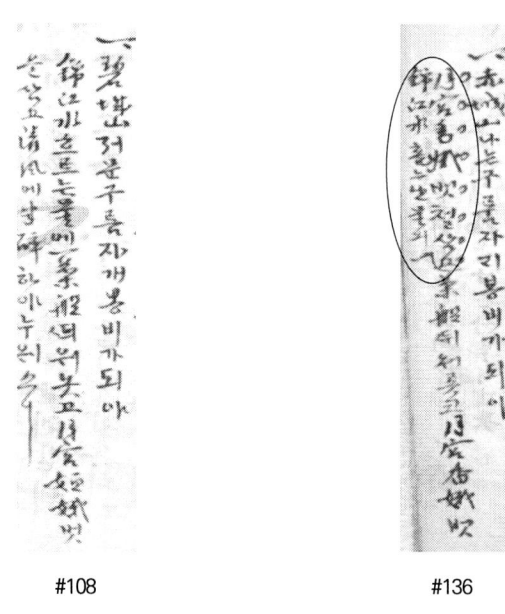

그림 1 『금성옥진』 #108, #136 작품

　필사자가 왜 두 번 필사했는지 알 수는 없으나, 초장의 단어가 다른 것으로 보아 나름의 의도가 있었다기보다는 앞에 한 번 필사했었던 것을 잊고 필사했을 가능성이 높아 보인다. 두 작품에서는 모두 금강(錦江)이 등장한다. 금강을 흐르는 물에서 월궁항아를 만나 만취하고 싶어 하며 자신이 홀로 즐기는 행복을 만끽하는 취흥에 대한 이야기를 한다. 그런데 두 작품에서 차이점이 보이는 벽성산(碧城山)과 적성산(赤城山)은 각각 김제와 무주에 있는 산을 가리키는 말이다. 벽성산의 경우, 김제의 또 다른 이름인 벽성(碧城)의 이름을 따, 실제 김제 내에 있는 성산을 이르는 것이며, 적성산은 무주에 있는 적상산의 이명이다. 두 장소 모두 현재 전라북도 지명으로, 이 중 무주는 금강의 직접 지류 중 하나이다. 이 작품들은 『고시조대전』에서 각각의 작품으로 인해 유형 단독 작품으로 인정받지 못하고 있지만 각각 다른 지명에 대한 언급을 하고 있는 것으로 봐야 할 것으로 보인다.

龍湖堂 흐느난 물은 蓼川水로 도라들고
三山(은) 半落蛟龍山이요 二水中分蓬萊島라
아마도 湖南 第一景은 廣寒樓인가 『금성』123

이 작품을 통해서도 지역성을 찾아볼 수 있다. 특히 남원의 지역성에 대해 자세히 찾아볼 수 있다. 용호당(龍湖堂)은 현재 지리산 유역 남원의 용호구곡(龍湖九曲) 제2곡 육모정 인근의 용호서원 혹은 그 전신인 용호당 서원을 의미하는 것으로 보인다.9) 이 용호구곡에 흐르는 물은 광한루까지 흘러들어 요천수를 이룬다고 한다. 그것이 #123의 초장에 그대로 형상화된 것이다. 중장의 내용은 아마 이백의 시 〈등금릉봉황대(登金陵鳳凰臺)〉의 경련(頸聯)을 일부 차용한 것으로 보인다.10) 대신 이백 시에 등장하는 "靑天外"를 "蛟龍山"으로 바꿨다. 교룡산은 남원 관청을 중심으로 북서쪽에 위치한 산의 이름으로11) 그렇다면 중장 앞 구 "半落蛟龍山"은 삼산의 봉우리가 교룡산 밖으로 솟아있다고 해석해볼 수 있다. 중의 뒷 구 "二水中分蓬萊島" 역시 〈등금릉봉황대〉 경련의 일부를 차용한 것인데, 다만 "白鷺洲"를 "蓬萊島"로 바꾸었으며 이때의 봉래산은 정철이 선조 때 전라관찰사로 부임하며 광한루를 고쳐 지으면서 신선이 살고 있다는 삼신산을 조성할 때 만든 그 봉래도를 의미한다고 볼 수 있다. 그리하여 종장에서 광한루에 대한 예찬으로 마무리 지으며 광한루 뿐만 아니라 광한루 주변 경관, 남원 승경에 대한 예찬까지 하고 있다.

이러한 남원 및 남원 주변과 관련된 지역성, 그리고 성리학적 주제 작품이 다량 삽입된 것은 #165~#176까지 수록된 장경세의 〈강호연군가(江湖戀君歌)〉의 삽입과도 이어진다. 〈강호연군가〉의 작가로 알려진 장

---

9) 노재현·강병선, 「고문헌과 바위글씨로 조명한 지리산 용호구곡(龍湖九曲)의 입지 및 경관 특성」, 『한국전통조경학회지』 제32권 제3호, 2014, 154~167쪽.
10) 三山半落靑天外 /二水中分白鷺洲
11) 변주승 역주, 『여지도서 전라도 보유Ⅰ』, 흐름출판사, 2009.

경세(張經世, 1547~1615)는 16세기 중후반에 활동한 남원 출생의 문인으로 1612년에 〈강호연군가〉를 창작하였다. 〈강호연군가〉를 창작할 당시 장경세는 그 작품 뒤에 붙인 후기에 자신이 왜 〈강호연군가〉를 창작했는지를 밝히고 있다.

> 내가 소시(少時)에 친구 이평숙(李平叔)으로 인연해서 퇴계 선생의 〈도산육곡가〉를 얻어 보게 되었다. 의사가 진실하고 음조가 청절하여 사람으로 하여금 그것을 듣게 하면 족히 선단(善端)을 흥기하고 사악하고 더러움을 씻게 되니 진실로 『시경』 삼백 편이 남긴 뜻이었다. 한 본을 전사해서 협사(篋笥)에 보관해 두고 때때로 아이들로 하여금 노래 부르고 읊게 하였더니 크게 유익한 바가 있었다. 불행히도 병화 중에 잃어버리게 된 지 지금 이미 십 년이 지나 겨우 수삼곡만 기억하여 얻을 수 있었다. 매양 고요한 밤 달이 밝을 때 나직이 읊조리고 노래불러 경앙(景仰)의 회포를 부쳤다. 지난 번 마침 월파헌(月波軒)에 이르렀다가 우연히 인본(印本)을 얻게 되었는데 앞서 말한 〈도산육곡〉이었다. 한 번 읊조릴 때마다 더욱 의미심장함을 깨닫게 되니 스스로 알지 못하는 사이에 손발이 춤을 추었다. 삼가 그 체를 본떠 족히 전후육곡을 이루었으니 하나는 애군우국의 정성을 부친 것이고 하나는 성현 학문의 바름을 편 것이며 끝에 그 뜻을 말하였다. 어린 아이들로 하여금 때때로 높은 소리로 읊게 하여 그 귀취(歸趣)를 펴게 하면 오히려 음풍영월(吟風詠月)하고 유탕망반(流蕩忘返)하는 것보다 나았다. 오호라 모모(嫫母)가 서시(西施)를 흉내낸 것은 아름다움과 추함은 거리가 멀더라도 그 중심은 애모에 있었으니 불가능한 것만은 아니라하겠다. 원컨대 여러 군자에게 말하노니 그 광참(狂僭)함을 용서하여 죄로 여기지 않는다면 천만다행이겠다. 만력 임자년 1612년 봄 이월 상한에 후학 사촌 장경세가 삼가 쓰다.[12]

이 서문에서 보다시피 장경세는 이황의 〈도산십이곡〉을 참고하여 〈강호연군가〉를 창작했다는 것을 알 수 있다. 그런데 이 후기에서 특히 살펴볼 만한 부분이 두 부분이 있는데, "선단(善端)을 흥기하고 사악하고 더러움을 씻게 되니" 부분과 "하나는 애군우국의 정성을 부친 것이고 하나는 성현 학문의 바름을 편 것이며 끝에 그 뜻을 말하였다." 부분이다. 앞서 언급했듯『금성』에는 성리학적 이념에 대한 작품이 많은 수가 수록되어 있으며, 특히 1919~1920년 사이의 현실에 대한 작품도 역시 수록되어 있다. 그런데 그런 『금성』 끝 부분에 장경세의 〈강호연군가〉가 그대로 수록되어 있다. 결국엔 이 〈강호연군가〉에 대한 어떤 특이점을 가지고 수록했던 것이라 할 수 있는데, 그것을 장경세의 〈강호연군가〉 후기를 통해 어느정도 유추해볼 수 있는 것이다.

『금성』의 편자가 얘기하고자 했던 것은 이 후기에서 강조했던 애군우국의 정성을 부치기 위한 것,『금성』 편찬 즈음 당대 힘들었던 현실 상황에 대한 상황을 생각하면서 그것에 대한 대응으로서 〈강호연군가〉를 수록했던 것이다. 또한 선단을 흥기하고 사악하고 더러움을 씻는다는 것도 〈강호연군가〉 뿐만 아니라 『금성』에 실린 여러 성리학적 이념과 관련된 작품의 효용을 이야기하는 것으로 생각해볼 수 있다. 〈강호연군가〉는 장경세의 문집『사촌집』외에 본 가집에만 수록되어 있다. 이는 〈강호연군가〉 작품 자체가 윤선도나 이황의 특정 작품처럼 노래 작품으로서 유행

---

12) 余少時。因友人李平叔。得見退溪先生陶山六曲歌。意思眞實。音調淸絶。使人聽之。足以興起其善端。蕩滌其邪穢。眞三百篇之遺旨也。傳寫一本。藏諸篋笥。時使童稚歌而詠之。大有所益。不幸見失於兵火之中。今已十年。僅能記得數三曲。每於靜夜月明。沈吟之。永言之。以寓景仰之懷。頃者。適到月波軒。偶得印本。乃前所謂陶山六曲也。一番吟諷。益覺意味深長。自不知手舞而足蹈也。謹效其體。足成前後六曲。一以寄愛君憂國之誠。一以發聖賢學問之正。末乃自言其志。極知僭踰無所逃b006_030d罪。然使童蒙小子。時時高詠。以發其歸趣。則猶勝於吟風詠月流蕩忘返者也。嗚呼。嫫母之效西施。姸嗤迥絶。而其中心愛慕。則不啻萬萬也。願言諸君子。恕其狂僭。不以爲罪。則千萬幸甚。萬曆壬子春二月上澣。後學沙村張經世。謹書。

했던 것은 아니었다는 것을 의미한다고 할 수 있다. 그렇다면 이 가집에 수록된 〈강호연군가〉는 유행의 결과로서 수록된 게 아니라 앞서 언급한 이념적 효용으로서 수록된 것이라 할 수 있다.

또한 『금성』에 수록된 몇 작품에서 전라북도의 지역성을 찾을 수 있으며 특히 남원이라는 지역성 역시 찾아볼 수 있었다. 그런데 장경세도 남원 출생에 남원 주암 서원에 제향된 인물이다. 그런 면에서 본다면 이 가집의 편자는 장경세를 존경하던 남원 사람이, 혹은 장경세의 집안 사람이 그의 정신을 본받아야 한다는 마음에 〈강호연군가〉를 『금성』 내에 수록한 것으로 보인다.

이것을 종합하여 본다면 『금성옥진』의 편자는 전라북도 사람, 특히 남원 지역의 양반 가문의 어떤 이라는 것, 특히 장경세에 대한 존경심이 높은 사람이라고 예상해볼 수 있다. 거기에 더해 자주 언급했듯 이 가집이 완성되던 시기는 1919~1920년 즈음이라 할 수 있다. 그런 면에서 이 시기 양반 출신의 인물은 자신이 살고 있는 시기가 혼란한 시기이며, 그 시기를 이겨낼 방법의 하나의 일환으로 자신들이 가지고 있던, 배웠던 대로 성리학적 이념을 견고히 하는 것으로 삼았던 것이다. 마치 18세기 향촌 사족들이 자신들의 세력, 권력을 유지하기 위해 많은 연시조 작품을 창작하고 그 안에 성리학적 이념을 담은 것과 유사한 흐름이라 할 수 있겠다. 그리하여 『금성옥진』은 1919~1920년 사이 즈음에 편찬된 남원 양반 출신의 인물이 당대의 국가적 어려움에 반응하여 성리학적 이념을 공고히 하며 시대를 이겨내 보고자 하는 모습을 보여주는 가집이라 할 수 있겠다.

3. 『율보』 신출작의 주제적 특징과 『율보』의 지역성

먼저 『금성옥진』을 살펴본 방법론과 비슷하게 『율보』 군집 단독 유형을 먼저 살펴보며 『율보』의 특성을 살펴보자.

표 3 『율보』 군집 단독 작품

가번	주제	가번	주제
#11	취흥	#65	봄의 경치
#13	임에 대한 그리움	#85	계도
#25	임에 대한 그리움	#93	회고
#26	강호 자연	#112	임에 대한 마음
#29	강호 자연	#113	임에 대한 그리움
#34	탄로	#121	취흥
#39	가족애	#124	삼국지 고사
#58	강호 자연	#129	취흥을 소망
#62	임과의 재회 소망	#131	젊음

『율보』에는 총 18작품의 군집 단독 작품이 수록되어 있으며 이 작품들의 주제는 위 표에 소개된 것과 같다. 역시 『율보』의 군집 단독 작품들도 『금성』처럼 18세기 즈음, 가집이 최초로 생산됐을 때의 가곡창 작품들이 보여주는 주제를 보여주고 있다는 특징을 찾을 수 있다.

  靑山이 不老ᄒ니 麋鹿이 長生ᄒ고
  江漢이 無窮ᄒ니 白鷗의 富貴로다
  우리는 이 江山風景에 分別업시 늙으리라 『원국』 261

  청산이 불노하니 미록이 장이수로다
  강한이 무궁허니 백구의 부귀로다
  아모도 차강산 이 풍경은 미와 구인가 『시평』 2

  靑山이 不老ᄒ니 麋鹿이 長壽ᄒ고
  江漢이 無窮ᄒ니 鷗鷺의 富庫로다
  우리는 苦海人生이라 너를 부러 『율보』 34

이 작품의 첫 번째 군집 작품은 주로 『가곡원류』 계열 가집과 몇 시조창 가집에 수록되어 있다. 자연물들은 늙지 않고 오래 삶을 초장에서 이야기하고, 자연의 무궁함을 중장에서 이야기한다. 이후 종장에서 우리도 이 자연과 함께 늙겠다는 이야기를 하며 끝을 맺고 있다. 두 번째 군집 작품은 『시평』에만 수록되어 있는 작품으로 초·중장은 첫 번째 군집 작품과 유사하다. 다만 종장의 내용이 다른데, 자연과 함께 늙겠다며 물아일체의 모습을 보인 첫 번째 군집 작품과는 달리 화자 자신이 보는 자연 풍과의 아름다움을 얘기하고 있다. 한편 세 번째 군집 작품인 『율보』의 작품은 여타 군집 작품의 초장과 거의 유사하다. 중장에서도 "백구의 부귀"에서 "구로의 부귀"로 자연물을 하나 더 늘려 이야기하는 것이 다르다. 특히 다른 것은 종장 부분인데, 우리의 삶은 고달픈 이생이라 앞서 언급한 자연물인 너희를 부러워한다며, 자연과 함께 하려거나 자연의 아름다움을 예찬했던 두 작품과는 확연히 다른 종장의 모습을 보인다. 이런 모습에서 『율보』 편자의 삶을 대하는 방식이나 세상에 대한 평가를 유추해볼 수 있다.

初更의 翡翠ㅣ 울고 二更에 杜鵑이 우닉
三更 四五更에 슬피 우는 這 鴻雁아
궂득에 님 離別ᄒ고 계오 든 ᄌᆞᆷ을 씨오ᄂᆞ다 『시박』496

초경에 비취 울고 이경야에 두견이 운다
삼경 사오경에 슬피 우는 져 홍안아
야야에 네 우름 소리에 잠 못 니러 『남태』21

初更末에 翡翠울고 二更初에 杜鵑이로다
三更 四五更에 우러 녜ᄂᆞᆫ 져 鴻雁아
너희도 날과 ᄀᆞᆺ도다 밤ᄉᆡ도록 우ᄂᆞ니 『병가』744

> 初更의 비취 울고 二更의 杜鵑이 운다
> 三更 四五更에 슬피 우는 져 鴻雁아
> 젹은듯 늬 한 말 들어다가 임 게신 데 『율보』113

  이 작품은 총 여섯 군집이 전한다. 이 군집의 최초의 작품은 『시박』에서 보인다. 밤 동안 물총새와 두견, 기러기가 우는데 이들의 울음소리로 임과 이별하고 겨우 든 잠을 깼다며 그들을 원망하는 듯한 내용의 작품이다. 이 작품은 세 번째 군집인 『병가』에서 한 작품이 보이는데 여기에서는 초·중장의 자연물들이 자신과 같은 이유로 울고 있다고 말을 하며 첫 번째 군집에서처럼 임에 대한 그리움까지 밝히지는 않으나 역시 슬픔의 감정을 내비친다. 주목할 만한 것은 오히려 이 유형의 작품이 제일 먼저 발견되는 것은 가곡창 가집이나 주로 유행했던 것은 시조창이었다는 점이다. 두 번째 군집 작품은 『남태』를 포함하여 15종의 가집에서 전한다. 이 군집 작품 역시 앞서 언급했던 작품들과 초·중자의 내용은 같다. 그런데 이 군집에서는 자신의 감정을 드러내는 것 없이 자연물들의 소리로 인해 잠 못드는 것에 대해서만 이야기를 한다. 물론 전전반측(輾轉反側)이 그 안에서 슬픔을 드러내는 것이라 할 수 있지만, 여하튼 다른 작품에서처럼 직접적으로 감정으로 드러내진 않는다. 다섯 번째 군집 작품인 『율보』 작품 역시 다른 군집 작품들과 초·중장의 내용과 거의 같다. 역시 종장의 내용이 다른데, 여기에서는 첫 군집의 작품에서처럼 임에 대한 이야기를 한다. 그래서 자신이 임과 헤어지고 그 임에 대한 자신의 그리움에 대한 이야기를 했고, 그것을 앞에서 언급한 자연물들이 임에게 전해주면 좋겠다는 자신의 소망을 이야기한다. 이런 모습은 물론 시조창 형식이긴 하지만, 주제 형상화 측면에서는 오히려 가곡창 형식의 내용을 좇는 것에 가깝다고 평가할 수 있겠다. 이렇듯 율보의 군집 단독 작품은 인용한 작품 외에도 꽤 많은 부분에서 이전 가집, 특히 가곡창 작품들의 영향 하에서 주제들을 유지하거나 되돌아가는 모습을 찾아볼 수 있다.

한편 『율보』는 17수의 유형 단독 작품을 찾을 수 있다.

표 4 『율보』 유형 단독 작품

가번	주제	가번	주제
#17	강호 자연	#90	부여 팔경
#18	이백 작품 인용	#91	부여 팔경
#40	재회에 대한 소망	#94	강호 자연, 은거
#51	삶에서의 욕구	#110	주색을 멀리 하라
#64	강호 유랑	#120	삼국지
#70	임에 대한 그리움	#125	인간사의 어려움
#71	백성에 대한 걱정	#126	명승지에 대한 이야기
#79	망국의 한	#137	엄자릉 예찬
#80	성리학적 이념		

이 작품들의 눈에 띄는 특성은 꽤 많은 한자어가 작품 속에 포함되어 있으며, 역시 꽤 많은 고사가 작품 속에 투영되어 있다는 점이다. 몇 가지 작품을 인용해본다.

　　울 뒤의 푸른 山은 嚴子陵의 富春이요
　　질 아릭 말근 물은 姜太公의 釣坮로다
　　夕陽에 비 마진 갈마귀 오락가락『율보』17

　　鸕鶿酌 鸚鵡杯로 一日須傾三百盃라
　　百年 三萬 六千日의 但願長醉不願醒을
　　洽似타 李白의 葡萄酒 ㅣ니 아니 노던『율보』18

#17은 초장에서 엄자릉의 고사를, 중장에서는 태공망의 낚시터를 언급하며 종장에서는 석양의 갈매기를 언급하며 은거하는 생활과 그것에 대한 만족감을 이야기한다. 이어지는 #18은 이백의 두 작품을 적절히 섞어

인용하고 있다. 초장에서는 〈양양가(襄陽歌)〉의 "鸕鷀杓 鸚鵡杯"를, 중장에서는 〈장진주(將進酒)〉의 "但願長醉不願醒"를 인용하고 있다. 이백의 〈양양가〉, 〈장진주〉 모두 삶의 취흥에 대해 이야기하고 있는데 그것을 그대로 이 작품에 옮겨온 것이라 할 수 있다. 그리하여 종장에서는 자신의 삶이 그것과 비슷하며, 그것에 대한 만족감을 보여주고 있다. 대체적으로 시조는 국문 시가로 알려져 있으나, 모든 말들이 국문으로 이루어져 있진 않다. 한자어가 사용된다 하더라도 그 한자어로 많은 것을 내포할 수밖에 없는 불가피한 상황이라거나, 고유 명사를 사용할 때에는 한자어를 사용할 수밖에 없다. 그러나 이 두 작품은 연속적으로 나타나는 유형 단독 작품이면서 많은 한자어와 고사를 한꺼번에 인용하고 있다. 그런 이런 모습이 이 두 작품에서만 나타는 게 아니다.

갈 거字 恨을 마쇼 올 來字도 잇느니라
이질 忘字 어이홀고 싱각 思字 읍슬쇼냐
다시 更字 만날 逢字 ᄒ면 죨 好字 …『율보』40

世上의 男子 도냐 허올 일이 무엇인고
高臺廣室 집을 짓코 南田北畓 만니 웃어
壽福康寧 琴瑟之樂을 人之所慾『율보』41

#40은 애초에 한자로서 자신이 하고자 하는 말을 전하고 있는 작품이다. '갈 거(去)'와 '올 래(來)', '잊을 망(忘)'과 '생각 사(思)'를 반의 관계로 엮으며 간 것과 잊은 것만 생각하지 말고 오는 것과 생각할 것도 염두에 두어야 한다고 말하고 있는 것으로 보아 사랑하는 임과의 이별 상황에 임이 자신을 잊을까 걱정하면서도 임이 올 것이라는 것과 그리워하고 있을 것이라는 희망을 이야기하고 있다. 그리하여 종장에서 임을 다시 만나면 좋겠다고 이야기한다. #41은 언뜻 보더라도 국문보다는 한자가

더 많다. 남성으로서 무엇을 해야 할지에 대해 자문하며 큰 집을 얻고 넓은 땅을 얻어 살며 장수를 기원하고 음악을 즐기는 것이 인간의 욕심이라 말하고 있다. #41은 특히 "'남성'으로서의' '욕망'에 대해 '한자어'로 적어주면서 지극히 남성적이고 성리학적 이념이 드러나는 작품이라 할 수 있다.

그 외의 여타 다른 유형 단독 작품의 경우뿐만 아니라 『율보』에 수록된 대부분의 작품은 인용한 작품들과 같이 한자어를 많이 사용하며 고사 역시도 많이 인용하여 쓰고 있다. 또한 그렇게 창작된 작품들은 이전에 창작된 사대부들의 작품에서 보여주는 주제의식과 비슷한 모습을 보인다. 특히 이러한 모습은 앞 장에서 언급한 『금성』에서 찾아지는 특징과도 유사하다고 할 수 있겠다. 더군다나 『금성』과 같이 『율보』도 시조창 가집이며 상층 사대부들이 정가로서 부르긴 했으나 시간이 흘러감에 따라 이 시조창은 대중성을 얻어가며 대중들의 음악이 된다. 『율보』는 아무리 빨라도 1910년대에나 편찬됐을텐데[13) 그렇다면 이때는 시조창을 누구나 다 부를 수 있었을 것이다.

이미 시조창의 대중화는 『남태』에서 보이는 바, 이 『남태』는 모든 작품이 국문으로 기록됐다는 것이 특징이라는 것은 주지의 사실이다. 그렇다면 그 대중화의 방향은 흔히들 말하는 근대성, 즉 평민들·하층민에 맞춰지는 방향을 향해 갈테고 그렇게 되면 한자보다는 국문을 사용하는 것이 더 마땅한데 오히려 『율보』는 반대의 모습을 보이고 있는 것이다. 특히 시조에서의 근대성은 사설시조라 지칭되는 갈래에서 보이는데, 『율보』의 사설시조 작품들도 많은 한자어 사용이나 고사가 인용된 작품이 대부분이다. 그런 면에서 『율보』는 『금성』과 비슷하게, 사대부 지향적, 성리학 이념 지향적인 가집이라 할 수 있겠다.

한편 『율보』에서도 지역성과 관련된 기록과 작품을 찾아볼 수 있다.

---

13) 여기에 대한 설명은 후술하겠다.

金堤郡　進鳳面　짓구지　朴丙善
　　　朗山面　城南里　申貴玄

　이 기록은 『율보』 마지막에 보이는 기록이다. 우선 이 기록을 통해서 『율보』 편찬 시기를 어느정도 추정해볼 수 있다. 김제군 진봉면이라는 기록을 보면 현재의 행정구역(김제시 진봉면)과 일치한다는 것을 알 수 있다. 그런데 이 진봉면은 1914년 행정구역 개편 당시 김제에 있는 진봉산의 이름을 따서 지어진 이름이며, 이곳은 원래 만경군 상서면 지역이었다. 짓구지에 대해서는 명확히 알 수 없지만 이 지역이 원래 만경군이었다는 것을 생각하면 만경군에 있던 '길곶'을 지칭한다고 생각해볼 수 있겠다. 즉 만경군 관아를 중심으로 서쪽에 있는 길곶산 주변에 살던 박내선이 편자였을 가능성이 충분하다는 점이다. 또한 낭산면 성남리라는 기록도 역시 1914년 행정구역 개편 이후에 이 가집에 편찬됐다는 것을 증명해준다. 낭산면 여산리는 1914년 행정 구역이 개편되면서 익산으로 편입됐으며, 원래 이 지역은 1400년부터 여산군이라 불렸던 곳이었다. 물론 낭산면의 낭산이 여산의 옛 이름이었기에 취한 것이라 하지만, 어찌됐건 이런 지면은 1914년 이후에 확정된 것이니, 역시 낭산면 여산리의 신귀현이라는 사람이 이 가집을 편찬했다는 것을 예상해볼 수 있다. 그렇기 때문에 이 가집은 최소 1914년 이후에나 편찬됐을 것이라는 것을 확인할 수 있다. 또한 서론에서 언급했듯 이 가집의 편자가 두 명 이상일 가능성에 대해 언급했는데 이 부분에 나온 박내선과 신귀현을 이 가집의 편자라 생각할 수 있고, 이들이 모두 각각 현재의 김제와 익산에 거주하던 인물이었을 것이라 생각할 수 있다.
　또 다른 지역성은 #90, #91에서 찾을 수 있다.

　　　구경 가자 빅 씌여라 皐蘭寺 磬쇠 친다
　　　窺岩津 도라드러 水北亭 올나 보니 九龍浦 기러기는 一点 二点

써러진다 平停塔 夕陽斜요 扶蘇山 졈은 비 쩌드러 온다 酒肆靑樓
도라드러 歌一曲 酒三杯에 半醉ᄒ여 누엇쓰니
　　白馬江 달 쟘기고 落花岩 杜鵑이 운다 八景도 죳컨이와 懷古之事
를 어이ᄒ리『율보』90

　　古都斜陽 소슨 탑은 平百億兆念이라
　　晴嵐中 水北亭은 騷人墨客 노름인듸 扶蘇山 졈은 비는 楚襄王의
神女런가 皐蘭寺 말근 경쇠 晴晨을 일씌이고 九龍浦 기러기는 点点
이 써러질 졔 霜秋를 알건마는 古菴의 잠든 杜鵑 亡國恨을 숨쑤던냐
落花 時節 왜 모르나
　　白馬江 잠긴 달에 도젹 치는 漁翁덜은 窺岩津 도라드니 扶風八景
이 아닌가『율보』91

　#90은 먼저 배를 타고 유람에 나선 상황으로 시작하고 있다. 그리고 이때 발견할 수 있는 장소가 고란사(皐蘭寺)이다. 그곳의 종소리를 듣고 배를 타고 들어간다. 작품은 이 배의 진로에 따라 진행되는데 규암진을 돌아 수북정을 올라가서 보니 구룡포의 기러기가 날아가는 게 보인다고 한다. 이후에 이동한 곳은 평정탑, 즉 정림사지오층석탑을 의미한다. 이 탑은 소정방이 새긴 글로 인해 한때 "백제를 평정하고 세운 탑"이라는 뜻으로 "평정탑", "평제탑"으로 불렸다고 한다. 이후의 부분에서는 부소산에 비가 들어옴을 이야기하며 주사청루에 들어간다고 하였다. 정확하게는 알 수 없으나 이때의 주사청루는 객사가 있던 부소산 근처일 것으로 예상된다. 여하튼 이곳에 들어가 노래를 듣고 술을 마시며 반취하여 백마강에 달이 지는 모습을 보고, 두견의 소리를 들으며 낙화암을 생각한다. 그러면서 팔경이 좋으니 옛일이 생각난다고 한다.
　이어지는 #91도 #90에서 등장하는 지명들이 거의 동일하게 등장하고 있다. 고도사양(古都斜陽) 솟은 탑은 아마 정림사지 오층석탑을 의미하

는 것으로 보인다. 이때의 고도(古都)는 '오래된 수도'를 의미할테고, 정림사지 오층석탑이 사비 천도 이후에 만들어진 것으로 알려져 있기 때문이다. 또한 뒤의 평백억조념(平百億兆念)의 경우 평백(平百)을 백제를 평정하다로 해석하고, 거기에 쌓인 많은 생각들 정도로 해석해볼 수 있겠다. 중장 부분에서 아지랑이 사이에 보이는 수북정은 소인 묵객들이 노는 것이라 하고, 부소산에 내리는 비는 마치 초회왕이 무산 신녀와 만났던 그 꿈의 모습과 비슷함을 이야기하며 일종의 신비한 분위기를 보여주는 광경을 이야기하고 있다. 이어서 이 작품에서도 고란사의 종소리를 언급하며 새벽을 깨운다고 하며 구룡포의 기러기가 날아가는 것을 이하기하고 늦가을 아침이라는 계절감과 시간을 알려주고 있다. 뒷 부분에서 고암에서 두견이 운다 하였는데, 이 부분을 #90과 함께 보면 이때의 고암(古菴)은 낙화암(落花岩)을 뜻하는 것으로 보이며, 망국한을 꿈꾸냐 묻는 것은 이 낙화암이 백제의 멸망과 관련된 지명이기 때문일 것이다. 종장에서는 작품들에 나온 장소들을 아우를 수 있는 백마강을 이야기하며 그 안에서 어옹들이 규암진을 돌아 들어가는 모습을 이야기하며, 부여팔경에 대한 언급을 한 번 더 하며 마무리 하고 있다.

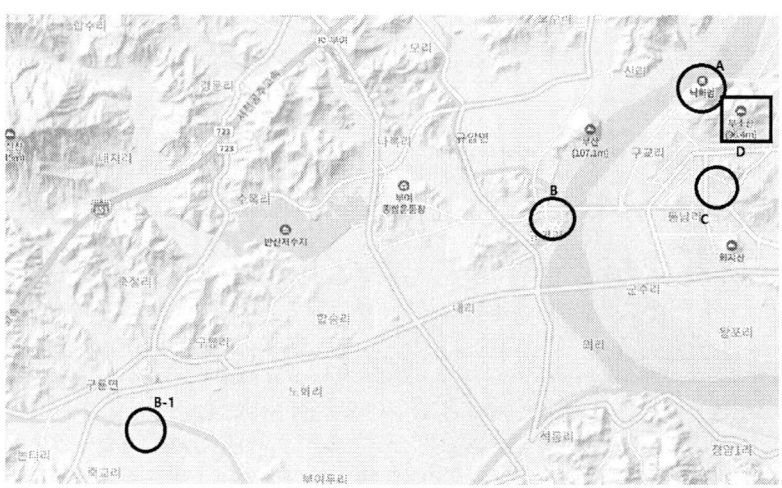

그림 2 현재 백마강 근처 지도(구글 지도 참조)

#90과 #91은 위 지도에서 보이는 곳에 다 위치하고 있다. A 지점은 고란사와 낙화암이 있는 곳이고 B 부분은 규암진과 수북정이 있는 곳이다. B-1 부분이 구룡포가 있는 지점이고, C 부분은 정림사지 오층석탑이 있는 곳이며 D 지점에는 부소산이 있다. 그런데 이 지도를 보면 특이한 점을 찾을 수 있다. A, B, C, D 지점은 모두 백마강 부근인데, B-1 지점은 백마강과는 꽤 거리가 있는 지점이다. 그런데 일반적으로 알려진 '부여 팔경'에는 B-1 지점, 즉 구룡포가 포함되지 않는다. 흔히 '부여 팔경'은 제영시와 연관이 있으며, 그것으로 알려진 작품은 신흠의 〈수북정팔경〉[14]이나 김홍욱의 〈부여회고팔영〉[15]이다. 그런데 이 두 작품에는 구룡포가 팔경에 포함되지 않음을 볼 수 있다. 이 구룡포가 포함된 '부여 팔경'은 1929년 편찬된 『부여지』에 수록된, 1920년 〈부여신팔경(扶餘新八景)〉[16]에만 전하고 있을 뿐이다.[17] 그런 면에서 『율보』에는 충청남도 지역, 자세히는 부여 지역과 관련된 지역성이 짙게 나타나며 '팔경'과 관련된 부분을 바탕으로도 『율보』의 산생 시기가 1920년 이후인 것을 확인할 수 있다.

본 장에서는 『율보』의 군집 단독, 유형 단독 작품을 살펴보며 성리학적 이념에 대한 작품이 많다는 것과 한자어와 고사 사용이 많은 것을 통해 사대부지향적인 작품들의 면모를 살펴보았으며, 전라북도 김제나 익산에서 『율보』가 편찬됐으며 충청도 지역의 '부여 팔경'에 대한 작품을 살펴보며 작품 속에 투영된 지역성을 알 수 있었다. 또한 여러 정황상 1920년 이후에 『율보』가 편찬됐을 것이며, 그 당대에 지어진 〈부여신팔경〉에

---

14) 신흠, 『상촌집』, 제19권, 〈수북정팔경(水北亭八景)〉. 여기에는 고란사, 낙화암, 자온대, 백마강, 부교, 합탄, 평사, 고산을 8경으로 일컫고 있다.
15) 김홍욱, 『학주전집』, 권지오, 〈부여회고팔영(扶餘懷古八詠)〉. 여기에는 고란사, 낙화암, 자온대, 천정대, 조룡대, 반월성, 대왕포, 의열사를 8경으로 일컫고 있다.
16) 김창주, 〈부여신팔경〉, 『부여지』, 권5. 여기에는 고란사, 낙화암, 백마강, 평제탑, 수북정, 부소산, 구룡포, 규암진을 팔경으로 일컫고 있다.
17) 구룡포뿐만 아니라, 부소산과 규암진도 이 작품에서만 팔경으로 일컫고 있다.

대해 담은 국문시가가 수록된 정황을 살펴볼 수 있었다.

4. 나가며

　18세기 전반 『청구영언』(김천택본) 편찬 이후로 수많은 가집들이 20세기 초·중반까지 산출됐다. 이러한 가집들의 발생과 그것들에서 찾아지는 변화 등을 통해 우리는 조선 후기 가곡창의 실태를 확인할 수 있다. 그런데 19세기 초반 가곡창보다는 빠르기가 조금 빠른, 그러니까 변해가는 가창 현실에 반응하여 시초장이라는 새로운 노래가 등장했다. 많은 것들의 유행이 그렇듯 시조창도 차근히 영역을 넓혀갔고, 1863년 『남훈태평가』가 방각본으로 등장하면서 그것의 유행의 정점을 읽어낼 수 있다. 그리고 그 이후부터 많은 시조창 가집이 등장하고, 잡가의 유행과 함께 잡가집에 시조창 작품이 포함되어 전해지기도 하였다. 그런데 현재 발견된 시조창 가집은 가곡창 가집과는 달리 질서 정연함을 찾기는 대체적으로 어려워 각 가집만의 특성을 찾을 수밖에 없는 실정이다. 그런 와중에 이 시조창 가집 중 지역성과 관련된 가집이 찾아진다. 그것들 중 두 가집 『금성옥진』과 『율보』가 이 글의 대상이다.
　『금성옥진』은 남원 지역의 양반 가문의 어떤 이 중 장경세에 대한 존경심이 높은 사람 편찬한, 1919~1920년 즈음에 산생된 가집이다. 그런 면에서 이 시기 양반 출신의 인물이 자신이 살고 있는 시기가 혼란한 시기이며, 그 시기를 이겨낼 방법의 하나의 일환으로 자신들이 가지고 있던, 배웠던 대로 성리학적 이념을 견고히 하기 위해 『금성옥진』을 편찬한 것이다. 마치 18세기 향촌 사족들이 자신들의 세력, 권력을 유지하기 위해 많은 연시조 작품을 창작하고 그 안에 성리학적 이념을 담은 것과 유사한 흐름이라 할 수 있겠다. 그리하여 『금성옥진』은 1919~1920년 사이 즈음에 편찬된 남원 양반 출신의 인물이 당대의 국가적 어려움에 반응하여 성리학적 이념을 공고히 하며 시대를 이겨내 보고자 하는 모습을 보여주는 가집이라 할 수 있었다.

한편 『율보』는 성리학적 이념에 대한 작품이 많다는 것과 한자어와 고사 사용이 많은 것을 통해 사대부지향적인 작품들의 면모를 살펴보았으며, 전라북도 김제나 익산에서 『율보』가 편찬됐으며 충청도 지역의 '부여팔경'에 대한 작품을 살펴보며 작품 속에 투영된 지역성을 알 수 있었다. 또한 여러 정황상 1920년 이후에 『율보』가 편찬됐을 것이며, 그 당대에 지어진 <부여신팔경>에 대해 담은 국문시가가 수록된 정황을 살펴볼 수 있었다.

이 두 가집을 보면 모든 시조창 가집이 대중만을 위해 편찬된 것이 아니라는 것을 알 수 있다. "대중적=하층민 지향적"의 도식이 옳다는 것은 아니지만 적어도 이 두 가집은 많은 사람들, 즉 대중과 함께 즐기기 위한 것이라기 보다는 개인적 차원 혹은 그것보다 조금 더 넓게 보더라도 편자 주변의 인물·가문·지역 정도의 차원 정도로 한정해야 할 것으로 보인다. 결국 시조창 가집의 경우도 역시 하나의 관점으로만 연구 대상으로 삼으면 안될 것이다. 아직 지역성과 관련된, 혹은 특수함을 담고 있는 시조창 가집들이 더 있을 것으로 보인다. 다양한 관점으로 다양한 시조창 가집을 바라봐야 할 것이다. 후고를 기약한다.

참고문헌

『金聲玉振』
『扶餘誌』
『律譜』
『沙村集』
『象村集』
『青丘永言』 한글박물관본

『鶴洲全集』

김흥규 외 편저, 『고시조대전』, 고려대학교 민족문화연구소, 2012.
노재현·강병선, 「고문헌과 바위글씨로 조명한 지리산 용호구곡(龍湖九曲)의 입지 및 경관 특성」, 『한국전통조경학회지』 32(3), 2014.
변주승 역주, 『여지도서 전라도 보유Ⅰ』, 흐름출판사, 2009.
신경숙·이상원·권순회·김용찬·박규홍·이형대 저, 『고시조 문헌 해제』, 고려대학교 민족문화연구원, 2012.
전재진, 「『律譜』(檀大本)의 위상과 錦江 유역 시조문화의 영향」, 『한국학논집』 48, 계명대학교 한국학연구원, 2012.
진동혁, 「새 자료 시조집 『금성옥진』에 대하여」, 『어문논집』 33, 고려대학교 국어국문학연구회, 1994.

광주항쟁의 시적 재현
–'해방된 모성'의 구현과 '어머니 하느님'

1. 고정희와 '광주'

고정희(1948-1991)[1]의 시세계는 한국사회의 민주화운동이 대중화되고 여성운동이 본격화되었던 1980년대를 배경으로 한다. "명실공히 여성문제를 시단의 핵심부로 올려놓은 대표적 공로자"[2]인 고정희는 여성이라는 화두를 자신의 시세계에서 펼친 여성주의 문학의 선구자였다. 고정희에 이르러 한국의 현대시는 비로소 '젠더'를 문제의식으로 가지게 되었으

---

[1] 본명 고성애(高成愛). 첫 시집을 출간할 때 표지에는 '高靜熙'라고 표기했다. 1975년 시인 박남수의 추천으로 『현대시학』을 통해 등단한 후 첫 시집 『누가 홀로 술틀을 밟고 있는가』(배재서관, 1979), 2시집 『실락원 기행』(인문당, 1981), 3시집 『초혼제』(창작과비평사, 1983), 4시집 『이 시대의 아벨』(문학과지성사, 1983), 5시집 『눈물꽃』(실천문학사, 1986), 6시집 『지리산의 봄』(문학과지성사, 1987), 7시집 『저 무덤 위에 푸른 잔디』(창작과비평사, 1989), 8시집 『광주의 눈물비』(동아, 1990), 9시집 『여성해방출사표』(동광출판사, 1990), 10시집 『아름다운 사람 하나』(들꽃세상, 1990), 유고시집 『모든 사라지는 것들은 뒤에 여백을 남긴다』(창작과비평사, 1992)를 펴냈다. 이 글에 인용된 시는 2011년에 출간된 『고정희 시전집1, 2』(또하나의문화)를 출처로 삼았다. 인용시는 제목과 시집명만 표기한다.

[2] 정효구, 「고정희론 –살림의 시, 불의 상상력」, 『현대시학』, 1991. 10, 227쪽.

며 '여성 민중'을 발견하고 가부장제적 유교 문화를 비판하는 '여성적 글쓰기'에 대한 고민을 발화하게 되었다고 평가된다.[3] 아울러 간과할 수 없는 또 하나의 사실은 고정희의 시쓰기가 1980년대의 사회적 현실과 긴밀히 결합된 운동으로서의 실천이었다는 점이다. "여성시인으로서 고정희의 문학적 경력은 민주화운동과 여성운동을 연결시키는 1980년대 한국인들의 일상생활과 연결되어 있으며 그의 삶 자체가 바로 1980년대 한국 사회의 산물"[4]이라는 진술처럼 고정희의 시는 1980년대라는 시대적 맥락과 분리될 수 없고, 그 중심에는 한국 민주주의의 기폭제였던 '광주항쟁'[5]이 놓여 있다. 생전에 고정희가 "광주에서 시대 의식을 얻었고, 수유리 한국신학대학 시절의 만남들을 통해 민중과 민족을 얻었고, 그 후 '또 하나의 문화'(이하 '또문')를 만나 민중에 대한 구체성, 페미니스트적 구체성을 얻게 되었다"[6]고 밝혔다는 전언처럼 고정희에게 광주항쟁은 1980년대 전체를 관통하는 사건이자 시대 인식의 토대였으며 시세계의 근원적 배경이었다.

항쟁 이후 출간한 『실락원 기행』의 '후기'에서 고정희는 "신으로부터, 진리로부터, 내가 경외하는 크고 환한 빛으로부터 저만치 비켜 선 어둡고 왜소한 나를 바라보며 눈 감아도 느껴지는 '비겁'이라는 단어를 감춘다"[7]라고 고백하며 항쟁 당시 광주를 떠나있었던 것에 대한 죄의식을 내비치기도 했다. 1984년 이화여대에서 여성문학사 초청 강의를 했을 때에는

---

3) 김승희, 「발문 근대성의 판도라 상자를 열었던 시인 고정희」, 『고정희 시전집2』, 또하나의문화, 2011, 567쪽.
4) 이소희, 「고정희 글쓰기에 나타난 여성주의 창조적 자아의 발전과정 연구 -80년대 사회운동 및 사회문화적 담론과의 영향을 중심으로」, 『여성문학연구』30호, 한국여성문학학회, 2013, 228쪽.
5) 고정희는 자신의 글에서 5,18민주화운동을 '광주항쟁'이라고 명명했다. 이 글에서도 이 표현을 사용한다.
6) 조혜정, 「그대, 쉬임없는 강물로 다시 오리라」, 조형 외, 『너의 침묵에 메마른 나의 입술』, 또하나의 문화, 1993, 229쪽.
7) 『실락원 기행』 후기, 『고정희전집1』, 188쪽.

전남 해남군 삼산면 송정리에 소재한 고정희 생가

기습적으로 "광주를 잊어서는 안됩니다"는 말을 던져 충격을 주었다고 전해진다.[8] 이러한 기록들은 진실이 밝혀지지 않는 한 광주는 억압된 과거지만, "오천만 겨레의 염원인 '민주화'의 상징이 되었으며 우리가 도달해야 할 해방의 역사로 가는 출발점"이자 "사회변혁의 디딤돌"[9]이자 도래할 해방을 상징하는 기표이기도 했음을 말해준다. 이처럼 고정희가 광주항쟁에 부여한 무게와 의미를 고려할 때, 고정희의 오월시[10]는 보다 확장적인 해석이 요구되는 텍스트이다. 고정희의 오월시는 항쟁 당시 참상의 폭로를 넘어서서 1980년대가 도달하지 못한 해방된 미래에 대한 논의로

---

8) 박혜란, 「토악질하듯 어루만지듯 가슴으로 읽은 고정희」, 또하나의문화 동인 편, 『또 하나의 문화 제9호: 여자로 말하기, 몸으로 글쓰기』, 도서출판 또하나의문화, 1992, 56쪽.
'또 하나의 문화' 동인들은 "광주의 민중항쟁에 대한 생각이 잠시라도 그의 머리에서 떠난 적이 없기 때문에 억압적인 정치 과정에서 투쟁하는 곳이 어디라도 몸과 마음이 가 닿아 있었"다고 회고하기도 했다. 조옥라, 「고행의 수도승, 우리 모두의 친구 고정희」, 조형 외, 앞의 책, 250쪽.
9) 고정희, 「광주 민중항쟁의 하느님 -팔십년대의 시와 예수(Ⅰ)」, 『살림』11호, 1989. 11, 91-92쪽.
10) '오월시'는 5.18민주화운동 이후 등장한 오월시 동인의 시집을 비롯하여 여러 작가들이 함께 펴낸 오월시집이 출간되면서 사용된 용어이다. 그러나 최근에는 오월문학이나 오월시의 범위를 특정 작품에만 제한하지 않는 추세이다. 이 글에서는 5.18민주화항쟁을 증언하고 진실을 규명하고자 하는 작품을 비롯하여 5.18의 역사적, 사회적 의미와 가치를 발견하고 그것을 사회변혁운동의 동력으로 삼고자 하는 작품을 넓은 의미의 오월시로 명명하고자 한다.

나아가고 있으며, 여성해방과 민중해방을 동시에 성취할 수 있는 가능성을 함축하고 있기 때문이다.

지금까지 나온 고정희 시에 대한 연구는 주로 기독교, 민중, 여성을 주제로 삼고 있다. 2010년대 중반 이후에는 남성중심적인 1980년대 민중 담론을 극복하는 차원에서 '여성 민중'에 주목한 다수의 논의들이 나오기도 했다. 이 논의들은 고정희가 여성해방과 민중해방을 동시에 사유했음에 주목하며 여성 주체의 정치성을 논의했고, 해방의 주체로서 '어머니', '어머니 하느님'의 주체성에 대한 논의로 나아가기도 했다. 선행 연구들도 주목했던 것처럼 고정희 시에서 호명되는 '어머니'나 '어머니 하느님'은 역사의 수난자인 동시에 여성해방과 민중해방을 동시에 성취하는 해방의 주체이다. 그러나 '어머니 하느님'은 억압과 고통을 경험하는 민중 주체인 '어머니'와 동일 선상에 있으면서도 '어머니'로는 환원될 수 없는 초월성과 절대성을 지닌 존재이다. 고정희가 대안적 가치로 제기하는 '해방된 모성'을 이해하기 위해서는 민중으로서의 '어머니'만이 아니라 절대적 존재로서 '어머니 하느님'에 대한 별도의 논의가 필요할 수밖에 없고, '어머니 하느님'이 지닌 의미나 그것이 호명된 배경을 이해하기 위해서는 1980년대 한국여성신학을 경유해야 한다.

이 글에서는 광주항쟁을 재현한 고정희의 8시집 『광주의 눈물비』를 중심으로 시에 나타난 '어머니'와 '어머니 하느님'의 형상을 살피면서 '해방된 모성'의 의미를 논의하고자 한다. 이 시집은 3부로 구성되어 있는데 1부 '망월동 원혼들이 쓰는 절명시'에는 광주항쟁 이후 한국 사회에서 벌어진 일련의 정치, 사회

고정희(출처: 해남군 공식 블로그, https://blog.naver.com/haenamgunpr/221553978556)

적 사건들을 풍자화한 시편들이, 2부 '눈물의 주먹밥'에는 '암하레츠'라는 부제를 단 연작시 19편이 수록되어 있다. '암하레츠' 연작시는 항쟁의 전개 과정을 재현하면서 그 비극의 그 현장에 서 있던 '어머니'와 '어머니 하느님'을 해방의 주체로 등장시킨다. 3부 '반월시화'는 반월공단 시절 고정희의 일상적 경험을 담은 '반월시화' 연작을 비롯하여 두 편의 행사시가 수록되어 있다. 먼저 2장에서는 1980년대 한국여성신학이 제기한 '어머니 하느님'에 관한 논의와 이에 대한 고정희의 수용 양상을 논의하고, 3장에서는 광주항쟁에 대한 '다시 쓰기'가 지닌 의미를 분석하면서 규범성을 벗어나 새로운 여성 주체로서 등장한 '미친년'에 대한 시적 형상도 살피기로 한다. 4장에서는 고통과 죽음의 장소에서 생명의 부활을 구현하는 '어머니 하느님'에 대해 논의함으로써 '어머니 하느님'이 구현하는 '해방된 모성'의 의미를 탐색하고자 한다.

2. 1980년대 한국여성신학과 '어머니 하느님'

고정희는 1969년 말부터 1970년 초 광주에서 『새전남』, 『주간전남』 기자를 지내면서 YWCA 간사 일을 맡고 있었다. 1922년 창립된 조선여자기독교청년회의 정신을 이어받은 한국 YWCA는 봉건사회의 관습이라는 이중 억압으로부터 여성해방을 도모하며 설립된 단체이다.[11] 고정희는 1975년 한국신학대학에 입학하면서 광주를 떠났다가 1978년 광주로 돌아온 후에 다시 YWCA 광주지역 간사로 활동했다. 첫 시집 『누가 홀로

---

11) 1922년 조선여자기독교청년회로 창립된 한국 YWCA는 조선여자기독교청년회 발기문을 이어 받아 젊은 여성들이 하나님을 창조와 역사의 주로 믿으며 인류는 하나님 안에서 한 형제자매임을 인정하고 예수 그리스도의 가르치심을 자기 삶에 실천함으로써 정의·평화·창조질서의 보전이 이루어지는 세상을 건설함을 목적으로 한 단체이다. '한국YWCA연합회'(https://ywca.or.kr/about/koreaywca/)

술틀을 밟고 있는가』의 1985년 재간행판 머리말에서는 광주 YWCA와의 깊은 인연을 드러내며 "나의 친정 광주Y"[12]라는 표현을 쓰기도 했다. 고정희의 여성주의적 인식이 뚜렷해진 계기가 1984년 여성주의 대안문화 동인 '또 하나의 문화'에 합류한 것이라면[13] 그보다 앞선 광주 YWCA에서의 경험은 여성주의적 인식을 지니게 된 경험적 토대라 할 수 있다.

한편 고정희는 한국신학대학에서 수학했던 수유리 시절 안병무의 민중신학에 영향을 받으며 민중에 대한 인식을 구체화한 것으로 알려져 있다. 안병무는 동학혁명, 3.1운동, 4.19를 일으킨 주체가 민중이었음을 언급하면서 예수가 민중의 편에서 민중을 위해 쓰러졌음을 강조했던 민중 신학자이다. 안병무에 따르면, 성서에는 민중을 표시하는 두 가지 다른 개념의 용어가 있는데 하나는 '라오스(λαος)', 다른 하나는 '오클로스(ὄχλος)'이다. '라오스'는 체제 안에서 보호받을 권리를 가진 민중을 일컫는 칭호인데 반해 '오클로스'는 권외적(圈外的)인 대중으로, 체제 안에 있지만 권리를 향유할 수 없는 무리를 일컫는다. '오클로스'는 "동네 큰 거리와 골목에서 배회하는 〈가난한 사람들〉〈불구자들〉〈맹인들〉〈절뚝발이〉며 해가 져도 일자리 없어 거리를 헤매는 실업자들이며 눌린 자, 포로된 자들이며 배고프며 헐벗었으며 슬퍼 통곡하며 박해를 받은 자들"로서 사회계층적으로는 제4계급이라 할 만큼 낮은 계층에 속한 자들이다. 예수는 '수고하고 무거운 짐진 자들'인 '오클로스'를 감싸며 그들에게 희망을 걸었다는 점을 근거로 안병무는 교회가 예수의 정신을 따라 '오클로스'의 소리에 귀 기울여야 한다고 주장했다.[14] 또한 안병무는 예수 시대에 멸시받던 '암하레츠(am haaretz)'가 가난하고 힘없는 계층을 의미한다고 언급하면서 예수 이후 마가 시대에는 멸시의 대상을 지칭하는 사회계층적 개념으로 사용되었으며 '오클로스'와 가까운 개념이라고 언급했다.[15]

---

12) 『고정희 전집1』, 97쪽.
13) 조연정, 「'여성해방문학'으로서 고정희 시의 전략」, 앞의 책, 484쪽.
14) 안병무, 「민족, 민중, 교회」, 『기독교사상』203, 대한기독교서회, 1975. 4, 82쪽.

안병무의 민중 개념을 받아들인 고정희는 "땅에 발을 딛고 사는/ '사람의 아들'이라는 한계 안에/ 버려진 존재들"[16]인 민중을 '암하레츠'라고 호명했다. '암하레츠'로서 민중은 사회계층적으로 가장 낮은 곳에 있는 이들이었고 억압과 착취의 대상이었는데, 고정희가 그러한 민중의 구체적 실체로서 주목한 이들은 여성이었다. 고정희의 민중은 1970, 80년대 진보적 민족문학론이 담론화한 변혁의 주체, 투쟁하는 주체로서 남성화된 민중[17]과 차별화되는 개념이었다. 1980년대 민중·민족운동의 차원에서 호명된 변혁과 투쟁의 주체인 민중이 남성적 기표였다면 고정희가 주목한 민중은 계급적 억압과 젠더적 억압이 교차하는 지점에서 이중의 억압에 처한 '여성 민중'이기 때문이다. 고정희는 오랜 가부장적 질서와 문화 속에서 억압과 차별의 대상이었던 여성들을 역사의 수난자이자 역사의 주체인 '어머니'로 형상화함으로써 여성 민중이라는 복수적 집합 주체를 환기한 것이다. '오클로스'로서 민중이 억압에 대해 분노하며 마침내 봉기를 일으키는 주체이듯이 고정희에게 '여성 민중'인 '어머니'도 억압과 착취에 맞서는 혁명과 해방의 주체였다. 그런데 '어머니'와 동시에 등장하는 '어머니 하느님'의 경우, '어머니'와 동일한 맥락에서 호명되기도 하지만 실체로서의 민중으로 환원되기 어려울 뿐만 아니라 기독교적 맥락을 함축한 초월적 존재라는 점에서 좀 더 섬세한 접근이 필요해 보인다.

고정희의 YWCA 활동이나 민중 신학의 수용을 고려할 때, 시에 등장하는 '어머니 하느님'은 기독교적 담론을 수용한 표현으로 보인다. 실제 서구 여성신학에서 담론화했던 '어머니 하느님'은 페미니즘적 성서해석에서 발견된 개념이다. 12-15세기 기록에서 여성에 대한 긍정적 이미지와 은유를

---

15) 안병무, 「예수와 민중」, 『현존』106, 현존사, 1979. 11, 17쪽.
16) 고정희, 「편지글을 통해 본 고정희의 삶과 문학 -편지4」, 조형 외, 『너의 침묵에 메마른 나의 입술』, 또하나의문화, 1993, 46쪽.
17) 김양선, 「동일성과 차이의 젠더 정치학 -1970·80년대 진보적 민족문학론과 여성해방 문학론을 중심으로」, 『한국근대문학연구』6, 한국근대문학회, 2005, 165쪽.

조선여자기독교청년회 창립발기대회(1922. 6.) (출처: 한국YWCA연합회 홈페이지, https://ywca.or.kr/about/history_more/)

발견한 신학자들은 하나님이나 예수를 어머니로서, 혹은 남성과 여성을 지닌 양성적 인간으로 표현하고 있다는 점에 근거하여 신은 아버지이자 어머니라고 주장하기 시작했다.[18] 서구의 페미니즘적 성서해석이 한국에 유입되기 시작한 것은 1975년 이후이다.[19] 1979년 개최된 한국여신학자협의회에서 여성신학적 성서해석이 소개되자 여성 신학자들은 성서해석

---

18) 서구의 여성신학을 소개한 강남순은 여성주의적 관점에서 가부장제에 대한 예수의 비판적 태도를 분석한 페오렌자를 비롯하여 레오너드 스위들러, 로즈마리 류터, 매리 버키, 다이아나 테니스 등의 신학자들의 논의를 소개하면서, 이들의 비판은 종교적 언어의 상징성 측면에서 출발한다고 지적했다. 즉 '하나님 아버지'라는 상징과 '하나님은 아버지이다'라는 사실의 표현을 동일한 것으로 생각하게 되면 유한한 언어로 무한한 것을 제한하는 결과를 낳는다는 것이다. 강남순에 따르면 여성신학자들의 종교적 상징에 대한 비판적 작업은 가부장주의의 '상징적 감옥들'을 상대화하는 작업으로 이해되어야 할 것이다. 강남순, 『현대여성신학』, 대한기독교서회, 1994, 140-152쪽.

19) 제3세계 여성신학이면서도 한국여성신학의 성서해석은 '민족', '계급', '성'이라는 특징을 통해서 서구백인여성신학의 한계와 포스트모더니즘적 여성신학의 경계를 넘는 성서해석을 창출했다고 평가된다. 정현진, 「E.S.피오렌자, M.W.두베, 한국여성신학의 성서해석, 프락시스, 대안적 공동체 비교 연구」, 성공회대학교 신학대학원 박사학위논문, 2021, 4쪽.

방법론에 관심을 드러내며 교회 내의 성차별만이 아니라 한국 사회의 사회적, 역사적 특수성 속에서 남성중심적 질서에서 억압받는 한국 여성의 경험에 관심을 기울이기 시작했다.[20] 최만자에 따르면 당시 사회의 변동과 상황인식을 토대로 페미니즘적 문제의식을 수용한 한국여성신학은 자신의 정체성을 '한국 민중여성신학'으로 정의하고 서구 여성신학과 차별되는 성, 민족, 계급 모순이 중층적으로 경험되는 한국 여성의 경험적 특수성에 주목하고자 했다. 1970년대 후반 급속한 경제개발 정책하에서 야기된 도시 빈민화와 민중들의 처절한 생존권 요구를 경험하며 사회의 구조적 문제에 눈을 뜬 기독교 여성운동이 "한국의 사회운동이 변혁 운동의 관점에서 그 변혁의 주체로 '민중'을 설정한" 1980년대에 와서 민중여성에 대한 관심을 갖게 된 것은 자연스러운 과정이었다.[21]

한국 여성이 처한 억압을 분석하며 분단 모순과 군사독재 정권하에서 식민지 신학을 극복하고 여성해방을 도모하고자 했던 한국여성신학은 분단 체제에서 가장 고통받는 이들이 가난한 민중 여성이란 점을 지적했다. 그리고 한국여성신학의 과제로 민족통일과 분단극복을 제시함으로써[22] '어머니 하느님'을 한국의 사회현실에 호응하는 '민족·민중의 어머니'라는 차원으로 구체화해나갔다. 1980년대 말에는 여성이 처한 현실을 '죽임의 현실'로 규정하고 생명에로의 대전환을 주장하며 통일을 여성신학의 방향으로 제시했다.[23] 생명에로의 전환은 군국주의, 제국주의, 신식민주

---

20) 비판신학으로서의 한국여성신학은 1980년 한국여신학자협의회가 창립되면서 공식적으로 전개되기 시작했고, 1984년에는 여성신학회가 창립, 1986년에는 한국기독교공동학회에 가입하여 한국 신학 활동 전체 조직과 관계를 맺고 활동하였다. 한국여성신학이 제기한 내용은 ① 남성중심적이며 여성억압적인 한국 교회 제도와 신학 비판 ② 남성중심적 성서해석 비판과 성서 새로 읽기 ③ 한국 전통문화 비판과 재건의 신학하기 등으로 요약된다. 최만자, 「한국여성신학 -그 신학 새로 하기의 어제와 내일」, 『여성의 삶, 그리고 신학 -1980-1990년대 한국여성신학의 주제들』, 대한기독교서회, 2005, 126-151쪽 참조.
21) 위의 책, 139쪽.
22) 정현진, 122쪽.

의를 초래한 '남성원리'에 입각한 근대적 가치관을 지양하고 '여성원리'에 입각하여 하나님이 창조한 생명을 보존하는 길로 나아가기 위한 대안적 가치였다. 여성신학은 자유롭고 통일적이면서 창조적인 생명활동을 제한하는 일체의 행위를 여성을 죽이는 것으로 규정하고, 그 원인은 여성에 대한 남성의 지배라는 토대를 유지해온 성별분업 이데올로기인 가부장제도, 여성의 재생산노동을 기술에서 배제시키는 뉴 테크놀로지, 제3세계를 대상으로 한 북반구의 선진국의 경제적 수탈로 인한 여성의 빈곤화 문제라고 지적했다. 현실 사회적 문화개념으로서 '여성원리'를 가치관으로 하는 공동체는 궁극적으로 "생명의 공동체"가 될 수 있다고 주장하면서 '생명에로의 대전환'은 '남성원리'를 우위로 삼은 근대적 문화가 타자화한 '여성원리'의 재평가와 복권에 의해서 가능하다고 보았다.[24]

한국여성신학이 한반도 통일의 주체로 여성을 내세운 것은 생명으로의 전환, 살림의 문화 건설이라는 맥락에 있다. 1989년 '제6차 여성신학정립협의회'에서는 가부장적 사회전통이 분단시대의 경제, 사회 정책 등 산업사회의 기반이 되었음을 지적하면서 여성문제가 여권신장이나 여성해방의 문제로만 접근할 것이 아니라 우리 사회의 자주화와 통일의 문제로 나아가야 함을 제기하는 글이 발표되었다. 누가 통일의 주체가 되어야 하는가에 대해 역사적으로 여성의 생리적, 역사적 삶의 조건 자체가 평화적이고 생명 지향적이었으며 여성들이 공동체적으로 더불어 사는 삶을 살아왔다고 주장했다. 이에 대한 근거로 제시된 것은 아이를 잉태하고 길러내는 여성의 경험인데, 살과 피를 나누어주며 아이를 살리고 길러내는 경험 속에서 여성은 더불어 사는 삶의 조건을 생리적으로 형성하게

---

23) 한국여성신학 정립협의회는 4차 회의에서 '통일과 여성신학의 과제', 5차에서 '평화·민족통일·여성', 6차에서 '죽임에서 살림에로'를 주제로 강연과 발제, 토론 등을 진행하였다. 한국여신학자협의회, 『한국여성신학과 민족통일』, 한국여신학자협외희, 1989 부록 참조.
24) 김윤옥, 「죽임에서 살림에로!」, 한국여신학자협의회, 『한국여성신학과 민족통일』, 한국여신학자협외희, 1989, 287-295쪽.

된다는 것이다. 여성신학은 기독교 여성들이 통일이라는 새로운 생명을 잉태한 어머니가 되어 분단현실을 극복하고 통일한국을 위한 '화해자'로서, 죽임에서 생명에로 이르게 하는 역할을 담당하리라는 전망을 제시했다.[25]

이처럼 서구의 여성신학을 민족 현실에 맞게 전유한 한국여성신학은 이 땅의 여성들이 가부장적 질서와 분단 모순 아래 억압받는 수난자인 여성에서 생명을 살리는 여성으로 거듭나기를 촉구했다. 이러한 여성신학의 입장을 함축한 것이 바로 '어머니 하느님'이다.

> 야웨 하나님에 대한 남성적 표상이 여성적 원리를 배제하지 않았으며, 이것은 그의 남성적 표상이 가부장적 남성 지배권의 상이 아니라는 것을 암시해 준다. 예컨대 그의 영을 표식하는 여성명사 רוּחַ -rūah는 바람, 공기, 생명의 호흡, 즉 자연원리를 내포하고 있다. 바람, 공기, 호흡 자체는 자연의 일부분을 지칭하지만 하나님의 רוּחַ는 피조물 전체에 대한 창조자·구원자의 자유한 주재권을 나타내며, 따라서 하늘과 땅, 생명, 즉 자연 자체의 근원으로서 해석되어야 한다. 그러나 רוּחַ는 자연의 신격화가 아니다. רוּחַ는 야웨 하나님의 어머니 되심 혹은 여성적 원리를 내포하는 영 개념으로서 해석될 수 있다. (…중략…) 다시 말하자면 Magna mater는 피조물의 영성적 근원을 의미하는 것으로 해석될 수 있다. 그리고 피조물의 여성적 근원으로서의 영성은 창조자·구원자 하나님의 영에 의해서만 존립한다. 하나님은 모든 피조물의 근원자요 구원자로서 아버지라고 동시에 어머니라고 호칭될 수 있다.[26]

---

25) 박경미, 「민족통일과 여성」, 한국여신학자협의회, 『한국여성신학과 민족통일』, 한국여신학자협의회, 1989, 341-344.
26) 박순경, 「한국 여성신학의 영성」, 『한국기독교신학논총』4집, 한국기독교학회, 1988, 197-199쪽.

1988년 이화여자대학교 정년퇴임기념강연을 하는 박순경 선생(출처: :『여성신문』,
https://n.news.naver.com/mnews/article/310/0000081571)

'하나님의 어머니 되심'에 관한 논의는 교회에 뿌리내린 남성지배 이데올로기를 근원적으로 타파하기 위한 근거일 뿐만 아니라 여성이 주체가 되어 한민족의 새 역사 창출을 위한 '민족, 민중의 어머니 됨'으로 나아가기 위한 토대를 마련하는 논의이다. 박순경은 하나님의 영을 표시하는 여성명사 "רוח"가 만물의 근원임을 강조하면서, "רוח"가 자연을 신격화하는 차원이나 원시 여신들에서 보충되는 차원과 달리 생명과 자연 일반에 대한 인간의 오랜 경외심을 여성적 근원으로서의 영성으로 포함시키며 이 또한 하나님의 영을 기초로 한다고 본다.

또한 박순경은 신적 여성 원리로서의 새 인간성은 피조물로 환원될 수 없는 하나님의 영이며, 마리아는 새 인간성의 약속 아래 있는 표징이라고 본다. 즉 "교회의 어머니로서 마리아는 새 인간성, 새 피조물의 탄생의 표징이며, 이러한 의미에서 교회의 영성을 대표한다"[27]는 것이다. 박순경은 "새 하늘·새 땅·새 인간성의 탄생의 어머니로서의 영성은 세계로 하여금 세계의 남성적 지배구조 뿐만 아니라 불의한 사회·경제구조를 변혁하고 종말적 구원에로 행진하도록 하는 역사의 영성"[28])을 강조한다. 서구의 여성신학을 비판적으로 수용하면서 한국의 민족적 역사의식과 사회적 상황을 고려한 여성신학의 방향을 제시한 박순경은 여성이 주체가 되어 '새 세상'을 여는 통일을 향해 나아가야 한다는 결론에 이른다.

> 통일은 한민족의 동질성 회복과 더불어 평등한 사회, 경제적 질서창출, 즉 역사변혁의 이중적 과제를 가진다. 마르크스주의 역사물질론은 이 변혁을 위한 도구로서 원용된다.
> 한국 여성신학이 제기하는 여성의 자유와 권리는 여성만을 위한 것이 아니라, 어머니 한민족의 명맥과 운명을 짊어지고 세계에서의 민족의 자유와 권리, 그리고 민중의 자유와 권리를 대변해야 하며, 그러므로써 민족, 민중의 어머니 됨의 의미를 획득하고 한민족의 역사적 영성의 의미를 성취하게 되리라. (…중략…) 여성신학의 영성에 대한 고려 없이는 한국신학의 영성은 남성의 지배의식, 교회와 민족의 남성지배구조를 극복할 수 없을 것이며, 그것은 하나님의 영, 부활의 영을 거역하는 왜곡된 영성이다. 이러한 영성은 종말적 구원을 증언할 수 없다. 종말적 구원의 영, 하나님-예수 그리스도의 영은 여성신학에 의해서 대변된다.[29])

박순경은 분단 모순과 독재정권 아래 있는 사회현실에 관심을 기울이며 "하나님 어머님"의 영성을 "어머니 한민족", "민족·민중의 어머니"라고 호명함으로써 사회적 현실을 종교적 책임으로 받아들였다. 여신학자

---

27) 위의 글, 207쪽.
28) 위의 글, 208쪽.
29) 위의 글, 219쪽.

협의회 4, 5, 6차 정립협의회에서도 통일을 대주제로 삼았듯이 1980년대 여성신학자들에게 분단 현실은 한국 사회의 구조적 조건으로써 여성이 처한 이중적 억압과 차별의 원인이었기 때문에 통일은 이를 극복하기 위한 종교적 사명으로 채택될 수 있었다.

1980년대 한국여성신학은 한국의 역사적 특수성 안에서 여성의 경험에 주목하면서 '어머니 하느님'이라는 화두를 한민족의 역사적 주체인 '민족·민중의 어머니'로 전환시켜나갔다. YWCA에서 활동한 경험을 토대로 민중신학을 받아들였던 고정희는 여성신학과 민중신학의 문제의식을 수용했으며 자신의 문학적 관점으로 삼았다. 1983년 발표한 「인간회복과 민중시의 전개 -조태일, 강은교, 김정환 론」[30]에서는 "민중시의 개성을 형상화시킨 시편들을 음미해 봄으로써 진정한 의미에서의 인간성 회복의 문제와 민중문학의 함수관계를 조심히 접근해 가 보자는 소견"을 피력하며 강은교의 시 「소리2 (柳花)」를 분석한 바 있다. 고정희는 이 시에서 호명되는 설화 속 여성 인물 '유화'를 "강자의 억압속에 끼인 약소민족의 수난의 역사"로 해석하고 "자유의지의 구현에서 오는 제도적 구속에도 불구하고 드디어 큰 나라를 일으켜 세우는 모성의 승리"[31]라고 평했다. "사람다움의 본래 모습을 되찾는 세계, 그것은 자유·평등을 누리는 세계이며 민중이 주체가 되는 세계"라고 언급하면서 그러한 지점에 도달하기 위해서는 "인간성 회복과 민중의식은 불가분의 관계"에 있음을 자각하고 "민중문학 또한 사람다움을 되찾는 지평에" 서야 한다는[32] 결론을 내린다.

고정희의 글은 역사적 주체로서의 여성을 발견하는 한편 제도적 모성[33]

---

30) 고정희, 「인간회복과 민중시의 전개 -조태일, 강은교, 김정환 론」, 『기독교사상』 27(8), 대한기독교서회, 1983. 146-160쪽.
31) 위의 글, 155쪽.
32) 위의 글, 160쪽.
33) 에이드리언 리치는 모성의 재생산 능력과 아이들에 대한 잠재적 관계로서의 모성과 이를 남성의 통제 아래 두려는 제도로서의 모성을 구분한 바 있다. "제도로서의 모성은 인류의 반 이상이 자신의 삶에 영향을 미치는 결정을 스스로 내릴 수 없게 했고,

과 다른 모성의 또 다른 가능성을 제기했다는 점에서도 의미가 적지 않다. 고정희에게 모성이란 제도적인 억압과 수난을 극복하고 새로운 공동체를 만들어내는 창조적 주체의 역량으로 귀결되는 힘이다. 1980년대에 점화된 페미니즘 논쟁의 한가운데 놓여 있던 것은 '여성'이었지 '어머니'는 아니었다는 점34)을 고려할 때 고정희가 일찍이 새로운 모성에 주목하며 모성을 주체적 역량으로 지목할 수 있었던 데에는 당시 여성신학의 영향이 있었을 짐작할 수 있다. 여성신학적 관점에서 모성은 창조적 관계이며 창조질서를 보전하려는 본능으로 정의되며, 하느님과 그리스도의 성령에 비유된다.35) 실제로 1985년 기독교 여성들은 '여성 선언문'을 채택하면서 '교회 여성은 민족의 어머니가 되어야 한다'고 천명했고, 모성애를 민족, 나아가 인류의 모성애로 확대하여 민족분단과 핵전쟁의 위기에 처한 민족의 내일을 위하여 '민족의 어머니 운동'을 해야 한다고 주장한 바 있다.36)

1986년 발표한 「한국 여성문학의 흐름」의 서두에서 고정희는 "'여성문학'이란 넓게는 한국문학사에 등장하는 여성작가군을 지칭하는 말이며 좁게는 그 문학이 궁극적으로 도달해야 될 문화양식의 얼개를 상징하는 말로 한정짓고자 한다."고 밝혔으나 말미에서는 "여성주의 문학은 '여성들이 하는 문학이다'는 성별분업에 있는 것이 아니라 지배문화를 극복하고

남자들을 진정한 의미의 아버지 됨으로부터 면제해주었"으며, "'사적인' 삶과 '공적인' 삶을 분리하는 위험한 짓도 저질"러 "인간의 선택과 잠재력을 화석화했"고 "우리 여성들을 우리 몸 안에 가둠으로써 오히려 우리를 우리 몸으로부터 소외시"키게 만들었다고 비판했다. 에이드리언 리치, 이주혜 옮김, 『우리 죽은 자들이 깨어날 때』, 바다출판사, 2020, 130쪽.
34) 서강여성문학연구회, 『한국문학과 모성성』, 태학사, 1998, 5쪽.
35) 자녀를 낳고 양육하는 생물학적인 모성(biological motherhood)이나 자녀를 돌보고 키우는 육체적인 모성(physical motherhood)과 달리 영적 모성(spiritual motherhood)은 '그리스도 안에서 모든 사람은 하나님의 자녀'라는 관점으로 목자와 교인들의 관계도 모성적 관계로 본다. 또한 각 모성은 하나님, 그리스도 성령으로 비교되며 어머니, 애인, 친구로서의 이미지를 갖는다. 김영, 「여성민중목회와 모성보호」, 『한국여성신학』2, 한국여신학자협의회, 1990, 15쪽.
36) 안지영, 앞의 글, 231-232쪽.

참된 인간해방 공동체를 추구하는 대안문화로서 '모성문학' 혹은 '양성문화'의 세계관을 보여주는 문학이어야 한다. 따라서 이때의 여성문학은 굳이 여성만이어야 할 필요는 없지만 이 문제를 자기 경험 속에서 아프고 혹독하게 인식하는 사람들에 의해서 형성될 것은 자명한 사실이다."37)라고 언급했다. 고정희가 말하는 여성문학은 여성에 의한 글쓰기로 제한되지 않지만 여성의 경험을 직접 발화해야 한다는 딜레마를 안고 있다. "성적 차이를 본질화하지 않으면서 성적 차이를 재현해야 하는 것은 여성문학이 안고 있는 아포리아"38)임을 생각할 때 고정희 역시 여성문학의 아포리아를 고민할 수밖에 없었던 것이다. 그러나 이 아포리아를 넘어서서 계급적, 젠더적 지배문화를 극복하고 인간해방 공동체를 추구하는 문학을 구체화할 수 있는 가치가 바로 모성이라고 보았다. 이때 모성은 생물학적 차원이 아닌 역량일 수밖에 없다. 미래에 걸맞는 문학 윤리는 "고난의 역사 속에 보편화된 모성으로 동참하는 고향의 등불 같은 영가"39)라고 말하며 인간성 회복을 위한 대안적 문화로서의 '모성문학'을 제기한 고정희는 새로운 인간성이 출현 가능한 민족공동체를 회복을 주장하면서 새 인간성의 모델을 수난자 '어머니'에게서 찾고자 했다.

> 민족공동체의 회복은 '새로운 인간성의 출현과 체험'의 회복을 전제로 한다. 그 새로운 인간성의 모델을 우리는 어디서 찾을까? 나는 그것이 수난자 '어머니'의 본질에 있다고 믿는다.
> 잘못된 역사의 회개와 치유와 화해에 이르는 큰 씻김굿이 이 시집의 주제이며 그 인간성의 주체에 어머니의 힘이 놓여 있다.40)

---

37) 고정희, 「한국 여성문학의 흐름」, 또하나의문화 편집부 편, 『열린 사회 자율적 여성』, 또하나의문화, 123쪽.
38) 안지영, 「'여성적 글쓰기'와 재현의 문제」, 『한국현대문학연구』54, 한국현대문학회, 2018, 97쪽.
39) 고정희, 「내 삶의 기지로서의 문학」, 이성복 외, 『우리가 있어야 할 자리를 찾아』, 문학과지성사, 1983, 68쪽.

1989년 출간된 장시집 『저 무덤 위에 푸른 잔디』에서 고정희는 민족공동체의 회복을 가능하게 하는 새로운 인간성 모델을 '어머니'라는 존재로 형상화한다. 이 시집에서 '어머니'는 가부장의 역사, 분단과 독재의 사회 현실 속에서 이중적 희생을 치러야 했던 역사의 수난자로 그려진다. '씻김굿'의 형식을 차용한 것은 역사의 수난자인 어머니의 넋을 위로하기 위한 것인데, 여기서 고정희는 '어머니'를 가장 낮은 곳에서 고통받는 민중이지만 생명을 탄생시키고 길러내는 창조적 역량을 지닌 해방의 주체로 등장시킨다. 장시의 '일곱째거리-통일마당'에 이르면 역사의 수난자에서 해방의 주체, 통일의 주체로 선 '어머니'가 형상화되고, "집안살림/ 동네살림/ 나라살림 멋들어지게 꾸려내자는/ 한마음"을 가진 "통일 어머니"가 호명된다. 분단과 전쟁이라는 역사적 수난을 겪은 '어머니'는 "한반도 해방"을 통해 "통일 어머니"에서 "인류 생명 어머니"로 확장된다.(「분단동이 눈물은 세계 인민의 눈물이라」, 『저 무덤 위에 푸른 잔디』) "통일 어머니"는 '죽임'의 역사를 '살림'의 역사로 견인하는 주체라는 점에서 이 시집은 '어머니'에 대한 씻김굿을 매개로 새로운 '어머니', 즉 새로운 모성의 출현을 예고한 작품이다. 이 시집에서 확인할 수 있는 새로운 모성이란 분단된 한반도에서 대립과 지배를 유지하는 억압에 저항하며 해방적이고 창조적인 인간성을 회복시키는 모성의 창조적 역량을 일컫

7시집 『저 무덤 위에 푸른 잔디』(출처: YES24)

---

40) '후기', 『저 무덤 위에 푸른 잔디』, 『고정희 시전집2』, 121쪽.

는다.

'통일 어머니'를 통해 민족공동체의 통일이라는 새로운 세계에 도달해야 한다는 고정희의 시적 전망은 당시 여성신학의 입장이나 전망과 겹쳐진다. 아울러 '어머니'에 대한 시적 형상은 실체로서의 민중에만 국한되지 않고 삶과 죽음을 넘어서는 신적 존재를 환기한다는 점도 여성신학의 영향을 짐작케 한다. 이 시집의 첫 시 「여자 해방 염원 반만년」 앞부분에 그려진 '어머니'는 피조물의 근원으로 그려지고 있다. "어머니여/ 마음이 어질기가 황하 같고/ 그 마음 넓기가 우주천체 같고/ 그 기품 높기가 천상천하 같은/ 어머니여/ 사람의 본이 어디인고 하니/ 인간세계 본은 어머니의 자궁이요/ 살고 죽는 뜻은/ 팔만사천 사바세계/ 어머니 품어주신 사랑을 나눔이라"라는 구절에서 나타나듯이 '어머니'는 "사람의 본", "인간세계 본"이라는 만물의 창조자이다. 이 시의 '어머니' 역시 앞서 박순경이 설명한 "רוח", 즉 피조물 전체에 대한 창조자, 하늘과 땅, 생명 등 자연 자체의 근원이며 하나님의 영을 표식하는 "רוח"와 같은 위상을 지닌다.

이처럼 고정희의 시에서 호명된 '어머니'는 역사적 맥락에 존재하는 실체로서의 여성 민중이기도 하지만 동시에 역사적 맥락을 초월하는 생명의 근원자이자 창조자라는 두 차원으로 구분되는데, 후자가 바로 '어머니 하느님'으로 호명되는 신적 차원의 '어머니'이다. 1980년대 여성신학의 맥락에서 대두된 '어머니 하나님'론을 수용한 고정희는 6시집 『지리산의 봄』에서부터 '어머니'와 함께 '어머니 하느님'을 호명하기 시작했다. 이는 역사적 수난자인 여성 민중으로서의 '어머니'의 주체성을 확장하기 위한 전략으로 보인다. 고정희가 통일운동과 사회변혁운동을 이끌어가던 민중·민족운동 진영의 인식론적 한계를 자각하고 새로운 주체의 필요성을 절감하고 있었기 때문이다. 가부장적 이데올로기야말로 여성에 대한 남성의 지배를 합리화해온 억압과 차별의 심급이었고 근대 체제의 군사주의와 전쟁을 정당화하는 죽임의 문화였다. 이에 대항하는 새로운 인간성을 실현하기 위해서는 사회현실을 지배하는 질서를 해체하고 새로운 인간성을 탄생시키는 창조적 주체가 필요했다. 고정희는 '어머니'에게 생명의 창조자인 '어머니 하느님'의 영을 투영함으로써 '해방된 모성'의 실현 가능성을 찾고자 했다. 기독교 잡지에 발표한 글을 통해서 고정희는 사회적 민주화와 통일 그리고 민중해방을 주장하는 우리 시대 민중주의가 남성중심적이며 가부장적 이데올로기로부터 벗어나지 못하고 있음을 강도 높게 비판하며 이것은 '어머니 하느님'의 세계가 아님을 지적하는 한편 '해방된 모성'의 실현 가능성을 시사했다.

> 우리는 민중 민중 하면서도 그 실체인 여성민중은 사실상 괄호 안에 가두고 있다. 그래야 객관적이고 편파적이 아니라고 보는 것은 바로 남성중심적 세계관이 만들어낸 지배논리가 아닌가? 그러므로 '어머니 하느님'이 우리와 함께 살아 계시는 세계는 언어만 바꿔침으로써 가능한 것이 아니다. 생각의 혁명, 사상의 혁명, 관습의 혁명을 통해서만 가능하다.(**남성으로 상징되는 지배문화, 죽임의 문화가 사랑의 문화, 살림의 문화로 변화될 때만 가능하다.**)
> **살림의 세계, 사랑의 세계의 실체를 우리는 어디서 찾을까? 나는 억압된 모성이 아닌 해방된 모성에서 그 살림의 비전을 믿고 확신하고 있다.** 따라서 한반도의 민중신학은 우리 역사 속에 오천년 동안 지속되고 있는 남성에 의한 여성의 억압과 수난에 그 초점을 맞춰야 할 것이며 민중문학 또한 여성억압에서 도저히 자유스러울 수 없다.41)

고정희는 "살림의 세계, 사랑의 세계"를 "해방된 모성"에서 찾을 수 있다고 주장한다. 여성에 대한 억압이 단지 성별 억압에만 국한되는 것이

---

41) 고정희, 「김지하의 시는 남성중심적인가」, 『살림』11호, 한국신학연구소, 1989, 10, 84-85쪽. 강조는 인용자.

아니라 약자를 억압하고 죽음으로 몰아넣는 지배문화의 한 형태이며 그것이 가부장제의 본질이라는 인식은 가부장제를 지배문화의 핵심으로 보는 베티 리어든의 견해와 일치한다. 베티 리어든은 가부장제가 "공사에 걸쳐 사실상 모든 인간의 기획을 결정하는 개념적 구조 가운데 가장 중요한 핵심"이자 제도의 지지를 받고 폭력적 위협으로 뒷받침되는 신념 및 가치의 집합으로서 성차별주의를 자연스럽고 정상적인 것으로 문화화했다고 비판한 바 있다. 또한 여기서 비롯된 "성차별주의는 성별이 재생산 기능뿐 아니라 개인의 인생, 사회에서 담당하는 역할, 국가 및 공적 기구와 맺는 관계, 그리고 사회적 관계 전반을 결정하는 것이 정당하다고 주장"하며 착취와 억압을 만들어내는 모든 행동, 모든 제도에 스며있는 신념 체계이자 벗어날 수 없는 강력한 이데올로기라고 말했다.[42] 고정희가 보다 근본적인 혁명이 필요하다고 주장한 까닭 역시 이러한 맥락에서이다. 민중이란 말속에도 이미 지배 이데올로기를 구성하는 남성중심주의가 내재해 있기에 1980년대 민중·민족운동은 계급적 차원의 해방만이 아니라 보다 근본적인 인간성의 혁명으로 나아가야만 했고, 그 출발점은 지배구조의 근간인 가부장적 질서를 해체시키는 여성해방이며 해방의 주체는 여성민중이라고 생각한 것이다.

고정희가 말하는 '해방된 모성'은 지배와 피지배 관계를 해체할 때 출현 가능한 관계적 모성으로서, 가부장적 지배질서 속에서 죽음으로 내몰린 벌거벗은 생명 '암하레츠'를 보살피고 되살리는 역량으로서의 여성성이다. 고정희는 역사적 경험을 되돌아보며 생명을 창조하고 살림을 실천하는 여성성으로서 '해방된 모성'의 가능성을 발견하고자 했다. 해방자 예수가 고난을 짊어진 존재의 모습으로 나타난 메시아였듯이 '어머니' 역시 역사적 경험 속에서 수난을 겪지만 생명을 살리는 구원자이자 해방자인 '어머

---

42) 베티 리어든, 황미요조 옮김, 『성차별주의는 전쟁을 불러온다』, 나무연필, 2020, 49-51쪽.

니 하느님'의 영을 실현하는 주체라는 점을 증명하고자 했다. 역사의 주체이자 해방의 주체인 '어머니'와 생명의 근원인 '어머니 하느님'의 형상을 발견하기 위해 고정희는 자신의 삶에서 가장 참혹한 기억인 1980년 5월 광주를 환기하며 광주항쟁에 대한 '다시 쓰기'를 시도한다. 광주항쟁에 대한 '다시 쓰기'의 결과물이라 할 수 있는 「광주민중항쟁과 여성의 역할: 광주여성들, 이렇게 싸웠다」(『월간중앙』, 1988. 5.)와 8시집 『광주의 눈물비』는 조력자나 피해자로 기억된 광주 여성들을 항쟁의 주체로 다시 세우고, 그들의 실천에서 살림의 세계를 만드는 '해방된 모성'을 발견하기 위한 시도였다.

3. '광주항쟁'의 재구성과 새로운 주체의 출현

고정희는 여성문학이 여성 개개인의 문제를 폭로하는 데서 나아가 여성의 입장에서 역사와 사회를 총체적으로 재해석하기 위해서는 역사적 맥락 안에서 여성 문제를 보아야 한다고 주장했다. "여성해방문학에서 여성을 포착할 때 그것은 한 여성의 고통이면서 모든 여성의 고통의 상징이 될 수 있는데, 그것은 역사 속에서 빚어진 사건이라는 인식에 기반"해야 하므로 당연시해 온 것에 대한 재해석이 시작되어야 한다는 것이다.[43] 고정희는 「광주민중항쟁과 여성의 역할: 광주여성들, 이렇게 싸웠다」에서 "광주민주여성운동 세력은 5월항쟁 이전까지 남성운동권과 따로 분리되어 있지 않았"음을 전제로 항쟁 지도부 내의 여성 활동만이 아니라 여성단체의 조직적 활동과 비조직적 활동을 모두 기록하고자 했다. 가두방송을 했던 전옥주의 활약만이 아니라 여성들이 주먹밥과 음식을 만들어 시위대에게

---

43) 조형이 사회를 보고 고정희, 박완서, 조혜정 등이 참여한 이 좌담은 1987년 2월 27일에 열렸다. 고정희, 좌담 「페미니즘 문학과 여성운동」, 『여성 해방의 문학』, 1995, 또하나의문화, 24쪽.

가두방송을 하는 전옥주씨의 뒷모습.
5.18민주화운동기록관이 2018년 공개한 영상에서 캡쳐
(출처: 『여성신문』, http://www.womennews.co.kr)

을 나눠주었던 일이나 헌혈과 시신 수습 등에 참여한 활동에 이르기까지 항쟁에 대한 기록에서 비공식화되었거나 축소 혹은 누락되었던 광주 여성들의 활동을 전면화한 항쟁의 서사를 다시 썼다.

5월 18일의 새벽이 다가오고 있었다. 정현애는 무섭고 떨려서 새벽에 한전에 근무하는 여동생에게 전화해서 집으로 와달라고 부탁했다. 아침이 되어 학생들이 상황을 알기 위해 녹두서점으로 몰려왔다. 문밖에 몰래 잠복해 있던 계엄군들이 즉각 이들을 연행해 갔다. (…중략…) 실제로 녹두 서점은 현대문화연구소와 함께 70년대 후반기를 거치면서 청년운동권의 논의 구조가 모아지는 장소였고 대부분의 광주 민주여성 세력들이 대거 집결해있는 장소였다. (…중략…) 따라서 정현애는 광주민주청년 운동권의 중요한 역할을 담당하는 문지기였다.

 (…중략…) 이제 우리는 우리의 민주화 투쟁이 국민의 절반인 여성해방, 그보다 앞서 1천만 여성민중의 해방에서 성취되어야 한다는 것을 깨달았고 보조역에서 일보 전진하여 주체적 여성운동을 성취해낼 것이다. 왜냐하면 광주항쟁은 결국 지식인 여성에서 출발하여 기층여성들의 헌신적인 투쟁에 의해 성취되었다는 것을 가슴 깊이 인식할 수밖에 없었기 때문이다. 그리고 그것이 곧 광주항쟁의 정신이다.[44]

---

44) 고정희, 「광주민중항쟁과 여성의 역할: 광주여성들, 이렇게 싸웠다」, 『월간중앙』,

여성 주체가 역사의 소도구가 아닌 역사를 끌고 나갈 주체가 되기 위해서는 여성 주체가 더 강조되어야 한다고 고정희가 주장했던 것처럼,45) 광주 여성들을 호명한 항쟁 서사는 역사적 맥락에 여성을 주체로 기입시키기 위한 하나의 시도였다. 또한 "자기 혈육을 먹이는 일이라고 생각하는 듯" 시위대에게 김밥과 주먹밥을 나눠준 시장 아주머니들의 활약을 전하며 고정희가 강조하고자 한 것은 "이 주먹밥이야말로 광주 공동체의 피로 맺어진 약속의 밥"이자 "식사의 연대"이며 금남로의 시위대를 "뜨거운 시민 공동체"를 형성하게 한 여성의 역량이었다.46) 이 글의 말미에서 고정희는 광주항쟁이 광주 여성의 정치역량을 축적하게 된 계기라고 평가하며, 항쟁을 통해 한국 사회의 민주화 투쟁이 국민의 절반인 여성 민중의 해방에서 성취되어야 한다는 것을 깨달았다고 피력했다. 고정희의 말처럼 여성을 중심으로 한 항쟁 서사는 광주 여성들을 가족의 주검 앞에서 통곡하는 어머니, 아내, 누이 등 남성의 보조자 역할을 하는 여성 가족 이미지에서 벗어나게 했으며47) 순수한 희생양으로서의 여성 이미지를 해체하고 부정한 권력과 억압에 스스로 싸우는 여성 주체를 등장시켰다. 또한 여성이 억압과 폭력에 맞서는 투쟁의 주체일 뿐만 아니라 공동체가 위기에 처했을 때 생명 공동체를 회복시키는 혁명의 주체임을 발견하게 했다.

그러나 1980년대는 오랜 가부장제의 억압 속에서 타자화된 여성이 민중해방의 주체로 인정되기 어려운 시기였다. 당시의 민중 담론 안에서 기존의 언어로 여성 민중이 정립되는 것은 불가능한 일이었다. 고정희는 가부장적 현실의 한계를 분명히 자각하고 있었기에 해방의 주체로서 여성

1988. 5, 406쪽, 417쪽.
45) 좌담 「페미니즘 문학과 여성운동」, 또하나의문화 편집부, 『여성 해방의 문학』, 또하나의문화, 1995, 22-23쪽.
46) 고정희, 「광주민중항쟁과 여성의 역할: 광주여성들, 이렇게 싸웠다」, 앞의 책, 411쪽.
47) 신지연, 「오월광주 -시의 주체 구성 메커니즘과 젠더 역학」, 『여성문학연구』17, 한국여성문학학회, 2007, 31-68쪽 참조.

민중은 아직 출현하지 않은 예비적 주체로 상정할 수밖에 없었다. ""하느님 나라가 이미 시작되었고 아직 완성되지 않았다"는 고백을 우리가 받아들일 수 있다면 "여성해방 또한 이미 시작되었고 아직 완성되지 않았을 뿐""48)이라고 말했듯이 고정희는 여성 민중의 출현이나 여성해방을 이미 완성된 사건이 아니라 도래할 사건으로 간주했다. 따라서 고정희에게 중요한 건 여성 민중의 실체를 밝히고 그들을 주체로 정립하는 일이라기보다 여성 민중의 다양 역량을 발굴하며 해방의 주체로서의 가능성을 확장하는 일이었다.

그러나 역사적 맥락에서 구체적인 여성의 경험을 서사화하는 것은 가능하다고 해도 해방의 주체인 여성 민중을 기존의 언어로 규정하는 것은 쉽지 않은 일인지도 모른다. 여성 민중의 주체성을 언어적으로 재현하는 데 한계를 느낀 고정희는 언어적 재현을 초과하는 대상을 시에 끌어들이게 된다. 고정희 시에 등장하는 '미친년'은 바로 그러한 대상을 형상화한 존재라 볼 수 있다. 시에 나타나는 '미친년'은 자신의 분노를 파편적 언어로 발화하며 광기 어린 행동을 표출함으로써 언어적 재현을 무력화시키는 존재이다. 선행 연구들은 '미친년'이 "가부장적 질서에 편입되지 않으면서 스스로 소외의 변방을 넓혀가기 위해 벌거벗은 몸의 시학을 구현"하는 존재로서 타자화된 여성성과 저항적인 여성성을 동시에 나타낸다고 보기도 했고,49) 공포를 불러일으켜 사람들이 "대상을 인식하고 판단하고 행동하는 적극적 주체가 될 수 없"도록 만듦으로써 "(포스트)-오월광주인들이 피하고 싶어 한 오월의 '외상적 중핵'"이라고 해석하기도 했다.50) 기존의 논의가 공통적으로 지적하는 바는 '미친년'이란 존재가 기존의 언어로 재

---

48) 고성희, 「심지하의 시는 남성숭심적인가」, 『살림』11호, 한국신학연구소, 1989, 10, 89쪽.
49) 조혜진, 「고정희, 최승자, 김승희 시에 나타난 여성성의 타자성 연구 -'병'과 '욕설'의 결합으로서 '미친년'의 서사를 중심으로」, 『한국문예비평연구』53, 한국현대문예비평학회, 2017, 80-84쪽.
50) 신지연, 앞의 글, 66쪽.

현될 수 없는 대상이고, 바로 그러한 점 때문에 인식에 균열을 일으키는 존재라는 점이다.

> 오매, 미친년 오네/ 넋나간 오월 미친년 오네/ 쓸쓸한 쓸쓸한 미친년 오네/ 산발한 미친년 오네/ 젖가슴 도려낸 미친년 오네/ 눈물 핏물 뒤집 어쓴 미친년 오네/ 옷고름 뜯겨진 미친년/ 사방에서 돌맞은 미친년/ 쓸개 콩팥 빼놓은 미친년 오네// 오오 오월 미친년 오네/ 히, 히, 하느님 께 삿대질하며/ 하늘의 동맥에다 칼을 꽂는 미친년/ 내일을 믿지 않는 미친년 오네/ 까맣게 새까맣게 잊혀진 미친년/ 이미 사망신고 마친 미 친년/ 두 눈에 쌍불 켠 미친년 오네/ 철철철 피 흐르는 미친년/ 아무것 도 무섭잖은 맨발의 미친년/ 아무것도 걸리잖는 미친년 오네// 〈누가 당하나〉/ 사지에 미친 기운 불끈불끈 솟아/ 한 손에 횃불 들고/ 한 손에 조선낫 들고/ 수천 마리 유령들과 앞서거니 뒤서거니/ 허접쓰레기들 훠이훠이 불사르르/ 허수아비 잡풀들 싹둑싹둑 자르르/ 오 무서운 미친 년/ 위험스런 미친년 달려오네/ (여엉자야, 수운자야⋯⋯ 미친년 온다/ 문단속해라⋯⋯ 이럴 땐 ××이 제일이니라)
>
> ─「프라하의 봄8」 전문, 『눈물꽃』

오월문학에서 등장하는 '미친년'은 공식적인 항쟁의 주체나 항쟁의 피해자로 인정되지 못하는 존재인 경우가 많다. 공적 영역에서 소통되지 않는 언어로 발화하는 '미친년'은 예외적 존재일 뿐만 아니라 공포를 느끼게 하는 위험한 대상으로까지 비춰진다.51) 이 시에 등장하는 '미친년'은

---

51) 5.18 문학에서 종종 등장하는 이 문제적 유형의 인물은 언어로 재현할 수 없는 참혹함과 공포를 현현하는 희생양이자 타자성을 현현하는 것으로 이해되곤 했다. 대표적으로 최윤의 「저기 소리없이 한 점 꽃잎이 지고」에 대한 해석이 그러한데, 타자성에 주목한 해석은 희생자를 사회적 관계가 지워진 순수한 혹은 신비한 실체로 현시하는 타자환원론적 해석에 머무는 한계를 지닌다. 배하은, 「재현 너머의 증언」, 『상허학보』 50, 상허학회, 2017, 514-515쪽.

외부의 시선을 통해 고통이 발견되는 수동적인 타자의 모습을 거부하며 스스로 자신의 고통을 표출하는 자이다. "하느님께 삿대질하며/ 하늘의 동맥에다 칼을 꽂"는 행동은 정상적으로 해석되기 어렵고 "사지에 미친 기운 불끈불끈 솟아"오르는 힘은 통제되지 않는 광기에 가까워 보인다. 그럼에도 불구하고 이성적으로 받아들여지지 않는 그 광기를 드러내며 금남로 한복판에 선 '미친년'은, "두부처럼 잘리워진 어여쁜 너의 젖가슴"으로 표상되었던 여성 희생자의 순결성과 수동적 이미지를 거부하며 여성 희생자에 대한 전형화된 이미지를 해체한다.52) 기존의 오월문학에 등장한 누이나 아내, 어머니 등 여성 가족의 희생이 남성 가족을 항쟁의 주체로 호명하는 계기였다면 성별화된 가족 관계에서 벗어난 '미친년'은 희생자로 남기를 거부하면서 자신에게 가해진 폭력에 직접 대항하는 존재이기 때문이다. 그러나 '미친년'이란 존재를 통해 자신에게 가해진 부당한 폭력에 스스로 맞서는 여성 주체의 발화는 정상적 언어로는 포착되지 않는다. 여성을 억압해온 가부장제 이데올로기 속에서 여성의 발화는 가부장적 질서로 흡수되지 않으며 공식적인 의미로도 받아들여지지 않기 때문이다. 그런데 바로 그 이유 때문에 '미친년'이란 존재는 규범화된 여성성을 해체하며 새로운 언어, 새로운 주체의 필요성을 제기한다. 고정희에게 해방과 혁명은 기존의 체제 내에서 이루어지는 화해와 용서를 통해 도달하는 합의된 세계가 아니라 '미친년'의 봉기처럼 체제를 무너뜨린 후에 도래할 수 있는 미래의 사건이었다.

> 미친년이 된 봄을 기다리다/ 금남로에 내리는 눈물비는/ 더 이상 그대 꿈을 적시지 않는다/ 미친년이 된 봄을 기다리다/ 충장로에 내리는 눈물비는/ 더 이상 그대 약속의 땅을 적시지 않는다/ 미친년이 된

---

52) 김귀옥, 「5.18민중항쟁 정신을 평화운동으로 계승하고 있는 오월의 여성」, 『여성과 평화』6, 한국여성평화연구원, 2020, 61쪽, 76-78쪽.

봄을 기다리다/ 도청앞 광장에 내리는 눈물비는/ 더 이상 그대 목숨의 울타리를 적시지 않는다/ 미친년이 된 봄을 기다리다/ 무등산 중봉에 내리는 눈물비는/ 더 이상 그대 행복한 잠자리를 적시지 않는다/ 미친년이 된 봄을 기다리다/ 망월동 묘역에 내리는 눈물비는/ 더 이상 그대 서울을 적시지 않는다/ 미친년이 된 봄을 기다리다/ 남도 천리길에 내리는 눈물비는/ 더 이상 그대 봄을 적시지 않는다// (…중략…)// 미친년이 된 봄을 기다리다/ 휴전선 백오십 마일에 내리는 눈물비는/ 더 이상 그대 가슴속의 철조망을 적시지 않는다/ 아아 미친년이 된 봄을 기다리다/ 오공청산 청문회에 내리는 눈물비는/ 더 이상 그대 육공화국을 적시지 않는다/ 그대는 닫혔으므로/ 그대는 죽었으므로

―「광주의 눈물비 ―우리의 봄, 서울의 봄1」부분, 『광주의 눈물비』

차분한 어조로 발화되는 이 시에서 '미친년'은 '봄'과 동일시된다. 봄은 곧 80년 오월 광주에 대한 환유이므로 "미친년이 된 봄"이 의미하는 바는 언어로 재현할 수 없는 분노와 슬픔이 회귀하는 계절처럼 반복되고 있다는 사실이다. 실제로 고정희가 광주항쟁 이후 계속되는 트라우마를 떠올리며 암담한 절망을 느낀 계기는 "오공청산 청문회"이다. 이 시집의 서두에서 고정희는 엉터리 청문회를 보며 "이 골 깊은 외로움과 쓸쓸함은 지난 팔십년대 마지막 밤에 벌어진 역사적 해프닝, 이른바 '오공비리 청문회'에서 덧난 후 아직 아물지 않고 있다.// 그날 밤 일말의 희망을 가지고 가슴 두근거리는 심정으로 텔레비전 수상기 앞에 밤늦도록 앉아 있었던 나는 어이없게도 마지막까지 사기꾼들의 칼춤으로 난도질당하는 '광주항쟁'의 뒷모습을 보면서 잠들었던 모든 신경이 아우성치는 소리를 들었고 머리끝에서 발끝까지 분노의 세포가 칼을 가는 소리를 들었다."라고 자술했다. 고정희에게 '광주항쟁'의 진실을 밝히지 못한 채 맞이하는 '육공화국'은 트라우마를 치유하지 못한 채 영원히 반복하는 오공화국의 또 다른 이름일 뿐이었다. 이런 암울한 현실 앞에서 고정희는 깊은 절망을 드러내며

"그대는 닫혔"고 "그대는 죽었"음을 선언할 수밖에 없었다. 그러나 아이러니하게도 그 체념의 순간이 모든 것을 새로 시작해야 하는 혁명의 출발점이기도 했다.

고정희는 1987년 2월 '또 하나의 문화'에서 주최한 좌담에서 "부당한 일에 화를 내는 것, 거기에서부터 운동은 시작되는 것이 아닐까"라는 생각을 드러낸 바 있다.53) 이런 생각에 비추어 본다면 분노를 표출하는 '미친년'은, 1980년대 억압적 사회현실에 대한 여성의 분노를 발화함으로써 삶으로서의 운동을 실천하는 주체의 형상으로 해석된다. 고정희는 '광주항쟁'의 한복판에 '미친년'을 등장시켜 공식적 언어로 포착되지 않았던 여성의 분노를 시사하고 규정할 수 없는 여성의 힘과 역량을 암시했으며 규범화된 여성성을 해체하고자 했다. 그러나 '미친년'이란 존재는 창조적 역량을 현실화하고 공동체의 해방을 도모하기에는 한계를 가진 주체이다. 절망과 죽음의 현실에서 살림이라는 운동의 목표를 수행하고자 하는 고정희에게는 분노를 넘어 새로운 것을 창조하는 주체가 필요했고 가부장적 질서에 대한 대안적 가치를 모색하는 일이 절실했다. '새 하늘·새 땅·새 인간성'을 창조하는 생명의 창조자요 자연의 근원인 "הוה"로서 '어머니 하느님'을 불러내고 '해방된 모성'을 구현하는 실천적 주체를 호명해야 했다.

4. '해방된 모성'을 구현하는 상징적 주체, '어머니 하느님'

고정희는 암울한 현실을 혁명의 출발점으로 삼았다. 역사적 수난의 상징인 광주의 진실을 은폐하는 이 시대가 '닫힌 시대', 즉 '죽음의 시대'라고 명명하며 절망을 드러내면서도 한편으로는 생명의 창조자인 '어머니 하느님'을 호명함으로써 해방의 가능성을 열어놓았다. 죽음을 해방의 계기로

---

53) 좌담 「페미니즘 문학과 여성운동」, 『여성 해방의 문학』, 1995, 또하나의문화, 27쪽.

삼는 고정희의 역설적 인식은 기독교적 인식론의 영향으로 보인다. 기독교적 차원에서 '죽음'은 "거대한 목적론의 전개 과정상 필수불가결한 통과의 관문이며, 정확히는 영원한 생명을 획득하는 전환의 계기"이다. 예수의 부활이 의미하듯이 "기독교의 죽음에는 오히려 진정한 생명을 여는 '생산적'인 함의마저 담겨 있"54)음을 고려할 때 고정희가 '죽임의 시대'를 혁명의 출발점이자 해방의 계기로 사유한 까닭도 이해할 수 있게 된다. 죽임에서 살림으로 극적 전환이 이루어지는 지점에는 그것을 가

8시집 『광주의 눈물비』

능하게 하는 '어머니 하느님'이란 존재가 있다. 기독교적 함의를 담은 '어머니 하느님'은 광주를 죽음의 장소에서 생명의 장소로 부활시키기 위한 전략적 기표로 기능한다.

'어머니 하느님'을 논의하기 전에 먼저 수난의 역사 속에서 역사적 순간을 목격하며 고통받는 자로 호명된 '어머니'의 형상을 살펴보자.

> ① 육이오사변 때 남편과 사별하고/ 사일구혁명 때 아들을 묻은 뒤/
> 오일팔항쟁 때 딸마저 비명에 가/ 이제는 겁날 일도 무서움도 사라진/
> 조선의 서럽고 뜨거운 어머니여,
> -「삼십년 민주 염원 재뿌리기 위하여 -우리의 봄, 서울의 봄7」부분, 『광주의 눈물비』

---

54) 최우영,「신의 의지와 인간의 기억: 유교와 기독교의 '죽음론' 소고」,『사회사상과 문화』20, 동양사회사상학회, 2009, 9쪽.

② 내 원하는 바 만이랑 옥토가 아니요 다만 광주항쟁 제값을 매기라 다만 광주항쟁 제대로 해결하라…… 노래하던 사람들이 오월의 산자락에서 따온 두릅나물을 사신 노대통령께서는 그 두릅나물에 시퍼렇게 살아 있는 오월의 마음도 사셨는지요 두릅나물에 시퍼렇게 스며 있는 눈물과 한숨도 사셨는지요 두릅나물에 시퍼렇게 흘러가는 오월의 함성과 절규도 사셨는지요 그 두릅나물에 시퍼렇게 굽이치는 오월의 길고긴 염원과 불꽃같은 사랑과 칼날도 감지하셨는지요

-「두릅나물을 산 노대통령께 -우리의 봄, 서울의 봄15」부분, 『광주의 눈물비』

①에 등장하는 역사적 수난자로서 '조선의 어머니'는 자식을 잃은 어머니이다. 조선의 어머니들은 자식의 죽은 몸을 안고 통곡하는 고통의 절정에서 이전과 다른 존재로 이행되어 간다. 자식의 죽음 앞에서 "겁날 일도 무서움도 사라진" 어머니는 자식을 향한 "불꽃같은 사랑과" 자식을 죽음으로 몰아넣은 자들을 향한 "칼날"같은 분노를 동시에 품은 채 발화의 주체로 변모하기 시작한다. ②에서처럼 '어머니'는 "대통령"을 향해 "오월의" 진실을 요구하기에 이른다. "광주항쟁 제값을 매기"라는 '어머니'의 절규는 권력의 중심에 있는 대통령에게 광주의 진실을 요청하는 공적인 발화가 되고, '어머니'는 '공적 발화의 발신자이자 수신자'[55]로서 역사의 현장에 참여하게 된다.

③ 몸푸는 여자처럼 고함치는 도시/ 청춘의 함성으로 뒤덮인 땅이여/ 드디어 임박한 신의 때/ 심판의 눈부신 햇살로 넘치는/ 오전 열시를 넘어/ 정오의 긴박한 종말을 넘어/ 오월의 광장에 기립한 꿈이여

-「아아 도성, 하느님의 도성 -암하레츠 시편6」부분, 『광주의 눈물비』

---

55) 조연정,「'여성해방문학'으로서 고정희 시의 전략」, 앞의 책, 497쪽.

④ 저 죄악의 대낮에/ 피에타 피에타 피에타/ 얼굴없는 시신을 가슴에 파묻으며/ 광주의 누이들이 울부짖었다/ 어머니 하느님이 울부짖었다

―「통곡의 행진 -암하레츠 시편7」부분, 『광주의 눈물비』

'암하레츠'라는 부제는 두 가지 사실을 강조한다. 하나는 항쟁의 민중성이다. 광주항쟁이 통치자의 탄압에 저항한 민중 항쟁이었다는 성격을 분명히 한다. '암하레츠'가 환기하는 또 하나의 사실은 항쟁의 신성성이다. 항쟁을 "임박한 신의 때"이자 "심판"의 시간이라고 알레고리화함으로써 성서적 맥락이 환기되는데, 이는 합법적 공권력을 빌어 자행된 통치자의 국가폭력을 심판하기 위해서는 합법적인 법 차원을 초월하는 '신적 폭력'(göttliche Gewalt)56)이 필요하다는 것을 시사한다. 고정희는 합법적 영역 내에서 되풀이되는 국가폭력을 중단시키기 위해서는 국가 권력을 무너뜨리고 새로운 역사를 시작해야 한다고 말하는 것이다. "몸푸는 여자처럼 고함치는 도시"라는 표현에서 생명의 탄생이 암시되고 있듯이57) 신

---

56) 발터 벤야민은 신화적 폭력과 그에 맞서는 신적 폭력을 구분한다. 신화적 폭력이 법 정립적이라면 신적 폭력은 법 파괴적이다. 전자는 폭력 자체를 위해 단순한 삶에 가해지는 피의 폭력으로서 희생을 요구한다면 후자는 살아 있는 자를 위해 모든 생명 위에 가해지는 순수한 폭력으로서 희생을 받아들인다. 신적 폭력은 재화, 법, 생명과 관련해서는 파괴적이지만 살아 있는 자의 영혼과 관련해서는 파괴적이지 않다. 발터 벤야민, 최성만 옮김, 『역사의 개념에 대하여/ 폭력 비판을 위하여/ 초현실주의 외』, 길, 2009, 111-117쪽. 벤야민의 신적 폭력은 기존의 국가권력과 사회체제 밖을 향해 새로운 삶의 형식을 창출하려는 적극적이고 능동적인 힘의 발현으로 이해되고 있다. 슬라보예 지젝 역시 신적 폭력 개념을 역사적으로 존재해 왔던 다양한 유형의 민중폭력과 동일시하면서 '프롤레타리아트 독재'를 신적 폭력의 구현사례로 제시한 바 있다. 김현, 「폭력 그리고 진리의 정치」, 『민주주의와 인권』14(2), 전남대학교5.18연구소, 2014, 7-8쪽.
57) 유고시집 『모든 것은 여백을 남긴다』에 수록된 「다시 오월에 부르는 노래」 첫 연은 "붕대로 동여맨 오월이 또 찾아왔구나/ 베옷 입고/ 지랄탄 축포를 울리며/ 출산하는 여자처럼 고함치는 오월/ 상처에 파시스트 송곳을 들이대는 오월이 다시 찾아왔구나"라는 구절이 등장한다. 고정희는 광주항쟁을 죽음과 생명의 탄생이 동시에 공존하는

의 심판은 세상의 종말을 의미하는 것이 아니라 새 세상, 새 인간을 도래하게 만드는 계기이다. '암하레츠' 연작시에 투영된 기독교적 알레고리는 광주항쟁이 새로운 세상과 새로운 인간을 출현시키는 사건임을 강조하는 것이다.

④에서도 "피에타 피에타 피에타"라는 말로 죽은 예수를 안고 슬퍼하는 성모 마리아를 환기하며 "얼굴없는 시신을 가슴에 파묻으며" 울부짖는 "광주의 누이들"과 겹쳐놓는다. 죽은 예수에 대한 경외와 슬픔으로 전율했던 마리아의 모습은 죽은 자들의 시신을 수습하는 일에 자진해 나섰던 광주 여성들을 떠올리게 한다.[58] 바로 이들, 광주 여성들은 역사의 수난자요, 역사의 주체인 '어머니'의 실체이다. 이에 반해 '어머니 하느님'은 생명을 훼손하는 폭력에 대한 분노와 슬픔을 드러내면서 동시에 새로운 생명의 창조를 예고하는 신적 여성 원리를 구현하는 신적 존재이다. 고정희가 죽음과 애도의 한복판에서 '어머니 하느님'을 호명하는 이유는 시신을 끌어안는 광주 여성들의 모습에서 신적 여성 원리, 즉 모든 생명의 근원인 'חור'가 깃든 새 인간성의 가능성을 발견했기 때문이다.

⑤ 아아 광주 여자들의 따뜻한 피가/ 그대들 목숨의 골짜기를 내려가고/ 어머니와 아버지의 따뜻한 피가/ 그대들 비명의 새벽을 감싸고/ 언니와 누님의 따뜻한 피가/ 그대들 죽음의 살기를 풀었습니다/ (중략)/ 그대들 혈관에 우리 피 돌고/ 우리 혈관에 그대 피 돌아/ 생명의 대동맥

사건으로 형상화하고 있다.
58) 광주항쟁 당시 도청에서 활동한 여성은 남성에 비해 적은 숫자였지만 상황실 업무를 비롯하여 부상자 간호 및 수송, 시체처리 및 장례준비, 취사 및 식량보급, 모금 등을 맡았다고 한다. 시체처리에 여고생들과 매춘여성들이 참여했다는 사실은 이미 알려진 바 있는데, 극도의 악취로 누구도 손대지 못하는 부패한 시체들을 염하는 일을 맡았던 유흥가 종업원 여성 2명은 계엄군 진압 후 구속되었다. 안진, 「광주민중항쟁과 여성」, 5월여성연구회, 『광주민중항쟁과 여성』, 한국기독교사회문제연구원, 민중사, 1991, 36-40쪽.

에 열린 분홍강/ 백마강 노을보다 찬란한 분홍강/ 천가람 아득히 흘러 갔습니다
　　－「그대들 혈관에 우리 피 돌아 -암하레츠 시편9」부분, 『광주의 눈물비』

　⑥ 주먹밥 백스물두 광주리 단지무 열두 동이로/ 해방구 백만시민 배불리 먹이고/ 백스물두 광주리 남아/ 크게 크게 웃는 땅// 오 그런 땅이 여기 우르르쾅 열렸다/ 오 그런 사람들이 여기 우르르쾅 솟았다/ 일찍이 보지도 듣지도 못했던 세상/ 이룰 수도 꿈꿀 수도 없었던 땅/ 어머니 하느님 나라가/ 이미 시작되었다/ 어머니 하느님이 이 땅에 오셨다
　　－「십일간의 해방구 -암하레츠 시편10」부분, 『광주의 눈물비』

　"광주 여자들의 따뜻한 피"가 "그대들"에게 전해졌을 때 그것은 "생명"을 일깨우는 부활과 창조의 근원이 된다. 마찬가지로 여자들이 "백스물두 광주리"에 밥을 가지고 와 사람들에게 먹이자 활기가 돌고 비로소 새로운 세계가 시작된다. 그것이 곧 "어머니 하느님 나라"다. 고정희의 시에서 '어머니 하느님'이 구현하는 여성의 원리로서 '해방된 모성'은 새로운 세계를 출현시키는 동력인데, 위의 두 시에 나타난 것처럼 고정희는 광주 여성들이 보여준 헌혈과 밥 나눔에서 죽임의 문화에 저항하며 생명을 살리는 '해방된 모성'의 실천을 발견한 것이다.
　고정희는 "'어머니 하느님'이 우리와 함께 살아 계시는 세계"를 하나의 가능성으로 보고 그러한 세계는 "남성으로 상징되는 지배문화, 죽임의 문화가 사랑의 문화, 살림의 문화로 변화될 때만 가능"하다고 말한 바 있다. 그리고 살림의 세계와 사랑의 세계의 실체는 '해방된 모성'에서 찾을 수 있으므로 민중신학과 민중문학은 오천년 동안 지속되는 남성에 의한 여성의 억압과 수난에 초점을 맞춰야 한다고 주장했다.[59] '해방된 모성'을 살림과 사랑의 세계를 도래하게 하는 근본 동력으로 삼고, 모성의 해방을

대동세상 나눔(류기정, 강동현 작): 5.18 당시 시민군들에게 주먹밥을 만들어 나눈 양동시장 상인들을 형상화한 작품으로 광주시 서구 양동에 위치함.

위해서 여성에 대한 억압과 수난을 극복해야 함을 역설한 것이다. 여기서 주목할 점은 '해방된 모성'이 여성해방만을 최종 목표로 삼지 않으며 생물학적 여성만을 그 주체로 삼고 있는 것도 아니란 점이다. 여성문학사를 서술하면서 대안적 여성문학으로 '모성문학'과 '양성문화'를 동일선상에 배치했듯이 고정희는 모성을 생물학적 본질로 환원하는 대신 '살림'으로 명명되는 구체적인 실천과 행위를 통해 구현되는 것으로 보고자 했다. 따라서 모성의 구현이 생물학적 여성에 국한될 필요는 없는 셈인데, 모성에 대한 이러한 견해는 사라 러딕에 의해서도 논의된 바 있다. 러딕은 "나에게 있어 어머니는 "그녀 혹은 그"모두를 뜻한다. 왜냐하면 대부분의 어머니들이 지금까지 여성이었으며 현재에도 여전히 여성일지라도, 어머니 역할은 남녀 모두에게 가능한 활동이기 때문이다. 그러나 (…중략…) 이것이 어머니 역할의 방식에 있어서 생물학에 입각한 차이가 있다는 것을 부정하는 것은 아니다."라고 말한다. 러딕은 어머니는 단순히 느끼기만 하는 존재가 아니라 행위하는 존재이기 때문에 어머니라는 신분은 활동에 의해서 확인된다고 본다. '어머니 역할'은 특별한 성적 결단을 요구하지도, 특정한 가족 체제를 필요로 하지도 않는다. 러딕은 '어머니 역할'은 단독으로도 이루어지지만 여러 사람들에 의해 공동으로 이루어질 수 있고 사회와 공공 제도 속에서 다양한 방식과 접속될

---

59) 고정희, 「김지하의 시는 남성중심적인가」, 앞의 책, 85쪽.

수 있다고 주장한다.[60]

> 가을이 오기 전에/ 지상에서 거둬야 할 수확을 헤아리며/ 불볕더위와 함께/ 한증막 같은 무더위 막더위와 함께/ 사래 긴 밭고랑에서/ 석양을 맞으시는 어머니의 모습이/ 내게는 이 세상에서 가장 감격적인 모습이며/ 광나는 모습이고/ 서럽도록 그리운 모습입니다/ 그 모습이 내게는/ 한국의 모나리자상이며 성모 마리아상입니다// 아아 어머니/ 그 맵고 부드럽고 단정한 손끝에서/ 토실토실 살진 조선고추가 익어가고/ 조선호박이 뒹굴고/ 숱이 무성한 서숙밭과 수수밭이 우우우우 물결치고/ (…중략…)/ 집으로 돌아오던 어머니와 여자들의/ 왁자지껄 웃음소리 속에는/ 밤하늘 별빛 같은 한세대의 안식이 있었습니다/ 두 다리 쭉뻗고 잠드는/ 한식구의 평화와 기쁨과 기다림이 있었습니다/ 땅을 가장 소중하게 보듬고 입맞추는 사람들의/ 기나긴 희망이 있었습니다/ 대저 권력이 무엇이며 일국의 재상인들 그게 뭐 그리 대수로운 일이야/ 당당하고 겸허한 밤이 있었습니다// 하오나 어머니/ 땅이 농사꾼의 믿음이고 신념이고 자랑이던 시대는/ 이제 끝이 난 것일까요/ 땅이 어머니의 그윽한 사랑이고 힘이고 빛이던 시대는 이제 영영 사라진 것일까요/ (…중략…)// 상실과 패배의 우상들이/ 광란의 춤을 추는 도성에서/ 딸들은 땅을 버린 지 오래이고/ 땅은 딸들을 버렸습니다/ 많은 것을 가졌지만/ 눈에 빛이 사라진 딸들의 머리 위로/ 상심하는 별들이 흔적없이 떴다 사라집니다
>
> ―「대지를 먹감기는 어머니」 부분, 『기독교사상』, 1990. 10.

위 시에서 '어머니 역할', 즉 모성의 실천은 자연과 인간을 돌보며 기르는 일로 수행된다. '어머니'의 농사는 "한증막 같은 무더위 막더위"를 견디

---

[60] 사라 러딕, 이혜정 옮김, 『모성적 사유』, 철학과현실사, 2002, 18-19쪽.

는 고된 일이지만 작물을 길러내고 "한식구"를 먹이는 노동은 신성한 행위로 그려진다. '어머니'는 자신의 노동을 교환가치로 환산하지 않고 생명을 기르는 행위로 여기는 존재이다. 다른 것을 억압하고 착취하고 마침내 생명을 빼앗음으로써 자신의 "권력"을 유지하는 "일국의 재상"과 달리 생명의 근원인 땅을 "소중하게 보듬고 입맞추"는 존재인 어머니는 "대지를 멱감기는" 존재로서 하느님의 영인 "יהוה"를 구현하는 주체와도 같다. 이 시가 함축한 모성이란 자신의 혈육을 먹이고 돌보는 행위를 포함하여 그것을 가능하게 하는 모든 행위들, 즉 작물을 기르고 땅을 돌보는 일을 포함하는 생명의 순환적 연결고리를 유지하는 일로 확장된다.

그러나 현실은 "대지를 멱감기던/ 어머니의 모습"이 보이지 않는 죽임의 시대이다. 고정희는 "딸들은 땅을 버린 지 오래이고/ 땅은 딸들을 버"림으로써 생명을 기르는 주체가 사라진 시대라고 한탄한다. 이 절망적인 시대 인식은 광주항쟁에 대한 진상 규명과 엄중한 책임자 처벌이 누락된 사회적 민주화에 대한 회의와 경계이기도 하다. 고정희는 한국사회가 변혁을 이루기 위해서는 제도적인 민주화를 넘어서는 근본적인 가치의 전환이 필요하다고 믿었으며 그것은 아직 도래하지 않았음을 알았기 때문에 이 시는 "상심하는 별들이 흔적없이 떴다 사라"진다는 가라앉은 어조로 마무리된다. 고정희에게 1980년대는 "대지를 멱감기는 어머니의 모습"이 보이지 않는 절망의 시대였고 고정희는 그것을 애써 감추지 않았다. 여성해방과 민중해방이 도래하는 때가 되면 과거의 어머니가 그랬던 것처럼 딸들은

광주 문화예술회관 조각공원에 설치된 고정희 시비.
1997년 광주광역시 문인협회에서 설립함.

다시 땅으로 돌아와 생명을 일구고 "한세대의 안식"을, "한식구의 평화와 기쁨과 기다림"을 일궈낼 것이라는 희망과 기대는 고정희가 도달하지 못한 미래가 된 것이다.

5. 고정희 시의 현재성

여성해방문학의 선구자로 일컬어지는 고정희의 문학과 실천에 대한 평가는 현재도 거듭 논의되고 있다. 이 글은 광주항쟁을 전면화한 8시집 『광주의 눈물비』를 중심으로 광주항쟁의 시적 재현 양상을 분석하면서 '어머니 하느님'과 '해방된 모성'의 의미를 고찰하였고 그것을 토대로 고정희 오월시의 현재적 의미를 논의하고자 했다.

알려진 바처럼 여성주의, 기독교적 인식론과 함께 고정희 시세계의 배경이 된 것은 1980년대에 대한 시대 인식이고, 세 영역이 교차하는 지점에는 광주항쟁이 있다. 항쟁에 직접 참여하지 못한 죄의식을 토로하면서 항쟁의 진실을 규명하고자 했던 고정희는 광주항쟁에 대한 '다시 쓰기'를 시도했고, 오월시를 통해 해방의 주체로서 여성을 형상화하고자 했다. 오월시에 등장하는 '미친년'은 남성중심적 체제에서 보편적 언어로 환원되지 않는 여성의 고통과 분노를 환기하며 새로운 주체와 새로운 언어의 필요성을 암시하는 존재이다. 그러나 '미친년'의 발화는 언어로 환원되지 않는다는 점에서 창조적 역량을 현실화하는 데에는 실패할 수밖에 없다. 고정희에게는 분노와 해체를 넘어 새로운 것을 창조하는 주체가 필요했고 가부장적 질서 이후 공동체의 원리가 될 대안적 가치를 모색하는 일이 절실했다. 고정희는 여성신학의 시대인식과 대안적 가치를 수용하며 '해방된 모성'과 '어머니 하느님'을 시에서 형상화했다. '어머니 하느님'은 생명을 훼손하는 폭력에 대한 분노와 슬픔을 드러내면서 동시에 새로운 생명의 창조를 예고하는 신적 여성 원리를 구현하는 신적 존재이다. 고정

전남 해남군 삼산면 송정리에 있는 고정희의 묘

희가 죽음과 애도의 한복판에서 '어머니 하느님'을 호명하는 이유는 시신을 끌어안는 광주 여성들의 모습에서 신적 여성 원리, 즉 모든 생명의 근원인 'חיה'가 깃든 새 인간성의 가능성을 발견했기 때문이다. 광주 여성들은 항쟁 당시 죽어가는 이들의 곁을 지키고 다친 이들을 치료하며 살아있는 자들을 보살피는 살림의 주체였다. 고정희는 광주 여성들에게서 광주 시민 사회를 생명의 공동체로 만든 항쟁의 주체이자 '해방된 모성'을 구현하는 주체의 모습을 발견했던 것이다.

2000년대 들어 광주항쟁에 대한 구체적 연구와 과거진상규명활동이 새로운 각도에서 진행되자 비로소 여성들의 항쟁 참여 활동과 그 이후 계속되는 민주화운동의 실상에 대한 언급도 시작되었음을[61] 생각할 때, 여성을 광주항쟁의 주체로 발견한 고정희의 글쓰기는 시대적 인식을 앞서

---

61) 김귀옥, 앞의 글, 62쪽.

나가는 실천이었음이 자명해진다. 또한 고정희가 살림의 세계와 사랑의 세계를 구현하는 '해방된 모성'을 광주 여성의 실천에서 발견한 점도 시사하는 바가 크다. 모성의 창조적 역량으로서 '해방된 모성'은 죽음과 공포의 열흘을 광주 시민들 서로가 생명을 돌보는 '십일간의 해방구'로 전환시킨 동력이었다. 죽음에 맞선 민중들의 실천이 탄생시킨 이 생명 공동체는 오늘날 전세계적 화두가 된 돌봄 윤리의 가치와 비전[62]을 보여주는 역사적 사례로서도 충분한 의미를 갖는다.

  돌봄 위기와 대안에 대해서는 별도의 논의가 필요하겠지만, 고정희가 대안적 가치로 제시한 살림과 사랑의 문화는 오늘날 필요한 돌봄의 윤리가 무엇인가를 숙고하게 한다. 안타깝게도 고정희가 1991년 갑작스레 생을 마감하는 바람에 '살림의 세계, 사랑의 세계'의 실체인 '해방된 모성'에 대한 구체적 논의는 충분히 전개되지 못했지만 고정희의 시는 자연과 인간의 생명을 기르고 보살피는 돌봄의 실천이 죽임의 문화에 저항하며 지배구조를 해체시키는 '해방된 모성'의 수행임을 말해주고 있다. '해방된 모성'의 의미는 앞으로 더 논의되어야 하지만 분명한 것은 고정희가 '해방된 모성'의 한 가능성을 생명 공동체를 지키는 광주 여성들의 실천에서 발견했다는 점이다. 고정희는 광주 여성들의 모습에서 '어머니 하느님'의 영이 실현되는 것을 보았고 거기에서 한국 사회가 도달해야 할 해방과 대안적 세계를 찾고자 했다.

---

62) 전세계적 돌봄 위기 상황에 대항하기 위해 결성된 '더 케어 컬렉티브'는 돌봄의 공통체를 조성하는 네 가지 특성을 상호지원, 공공 공간, 공유 자원과 지역 민주주의라고 지적하며 돌봄의 공동체가 민주적 공동체임을 강조한다. 더 케어 컬렉티브, 정소영 옮김, 『돌봄선언』, 니케북스, 2021, 90-111쪽 참조.

참고문헌

고정희, 『고정희시전집 1』, 또하나의문화, 2011.
_____, 『고정희시전집 2』, 또하나의문화, 2011.
_____, 「인간회복과 민중시의 전개 -조태일, 강은교, 김정환 론」, 『기독교사상』 27(8), 대한기독교서회, 1983.
_____, 「광주민중항쟁과 여성의 역할: 광주여성들, 이렇게 싸웠다」, 『월간중앙』, 1988.
_____, 「김지하의 시는 남성중심적인가」, 『살림』 11, 한국신학연구소, 1989.
_____, 「광주 민중항쟁의 하느님 -팔십년대의 시와 예수(Ⅰ)」, 『살림』 11호, 1989

강남순, 『현대여성신학』, 대한기독교서회, 1994.
김귀옥, 「5.18민중항쟁 정신을 평화운동으로 계승하고 있는 오월의 여성」, 『여성과 평화』 6, 한국여성평화연구원, 2020.
김양선, 「동일성과 차이의 젠더 정치학 -1970·80년대 진보적 민족문학론과 여성해방문학론을 중심으로」, 『한국근대문학연구』 6, 한국근대문학회, 2005.
김 영, 「여성민중목회와 모성보호」, 『한국여성신학』 2, 한국여신학자협의회, 1990.
김정은, 「광장에 선 여성과 말할 권리: 1980년대 고정희의 글쓰기에 나타난 '젠더'와 '정치'」, 『여성문학연구』 44, 한국여성문학학회, 2018.
김진호 외, 『죽은 민중의 시대 안병무를 다시 본다』, 삼인, 2006.
김 현, 「폭력 그리고 진리의 정치」, 『민주주의와 인권』 14(2), 전남대학교5.18연구소, 2014.
또하나의문화 편집부, 「여자로 말하기, 몸으로 글쓰기」, 도서출판 또하나의문화, 1992.
_____, 『열린 사회 자율적 여성』, 또하나의문화, 1995.
_____, 『여성 해방의 문학』, 또하나의문화, 1995.
문소정, 「여성운동과 모성담론」, 『여성학연구』 7(1), 부산대학교여성연구소, 1997.
박선희, 김문주, 「고정희 시의 '수유리' 연구 -「화육제별사」를 중심으로」, 『한민족어문학』 66, 한민족어문학회, 2014.
박순경, 「한국 여성신학의 영성」, 『한국기독교신학논총』 4, 한국기독교학회, 1988.
배하은, 「재현 너머의 증언」, 『상허학보』 50, 상허학회, 2017.
서강여성문학연구회, 『한국문학과 모성성』, 태학사, 1998.
신지연, 「오월광주 -시의 주체 구성 메커니즘과 젠더 역학」, 『여성문학연구』 17, 한국여성문학학회, 2007.
안병무, 「민족, 민중, 교회」, 『기독교사상』 203, 대한기독교서회, 1975.

_____, 「예수와 민중」, 『현존』 106, 현존사, 1979.
안지영, 「여성적 글쓰기'와 재현의 문제 -고정희와 김혜순의 시를 중심으로」, 『한국현대문학연구』 54, 한국현대문학회, 2018.
_____, 「고정희의 여성주의적 전회와 여성신학의 영향」, 『여성문학연구』 57, 한국여성문학학회, 2022.
이소희, 「고정희 글쓰기에 나타난 여성주의 창조적 자아의 발전과정 연구 -80년대 사회운동 사회문화적 담론과의 영향을 중심으로」, 『여성문학연구』 30, 한국여성문학학회, 2013.
정현진, E.S.피오렌자, M.W.두베, 「한국여성신학의 성서해석, 프락시스, 대안적 공동체 비교 연구」, 성공회대학교 신학대학원 박사학위논문, 2021.
정혜진, 「광주의 죽은 자들의 부활을 어떻게 쓸 것인가?」, 『여성문학연구』 48, 한국여성문학학회, 2019.
정효구, 「고정희론 -살림의 시, 불의 상상력」, 『현대시학』, 1991.
조연정, 「'여성해방문학'으로서 고정희 시의 전략」, 『한국학연구』 62, 인하대학교 한국학연구소, 2021.
_____, 「1980년대 문학에서 여성운동과 민중운동의 접점: 고정희의 시를 읽기 위한 시론」, 『우리말글』 71, 우리말글학회, 2016.
_____, 「고정희를 어떻게 읽을 것인가」, 『계간 서정시학』 가을호, 2021.
조형 외, 『너의 침묵에 메마른 나의 입술』, 또하나의 문화, 1993.
조혜진, 「고정희, 최승자, 김승희 시에 나타난 여성성의 타자성 연구 -'병'과 '욕설'의 결합으로서 '미친년'의 서사를 중심으로」, 『한국문예비평연구』 53, 한국현대문예비평학회, 2017.
최가은, 「여성-민중, 선언 -『또 하나의 문화』와 고정희」, 『한국시학연구』 66, 한국시학회, 2021.
최만자, 『여성의 삶, 그리고 신학 -1980-1990년대 한국여성신학의 주제들』, 대한기독교서회, 2005.
최우영, 「신의 의지와 인간의 기억: 유교와 기독교의 '죽음론' 소고」, 『사회사상과 문화』 20, 동양사회사상학회, 2009.
한국여신학자협의회, 『한국여성신학과 민족통일』, 한국여신학자협외희, 1989.
홍석률, 박태균, 정창현, 『한국현대사 2』, 푸른역사, 2018.
5월여성연구회, 『광주민중항쟁과 여성』, 한국기독교사회문제연구원, 민중사, 1991.
더 케어 컬렉티브, 정소영 옮김, 『돌봄선언』, 니케북스, 2021.

발터 벤야민, 최성만 옮김, 『역사의 개념에 대하여/ 폭력 비판을 위하여/ 초현실주의 외』, 길, 2009.
베티 리어든, 황미요조 옮김, 『성차별주의는 전쟁을 불러온다』, 나무연필, 2020.
사라 러딕, 이혜정 옮김, 『모성적 사유』, 철학과현실사, 2002.
에이드리언 리치, 이주혜 옮김, 『우리 죽은 자들이 깨어날 때』, 바다출판사, 2020.

'5.18 기념재단'(https://518.org/nsub.php?PID=010103)
'한국YWCA연합회'(https://ywca.or.kr/about/koreaywca/)

● 이 장은 『동남어문논집』 제55집에 실린 논문을 수정, 보완한 것이다.

07장

일제강점기 호남의 복제영장

1. 영장이란 무엇인가

일본을 여행하는 여행자들은 가끔 깜짝 놀라는 경우가 있다. 도로변이나 골목길에 있는 조그만 불상에 빨간색 망토를 걸쳐놓은 모습을 보고 말이다. 처음에는 '이게 뭐지'하고 거부감을 가지거나, 혹은 이색적인 다른 문화에 호기심을 느끼는 여행자도 있을 것이다. 이러한 조그만 불상들을 모아 놓은 것을 복제영장(우츠시영장 写し霊場)이라고 한다. 이 글에서는 일제강점기 시기 호남지역에 만들어진 복제영장에 대해 이야기할까 한다.

출처. 필자촬영

1) 영장은 왜 생겼을까

영장은 크게 사이고쿠33소 관음영장(西國33所觀音靈場)과 시고쿠88소 영장(四國88所靈場)이 있다. 우선 사이고쿠33소 관음영장은 말 그대로 영험한 33개의 관음성지를 말하고, 이 33개소를 순례하는 것을 영장순례라고 한다. 사이고쿠(西國)라고 부르는 것은 관음영장이 일본의 오사카나 교토 등 서쪽 지역에서 처음 생겨났기 때문에 사이고쿠라고 부른다. 그렇다면 순례지는 왜 33개인 것일까. 이는 『묘법연화경 관세음보살보문품』에서 관세음보살이 중생을 구하기 위해 33개의 모습으로 변한 것에서 유래한다. 따라서 관음의 공덕을 얻기 위해서 33개소의 관음영장을 순례하면 현세에서 범한 모든 죄업이 소멸되고 극락왕생할 수 있다고 믿는 신앙이다.

일본에서의 영장순례는 처음부터 완성된 형태가 아닌 단계적 체계화를 거쳤으며, 중세 후기에서 근세 초기에 걸쳐 현재의 순례 루트의 모습을 갖추게 되었다. 일본의 영장순례는 일본영이기(日本靈異記)나 헤이안 시대의 설화문학, 사찰의 기록에서 찾아볼 수 있다. 이 중 나카야마데라(中山寺) 소장 문헌에는 사이고쿠 영장이 처음 생겨난 이유가 기록되어 있다.

기록에 의하면, 하세데라(長谷寺)를 개창(718)한 도쿠도(655-735) 스님이 갑작스럽게 급사했다. 저승에 간 스님은 명부에서 염라대왕이 '33개의 관음영장의 공덕을 세상에 널리 알려라'라는 명을 받아 다시 소생했다. 스님은 염라대왕에게서 33개 순례지와 인연이 있다는 증거로 받은 삼보인(三寶印)을 나카야마데라의 석관에 넣고 봉안했다. 시간이 흘러 헤이안시대(784-12세기 말)의 카잔 법황(986-1008)이 33개의 순례지를 부활시켜 쇼우쿠 스님과 함께 순례했다.[1] 이것이 영장순례의 시작이 되었다. 하지만,

---

1) 나카야마데라 래유기[中山寺來由記], 1868.

도쿠도 스님과 카잔 법황이 순례한 곳을 기록한 사료는 찾기 어렵다.
또 다른 기록으로는 12세기 말에 만들어진『양진비초(梁塵秘抄)』속 노래 2수에도 순례지가 등장한다.

> ① 성(聖)이 있는 곳은 어디인가. 오오미네(大峯)의 가츠라기(葛城), 이시츠치야마(石鎚山), 미노오(箕面)여, 하리마(播磨)의 쇼샤잔(書寫山), 남쪽은 구마노(熊野)의 나치신궁(那智新宮).
> ② 사방의 영험한 곳은 이즈의 하리유(走湯), 시나노의 도가쿠시(戶隱), 스루가의 후지산, 호우키의 다이센(大山), 단고의 나리아이(成相), 토사의 무로토(室戶)의 문, 사누키의 시도사(志度寺)라고 듣고.

위의 노래에서 ①은 성(聖)을 찾을 수 있는 장소로 나라와 오사카 접경에 있는 가츠라기 수험도량, 시고쿠 편로의 가장 높은 봉우리인 이시츠치야마, 미노오(오사카 부근)의 가츠오지(勝尾寺)의 천수관음을 소개하고 있다.

하리마의 쇼샤잔은 산악신앙과 결합한 수험(修驗)이 중심이 된 곳으로 여의륜관음이 본존이다. 나치신궁은 구마노 지역에 있는 3개의 산 중 하나로 나치산 권현이 나타나는 사이고쿠 관음영장의 대표적인 곳이다.

이상, ①에 표현된 영장은 모두 산림을 중심으로 수행자들이 잘 모이는 성지들을 의미한다. ②는 이즈, 도가쿠, 후지산, 다이센 등 산악수험을 위한 장소들이다. ①이 주로 사이고쿠 영장의 남쪽 순례지들이라면, ②는 북쪽에 위치하거나 보다 험한 산세의 순례지들이다.

나치만다라 그림. 첫 번째 관음순례지이다.
(구마노 나치신사 소장)

시고쿠(四國) 88영장은 시고쿠

지방에서 처음 생겼기 때문에 시고쿠라고 부른다. 이 신앙은 구카이(홍법대사) 스님이 42세 때(815년) 만들었다고 전하고 있으나 실은 그렇지 않다. 구카이가 입적한 후 그의 제자, 신제이가 스승의 유적을 순례한 것으로부터 전승되었다. 시고쿠영장과 관련한 최초의 기록은 다이고지(醍醐寺) 문서에 '시고쿠 편로, 33소 제국을 순례'라고 기술되었다. 또 제80번 순례지인 고쿠분지(国分寺)에는 '시고쿠 편로에 동행 2인'이라는 1513년경의 낙서가 남아 있다. 이후 『금석물어집(今昔物語集)』[2]이나 『양진비초』[3] 등 헤이안 문학에서 등장했다.

수행자 이외에도 일반 서민들이 시고쿠 순례를 시작한 것은 무로마치 시대(1336-1573)에 이르러서였다. 시고쿠 88영장순례가 대중적으로 인기를 끌게 된 데에는 아무래도 변두리 출신의 홍법대사가 수행을 거듭해 영원한 선정에 들었다는 입정신앙(入定信仰)이 일본인들을 매료시켰기 때문일 것이다. 또 당대의 유명한 고승들이 시고쿠영장 순례에 동참하면서 더욱 인기를 끌게 되었다. 관음보살을 주로 조성하는 사이고쿠영장과 달리 시고쿠영장은 홍법대사, 대일여래, 부동명왕 등 다양한 모습의 불상들이 제작되었다.

2) 영장순례 루트

영장을 순례하는 순서가 있는 것인가. 어디에서 출발해야 하는지, 영장을 방문해서 무엇을 하는 것인가에 대한 궁금함이 있을 수 있다. 결론부터

---

[2] 『今昔物語集』권31 제14수 「四国の辺地を通る僧、知らざる所に行きて馬に打ちなされし語」 시고쿠를 순례하고 있던 세 명의 승려가 머물기를 원했던 산속의 집에서 차례차례 말로 바뀌어 마지막 사람이 도망친 이야기. 1200년경.

[3] 우리가 수행하는 모습은 인욕가사를 어깨에 걸치고 짐을 짊어지고, 옷은 어느새 바람과 파도에 젖은 것처럼 낡은 채 시고쿠의 변두리를 항상 밟는다.(我らが修業せし様は忍褥袈裟をば肩に掛け笈を負ひ衣はいつとなくしほたれて四国の辺地をぞ常に踏む) 1180년경.

말하자면, 대체로 순례의 순서가 정해져 있다.

먼저, 직접적으로 순례 루트가 기록된 사료는 2종류가 있다. 하나는 천태좌주(天台座主) 44세 스님과, 온죠지(園城寺) 31세(世) 스님, 뵤도인 스님인 교손(行尊, 1055-1135)이 순례한 후 기록한「교손전(行尊傳)」이다. 교손의 순례길은 현재와 거의 같지만 순서가 다르다.

순서는 나라의 하세데라(長谷寺)에서 시작해 와카야마현의 나치로 내려간 후, 구마노의 해안길을 따라 다시 올라와서 세츠와 하리마를 거쳐 일본해 접경지역인 단고의 나리아이지까지 간 후 다시 교토 옆의 오우미로 돌아온다. 이후 교토 중심의 각 사찰을 순례한 후 마지막으로 우지 지역의 미무로도지(御室戶寺)에서 순례를 끝맺는다. 하세데라로 시작하는 순례 루트는 1211년,「관음33소 일기」(교토 고잔지 소장)에서도 확인되는 만큼, 교손의 순례 루트가 12세기에는 이미 성립되었다고 보는 것이 일반적이다.

사이고쿠 영장순례(출처. 필자 정리)

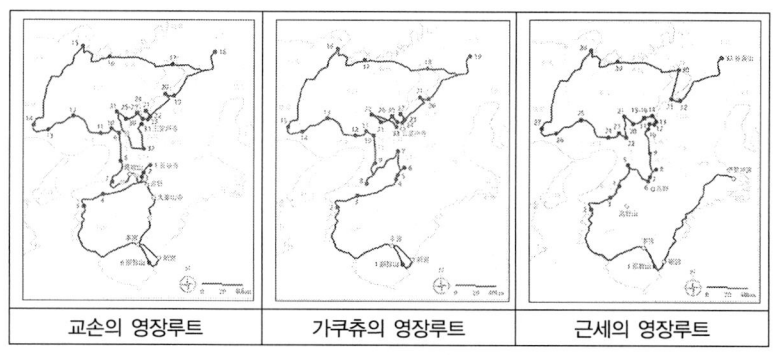

| 교손의 영장루트 | 가쿠츄의 영장루트 | 근세의 영장루트 |

또 다른 하나는 천태좌주 50세 스님과 온죠지 36세인 가쿠츄(覺忠, 1118-1177)가 기록한「관음영소 삼십삼소순례기(觀音靈所三十三所巡禮記)」가 있다. 가쿠츄는 '1161년 정월, 33소를 순례하고 이것을 기록한다.'라는 기록을 남기고, 순례의 첫 번째 장소로 나치산(那智山)을 방문했

다. 그는 나치산 이후 야마토와 가와치를 거쳐 셋츠의 나카야마데라(仲山寺)→단코의 나리아니지(成相寺)→오우미, 미노→교토→우지의 미무로도지에서 끝냈다. 가쿠츄의 루트는 전반부가 현재의 순례루트와 비슷하고 후반부는 교손의 루트와 유사하다.

현재의 루트와 유사하게 된 것은 무로마치 시대(1336-1573)에 들어서부터이다. 『사츠죠슈(撮壤集)』(1454)의 「33소 순례」가 현재와 유사한 순례 루트가 기술되어 있으며, 이후 텐인 류다쿠(天隱龍澤)가 편찬한 『텐인어록』(1499)에는 '남기(南紀)의 나치에서 시작해 토노의 타니구미(谷汲)에서 끝나다.'라는 기록이 남아 있어서 15세기에 완성된 루트가 현재에 이르고 있다고 보고 있다.

현대의 사이고쿠 33소관음영장(출처. 필자 정리)

번호	사원명	영장본존	번호	사원명	영장본존
1	나치산 세이간토지 (靑岸渡寺)	여의륜관음	18	교토시 쵸호지(頂法寺)	여의륜관음
2	기미이산 기미이데라 (紀三井寺)	십일면관음	19	교토시 교간지(行願寺)	천수관음
3	기노가와시 고가와데라 (粉河寺)	천수관음	20	교토시 요시미네데라 (善峯寺)	천수관음
4	이즈미시 센후쿠지 (施福寺)	천수관음	21	가메오카시 아나오지 (穴太寺)	성관음
5	후지이데라시 후지이데라 (葛井寺)	천수관음	22	이바라키시 소지지 (総持寺)	천수관음
6	나라현 미나미홋켓지 (南法華寺)	천수관음	23	미노오시 가츠오지 (勝尾寺)	천수관음
7	나라현 오카데라(岡寺)	여의륜관음	24	다카라즈카시 나카야마데라(中山寺)	십일면관음
8	니리현 히세데리(長谷寺)	십일면관음	25	가토시 키요미즈데라 (清水寺)	천수관음
9	나라현 고후쿠지 난엔도 (南円堂)	불공견색관음	26	가사이시 이치죠지 (一乗寺)	성관음
10	우지시 미무로도지 (三室戸寺)	천수관음	27	히메지시 엔교지 (圓教寺)	여의륜관음

11	교토시 다이고지(醍醐寺)	준지관음	28	미야즈시 나리아이지 (成相寺)	성관음
12	오오쯔시 쇼도지(正法寺)	천수관음	29	마이즈루시 마츠오데라 (松尾寺)	마두관음
13	오오쯔시 이시야마데라 (石山寺)	여의륜관음	30	나가하마시 호곤지 (宝厳寺)	천수관음
14	오오쯔시 미이데라 (三井寺)	여의륜관음	31	오우미하치만시 쵸묘지 (長命寺)	천수/십일면/성관음
15	교토시 이미구마노간논지 (今熊野観音寺)	십일면관음	32	오우미하치만시 간논쇼지 (觀音正寺)	천수관음
16	교토시 키요미즈데라 (清水寺)	천수관음	33	기후현 타니구미산 케곤지 (華嚴寺)	천수관음
17	교토시 로쿠하라미쯔지 (六波羅蜜寺)	십일면관음			

시고쿠 영장은 홍법대사가 수행한 장소를 근간으로 정하기 때문에 순례 루트가 좀 더 간단하다. 이 영장은 도쿠시마현, 고치현, 에히메현, 카가와현의 4개 지역에 88개의 영장이 위치한다. 발심의 도량인 도쿠시마에 23개의 사찰이, 수행의 도량인 고치에 16개의 사찰, 보리의 도량인 에히메에 26개 사찰, 열반의 도량인 카가와에 23개의 사찰을 배치했다.

3) 복제영장 조성과 관광화

일본의 영장은 한국과 어떤 관계가 있을까, 혹은 한국에도 일본의 영장이 있는 것일까. 답은 한국에도 일본의 영장이 있다. 일제강점기 시기 한국에 거주한 재조일본인들에 의해 전국에 조성되었다. 그 이유는 근세 이후 일본의 영장 변화에서 찾을 수 있다.

중세에 이르면 영장 순례는 일반인도 참가하는 보다 확장된 형태로 바뀌었다. 신앙을 위해 자연 발생한 관음순례가 에도시대에 이르면 놀이라는 개념이 더해진다. 에도 33소, 교토 낙양 33소, 아이즈 33소, 모가미 33소, 신노 33소, 도토미 33소 등 풍광 좋은 곳에 가서 관광을 겸해 관음순

례를 하는 풍습이 성행했다. 이러한 영장을 우츠시영장(写し靈場, 이하 복제영장)이라 부른다. 우츠시(写し)는 '옮겨온다, 복사한다'라는 의미로, 사이고쿠 관음영장을 복제해 옮겨오는 것으로 미니어처(축소판) 형태로 제작되기도 한다.

축소판 복제영장(출처: 필자촬영)

복제영장의 시작은 사이고쿠 영장순례가 성행하면서 지방의 다이묘들이 자신의 거주지 주변에 영장을 권청해 새로운 관음순례지를 만들면서 시작되었다. 이것을 '사이고쿠 복제영장'으로 부른다. 가장 이른 시기에 조성된 것으로는 미나모토 요리토모(源賴朝)가 만들었다고 전하는 반도(坂東) 33개소(1234년)가 있다. 무로마치 시대에는 지치부(秩父) 34개소가 복제영장으로 만들어지는 등 복제영장은 근대까지 지속적으로 제작되었다.

중세 이후 복제영장이 활성화된 연유는 경제적, 지리적 요인이 크다. 순례 경비와 불편한 교통 때문에 순례를 떠날 수 없는 이들이 자신의 거주지 근처에서 순례할 수 있다는 이점이 컸기 때문이다. 이러한 복제영장을 순례하면 원래의 사이고쿠나, 시고쿠의 모든 순례지를 참배했다는 의미를 갖게 된다.

새로운 순례 루트 개발 역시 복제영장 조성을 성행하게 했다. 일례로, 1932년 신문사 3곳이 독자들을 대상으로 성덕태자의 '화의 길(和の道)'에 대한 인기투표를 실시했다.[4] 투표 결과, 사이고쿠 33소관음영장을 제외한 인기 있는 사원을 정리해 신사이고쿠(新西国) 33소관음영장으로 명명

---

4) 오사카 시사신보, 코베신문, 교토일일신문.

했다. 이 신사이고쿠에는 성덕태자와 관련 있는 오사카의 사천왕사, 에이후쿠지(叡福寺)·다치바나데라(橘寺)·아스카데라(飛鳥寺) 등이 새롭게 포함되게 되었다. 나아가 1967년에는 5개의 절이 추가되어 38소가 되는 등[5] 근대에는 사이고쿠와 시고쿠 모두 영장의 수가 추가되는 공통점을 가진다.

특히 1920년대를 전후로 일본 본토는 관광정책과 도시정책이 활성화되었고, 이를 계기로 영장 역시 편로화(遍路化)가 진행되었다. 이로 인해 영장순례는 대중화되었으나 동시에 행락화가 야기되었다. 영장의 관광순례

동국사 사이고쿠 관음영장.
(출처: 필자촬영)

는 신문사가 주도적으로 기획하는 경우가 많았다. 1908년 〈오사카 마이니치 신문〉에서 기획한 시고쿠 순례 경쟁은 전국단위로 실시한 최초의 기획이라 볼 수 있다. 이후 1930년대에 이르면 놀이기구가 등장하고, 순례자가 숙박할 수 있는 여관업이 성행했다.[6] 이와 같은 형태의 관광순례를 당시에는 '모던 순례'라고 불렀고, 일제강점기 시기 한국으로까지 넘어오게 되었다.

---

5) 〈新西国〉をバス巡礼〉, ≪奈良新聞≫, 奈良新聞社, 2014.11.13.
6) 森正人, 『四国遍路の近現代 -モダン遍路から癒しの旅まで』, 創元社, 2005.

2. 호남지역의 영장 : 군산 동국사

1) 사이고쿠 복제 관음영장과 수본존불

동국사에 조성된 사이고쿠 복제 관음영장은 비교적 원형이 잘 보존된 형태이다. 동국사 관음영장과 관련된 사료 중 『군산부사』에는, '신축 후 사원 뒤쪽에 33관음불을 조성하고, 대정 9년(1919) 범종 주조로 유명한 교토의 다카하시 사이지로가 범종을 주조했다'[7])는 기록이 있다. 『군산개항사』에는 '1915년, 신도가 점점 증가해 대범종을 주조하고 사원의 뒷산에 33개소 석상불을 건립하기에 이르렀다'[8]) 는 내용이 있다. 이들 기록으로 미루어 1915년경부터 대웅전 뒷산에 33개의 관음군 조성을 위한 논의가 이루어졌던 것으로 보인다. 보다 직접적인 기록은 현재 동국사 앞마당에 있는 관음석불군 중, 자안관음(子安觀音)의 광배 뒷면과 기단의 명문에서 확인된다.

> 대정 11년(1922) 발원, 금강사 2세 나가오 켄겐이 9월 17일 건립했음을 삼가 기록한다.[9]) (광배 뒷면)
> 33번 타니구미산(谷汲山) 나무자안관세음. 건립자 미야자키 가타로, 오자와 토지로, 시모다 기치타로[10]) (기단 앞면)

기단에서 '타니구미산 나무자안관세음'은 사이고쿠 관음영장 33번째 순례지인 타니구미산에 있는 케곤지(華嚴寺)라는 사찰에서 자안관세음보살(자안관음)을 모셔왔다는 의미이다. 자안관음에 대해서는 뒤에 이야기

---

7) 『군산부사』, 1935, 130쪽.
8) 保高正記, 『군산개항사』, 1925, 294쪽.
9) 大正十一年發願 錦江寺 二世○○○○ (長岡玄鼎?) 謹誌 九月十七日建立
10) 三十三番谷汲山 南無子安觀世音 建立者 宮崎佳太郎 大澤勝十朗 下田吉太朗

하겠다. 또한 동국사 복제영장은 금강사의 대표 단가(시주자)인 미야자키 가타로, 오자와 토지로, 시모다 기치타로가 조성했다는 의미이다. 이후 동국사의 관음영장은 1932년에 대웅전 옆 야산을 없애고 화단을 조성하면서 야산에 안치되어 있던 석불군을 종각 옆으로 이동했다. 해방과 한국전쟁으로 흩어졌던 영장들은 2014년 2월, 주차장 조성공사 당시 주변 민가의 마당에서 보살상 좌대 5기가 발견되었고, 2015년에는 소각장 근처에서 좌대 10기가 발견되었다. 현재, 동국사는 33기의 관음불과 7기의 수본존불(守本尊佛)을 포함한 총 40기의 석불군이 있다.

동국사의 사이고쿠 복제영장의 크기는 대체로 70×40㎝(높이×폭)의 불상들이다. 동국사의 복제영장은 전체 규모나 불상의 크기가 축소판으로 조성되었다는 점에서 다른 지역의 복제영장과 유사하다. 하지만 다른 지역의 영장들이 광배 안쪽에 일련번호를 새겼다면, 동국사는 좌대에 일련번호와 시주자명을 새기고 그 위에 불상을 안치했다.

동국사 관음보살상   동국사 좌대(12번)   서울 화계사 3번 불상
출처. 필자촬영

더해서 동국사 관음영장의 특징은 수본존불(守本尊佛)이 존재한다는 점이다. 7기의 수본존불이 제작된 명확한 시기는 찾기 어렵다. 1925년 간행된 『군산개항사』나 1935년 간행된 『군산부사』에서는 등장하지 않는 점으로 미루어 1935년 이후에 수본존불이 조성되었을 가능성이 크다. 아래의 표는 현재 동국사가 소장하고 있는 수본존불의 현황이다.

동국사 소장 7기의 수본존불(출처: 필자 정리)

명칭	명문	12본존
천수관음보살(없음)		쥐(子)/ 12월생
허공장보살상	축인년수본존(丑寅年守本尊)	소(丑), 호랑이(寅)/ 1·2월생
문수보살상	묘년수본존(卯年守本尊)	토끼(卯)/ 3월생
보현보살상	진사년수본존(辰巳年守本尊)	용(辰), 뱀(巳)/ 4·5월생
세지보살상	오년수본존(午年守本尊)	말(午)/ 6월생
대일여래상	미신년수본존(未申年守本尊)	양(未), 원숭이(申)/ 7·8월생
부동명왕상	유수본존(酉守本尊)	닭(酉)/ 9월생
아미타여래상	술해수본존(戌亥守本尊)	개(戌), 돼지(亥)/ 10·11월생

　수본존불은 1930년 이후 전쟁이 격화되면서 생명을 지켜준다는 수본존 신앙과 연결된 일종의 오마모리(お守り)로 볼 수 있다. 수본존불과 33기의 관음불의 제작 시기가 다르다고 보는 데에는 몇 가지 이유가 있다. 수본존불은 광배에 글을 새기거나 좌대와 불상이 분리되지 않은 일체형으로 제작하는 등 33관음불과는 제작 방법에 다소 차이가 있기 때문이다.

　수본존 신앙은 태어난 해의 12간지가 인간을 지켜준다는 수호신앙으로 원래 13불(佛) 신앙과도 관련이 있다. 13불은 에도시대 이후로는 명부의 시왕과 연결해 망자를 추선공양하는 부처 13분을 지칭하게 되었다. 이 중 8분의 부처가 12지신의 수호부처와 일치해 8분의 수본존을 모시는 신앙으로 발전했다.

2) 자안관음과 단가

　동국사의 경우, 8수본존 중 자생년(쥐)에 해당하는 천수관음보살은 존재하지 않고, 대신 자안관음(子安觀音)이 봉안되었다. 일반적으로 33관음 중 자안관음은 자생년(쥐) 수본존을 대체한다고 본다. 이는 천수관음이 자안관음으로 화현했다고 보는 시각이 있기 때문이다. 자안관음은 아이를 유산하거나 빛을 보지 못한 어린아이의 영가천도를 기원하는 모자수

자관음(母子水子觀音) 신앙에서 비롯되었다. 자안관음 신앙은 아이를 건강히 낳기를 기원하는 신앙으로 근세 이후 성행했다. 자안관음과 수자관음 모두 아이를 품에 안고 있는 모습으로 동일하지만, 수자관음 주변에는 물이 있다는 차이가 있다. 동국사의 자안관음은 원래 물을 담았던 석조물이 자안관음 아래에 존재해, 동국사의 자안관음은 수자관음의 역할도 겸했다.

수본존불 부동명왕
(출처: 필자촬영)

동국사 사이고쿠 관음영장은 누가 왜 조성했는가. 「금강사(현 동국사)사원창립원」에는 동국사가 포교소를 처음 연후 포교방침을 단신도의 안심입명(安心立命)으로 한다는 내용이 있다. 즉 동국사의 포교목적과 대상은 조선인이 아닌 일본인 단신도임을 분명히 했다. 동국사의 관음영장은 일본인의 신앙생활과 네트워크 구축을 위해 조성되었다. 여기에서 단신도는 사찰을 후원하는 후원자로 흔히 단가, 단월로 부르기도 한다. 일본인들은 결혼이나 장례, 이사 등 집안의 대소사를 보고하는 가족 사찰이 에도시대부터 정해져 있다.

군산 동국사의 경우, 이들 단신도가 빛을 발한 때가 금강사 건립과

자안관음

자안관음 후면 명문

3번 영장
한다 토메코
이케다 히사코
기시다 도키코
하타케다 나카지로
(출처: 필자촬영)

관련해서이다. 「사원창립원」에는 금강사 창립에 기부한 단가 30명의 명단이 기록되어 있고, 이 중 호남 최대 지주인 미야자키 가타로가 토지 300평을 기부해 금강사가 건립되었다고 내용이 전한다. 『군산개항사』에서도 36인의 단가명단이 있는데, 이들 단가의 활동이 확인되는 곳이 바로 동국사 관음석불군 기단과 좌대에서이다.

먼저 좌대에는 영장의 번호와 해당 번호의 불상을 조성한 기부자의 이름을 새긴다. 기부자는 가족 단위거나 몇 명이 함께 조성하는 형태이다. 자안관음을 안치한 기단 역시 단가들의 이름이 새겨져 있다. 기단 앞면에는 미야자키 가타로, 오자와 토지로, 시모다 기치타로 3인의 동국사 대표 단가가 음각되어 있다. 기단의 뒷면 명문에는 관음강(觀音講)을 발기해 (석불을) 관리할 사람으로 21인의 여성들을 음각했다. 그리고 동국사 관음영장 조성에 사용된 석재료는 모두 논산에 사는 마츠우라 요시카즈가 기부했고, 석공은 마루야마 세이자부로라는 내용이 새겨져 있다.[11]

자안관음 기단 앞면　　　　기단 후면.　　　　기단 후면 탁본.
　　　　　　　　　　　　　　　　　　　　　　(출처: 필자촬영)

---

11) 観音講発起世話人 水(永?)澤さだ□ 宮崎へい子 増田つた子 熊本いち子 今石ゆき子 大澤み□(と?)子 板谷て(?)い子 稲垣しめ子 井上いつ子 下田たね子 松山みた(?)子 谷口たま子 安部とき子 林つる子 保高きみ(?)子 青野よさ子 岡崎十代子 尾崎たけ(?)子 中井十□子 □□とく子 越岡む(?)か子 三十三所 石材悉皆寄付 論山 松浦義一 石工匠 丸山清三郎

기단 후면의 21인의 여성 중, 두 번째 줄의 미야자키 헤이코(宮崎へい子)는 호남 최대의 농장주인 미야자키 가타로의 부인이다. 세 번째 줄의 오자와 미토코(大澤美都子)는 오자와 토지로의 부인이다. 명문에는 「사원창립원」이나 『군산개항사』에 기록되지 않은 단가의 이름도 보인다. 예를 들어 네 번째 줄의 아베 토키코(阿部とき子)는 목재와 건축 재료를 판매하는 아베상점의 아베 에이타로(阿部榮太郎)의 가족이다. 동국사 내 단가의 활동은 남성으로 국한되지 않고 부부가 함께 활동했다. 이 중 관음강은 여성이 주축이 되었고 남성이 필요에 따라 참여하는 형태였다.

3. 호남지역의 영장: 목포 유달산 시고쿠 복제영장

1) 영장의 흔적

유달산은 산 전체에 신앙의 흔적들이 잔존하지만, 많은 이들은 유달산 일등바위의 홍법대사와 부동명왕만을 연상한다. 유달산에 시고쿠 복제영장을 조성할 당시 등산로 초입부터 일등바위까지 소형 석불들이 산 전체를 뒤덮었다. 하지만 구체적으로 몇 기가 제작되었고 현재 몇 기가 온전히 남아 있는지는 파악하기 어렵다. 시고쿠 영장은 앞에서 언급했듯이 일반적으로 88불이 조성되지만, 근세 이후에는 확장된 형태로 100기가 넘는 불상들이 제작되기도 한다. 유달산 복제영장의 경우, 당시의 자료가 부족하고 한국의 내부적 상황에 의해 영장들이 파손·방치돼 이동추적이 쉽지 않다. 이러한 점을 염두에 두면서 유달산 영장의 흔적들을 추적하겠다.

먼저, 유달산 일등봉에서 이등봉 사이에는 불상을 안치한 흔적들이 쉽게 발견된다. 당시의 순례루트는 유달산의 88불(佛)을 순례하고, 맨 마지막에 일등봉 바위 면에 새겨진 홍법대사상 앞에서 불공을 드렸다. 영장의 모습은 보통 높이 65~80센치, 폭 35~40센치 크기의 소형석불들이다. 불상은 신체와 광배가 붙은 일체형으로 광배 안쪽에는 각 석불의 번호와 불상명을, 좌대에는 시주자의 이름을 새긴다. 88불의 제작 방법은 유달산 바위에서 바로 조각하는 것이 아니라, 외부에서 제작한 후 완성품을 바위 위에 끼우거나 고정시켜 세우는 방법으로 조성되었다. 주로 바위를 깎아 불감을 만들고 그 안에 석불을 안치하거나 바위 위에 불상을 놓는 형태였지만, 현재는 좌대만 남아 있거나 정보를 알 수 있는 앞면은 의도적으로 훼손한 상태이다. 유달산 영장을 파악할 때 중요한 단서가 되는 것은 우선 좌대에 새겨진 인물정보이다.

기단 흔적

(출처: 필자촬영)

유달산에서 발견된 좌대 중 비교적 선명하게 명기가 남아 있는 것으로는 스즈키 토요타로(鈴木豊太郎)라는 발원자의 좌대이다. 좌대에는 발원자가 시코쿠의 에히메현(愛媛県) 출신으로 목포역 앞에서 시코쿠 여관을 경영한다고 새겨져 있다. 당시 목포의 숙박업은 일등여관과 이등여관으로 나뉘었고, 시코쿠 여관(무안통)은 이등여관으로 분류되었다. 스즈키 토요타로에 대한 인물정보는 일제강점기 당시 조선에서 근무한 육군대위 스즈키 토요타로가 존재한다. 그가 군에서 은퇴한 뒤 목포에 기반을 잡았는지는 불분명하며, 이에 대한 향후 조사가 필요하다.

목포문화원 소장 여래상은 비교적 상태가 양호한 것으로 좌대에 22번이라는 번호가 새겨져 있다. 하지만 불상의 수인과 구체적 내용을 새겼을 것으로 보이는 광배 오른쪽을 훼손시켜 그 이상의 내용을 알기 어렵다.

시코쿠영장의 22번 절은 하쿠스이잔 보도지(白水山平等寺)로 본존은 약사여래상이다. 약사여래가 본존불이 된 데에는 홍법대사가 보도지에서 수행할 때 오색구름이 일어났고 구름 속에서 황금의 범자(梵字)가 나타났다는 일화가 전하기 때문이다. 약사여래가 나타나 사방을 환히 비추었고, 대사는 우물을 파서 얻은 신령한 물로 몸을 씻고 100일을 수행한 후에 약사여래를 조각하여 보도지에 안치했다고 전하고 있다. 목포문화원 22번 불상이 약사여래인지는 왼쪽 손이 훼손되어서 확인하기 어렵지만, 근세영장불은 대다수 번호로 확인하기 때문에 보도지의 약사여래로 봐도 무방할 것 같다.

목포문화원을 나와 구 동본원사 목포별원에서 옛 일본인들 거주지역으로 연결되는 거리가 있다. 이 구거리의 조그만 골목 끝에 약사사라는 조그만 암자가 있다. 암자에는 홍법대사상 1기와 당시에 제작된 지물과 대좌가 남아 있다. 불상들이 약사사로 오게 된 연유는 명확하게 밝혀진 바 없지만, 해방 이후 유달산 영장이 훼손되고 옮겨지는 과정에서 자연스럽게 흘러들어와 안착한 것으로 추정된다. 좌대 위에는 지장보살을 안치시켰는데 서로 짝이 다른 임의적인 것으로 좌대와 지물에는 '1930년 4월 마츠다 록페이(松田六平) 외 3인의 시주자가 조성했다'는 발원자명이 새겨져 있다. 유달산의 좌대들은 다른 지역의 영장과 달리, 공통적으로 발원자명과 현재 거주지, 일본 내 출신지가 표기되어 있다. 발원자들은 야마구치현 출신으로 목포에 거주한 토미나가 스미(富永スミ)를 비롯해 인근 지역인 강진, 영암, 해남 등 다양하다. 특히 구마모토 출신으로 제주도에 거주하는 □노 토시타로(□野年太郎)라는 인물도 영장 조성에 참여하는 등 타지역에 거주하는 일본인들도 대거 참여한 것으로 보인다. 아쉬운 점은 스즈키 토요타로 이외에는 직업명이 기록된 좌대가 아직 발견되지 않았다.

(출처: 필자촬영)

　달성동에 위치한 유달포교원에도 10번, 14번, 19번, 38번, 54번 총 5구의 석불이 존재했으나, 유달포교원은 오래전에 문을 닫은 상태이다. 포교원터는 현재 사유지이며 석불들의 행방이 묘연하다. 다만, 유달포교원을 운영했던 반야사에 2번 석불 1구가 파손된 형태로 남아 있다. 삼학사(연동 소재지)에서도 복제영장의 일부를 소장하고 있었으나, 소재지 일대가 공원조성으로 인해 용당동으로 이전했다. 하지만, 삼학사가 용당동에서 다시 이전하면서 소재지가 불분명해졌고 복제영장 유무 역시 현재 파악하기 어려운 상태이다.

　이외에도 유달산 초입에 위치한 정광정혜원에서도 일제강점기 시기에 제작된 석불들이 확인된다. 정혜원은 1917년 일본승려 도현 스님이 홍선사라는 이름으로 창건한 사찰이다. 해방 후 만암 스님이 정광정혜원으로 사찰명을 바꿨으며, 현재는 조계종 백양사 말사로 등록되어 있다. 정혜원 마당 한쪽에는 1931년 이즈미 기헤이(泉喜平)의 시주로 조성된 일본풍 보현보살상과 5층 석탑이 놓여 있다. 유달산 영장과 비슷한 시기에 조성되었지만, 유달산 석불들과는 그 성격이 달라 정혜원의 불상들은 시고쿠 영장으로 보기는 어렵다. 단, '민간유지자들이 찻집을 열고 시고쿠 88개소 영장을 모방했다'는 기록 등으로 미루어 유달산 주변에는 이러한 유형의 석불들을 제작해 소장하거나 기증하는 일이 잦았던 것으로 추정된다.

2) 유달산과 신

유달산 영장에는 시고쿠 영장 석불들만 존재하는 것이 아니라 신(神)의 영역도 존재한다. 여기에서 이야기할 신이란, 한국 전통의 신이 아닌 일본의 신을 말한다. 현재는 존재하지 않지만 유달산 입구 초입에 신의 영역을 표시하는 토리를 세웠고, 일등바위 바로 아래에 있는 손가락바위에는 '유달산신사(儒達山神社)'라고 암각해 놓았다. 일등바위에는 시고쿠 영장의 상징인 홍법대사와 부동명왕을 암각해 놓았다. 따라서 일등바위 주변은 신과 부처를 함께 모시는 습합이 일어나는 장소이기도 하다. 1937년본 사진에는 홍법대사상 아래에 제를 올리는 불단을 확인할 수 있다.

일등바위에서 소요정 가는 코스 중, 마당바위에서 관운각으로 내려가는 길목의 계단이 끝나는 지점에서 좌측 오솔길로 10m정도 들어가면 '정일위 이나리 대명신[正一位稻荷大明神]'이 새겨진 비문과 그 양옆으로 여우를 안치한 이나리 신사[稻荷神社]가 위치한다. 『목포사진첩』 (1932)에는 이 이나리 신사에 대해 '1928년에 유달산 등산도로가 개통되었고, 1931년 88영장이 산 전체에 안치되었다. 해발 225m의 유달산 정상에서는 홍법대사와 부동명왕, 이나리신에게 제사를 지낸다'[12]고 소개하고

---

12) 山本精一 編, 『목포사진첩』, 목포신문사, 1932, 39쪽.

있다. 즉, 홍법대사상 바로 아래에 이나리 신사를 위치시켜 함께 제를 지내는 신도와 불교가 습합한 형태이다.

신사 기단부에는 '□□□(山形県?) 須川出身 木浦 高谷勝平 昭和 六年二月初午 建立 大分県 中津出身 木浦 坂本祜敏 石工 原田勝造'가 새겨져 있다. 기단의 내용에 의하면, 이나리 신사는 현재 목포에 거주하는 야마가타현 스가와 출신 다카타니 가쓰히라와, 오이타현 나카쓰 출신 사카모토 토시 두 사람이 발원했다. 석공 하라다 가쓰조가 1931년 2월 초오(初午, 7일)에 건립했다는 명기가 새겨져 있다. 초오는 이나리신의 생일(음력)을 지칭하는 것으로, 이나리 신사에서는 대체적으로 음력 2월 7일에 제를 올린다. 따라서 유달산의 이나리 신사 역시 1931년 음력 2월 7일(3월 25일)에 이나리신을 모시는 초오제(初午祭) 때 봉안한 것으로 보인다.

다만, 이나리 신사의 건립은 관이나 종교단체가 주관한 것이 아닌, 개인 발원을 위해 조성한 개인적 성격을 갖는다. 더해서 불교 영장에 신사가 조성된 연유는 홍법대사 신앙이 신불습합의 성격을 갖기 때문에 영장 내의 신사 조성은 당연하다. 유달산 영장 조성에 참여한 이들은 목포를 중심으로 상업활동을 하는 이들이 주축이 된다. 따라서 이들이 사업 번창 등 재물과 관계가 깊은 이나리 신사를 조성한 것으로 추정된다.

또 다른 신의 영역은 이등바위 정상으로 가는 길목 왼쪽에 자리한 '산왕대성전(山王大聖殿)' 터이다. 흔히 대성전터로 불리고 있는 이곳은 암벽에 '이 산에 항상 머물러 계시는 신성한 산왕대신(此山局內恒住 大聖山王大神)'이라는 글귀와 함께 동물의 머리에 사람 형상을 한 의문의 인물이 암각되어 있다. 바위 곳곳에도 의문의 암각화들이 새겨졌고, 바닥에는 작은 암자가 있었던 것으로 추정되는 주춧돌의 흔적이 남아 있다. 산왕대성전 우측 아래에는 일제강점기 때 조성된 '향천정(香泉井)'이라는 샘터가 있다. 향천정은 두 개의 기둥이 받치는 인공동굴로 산왕대성전과 함께 조성한 것으로 추정된다.

(출처: 1937년본 사진-충청남도청 직원 촬영, 제공처-개인소장/ 이외 필자촬영)

인공우물을 지키는 대성전을 조성한 데에는 목포의 지형적 제약이 컸던 것으로 보인다. 목포는 지형 특성상 임야지를 제외하면 대부분 암산과 매립지여서 개항 초기에 거류민들은 수원 확보에 어려움을 겪었다. 당시 거류민들이 가장 시급하게 해결해야 할 문제가 식수 확보와 상하수도 설비였다. 거류민들은 1910년 제1·2 수원지 확보에서부터 제4수원지 설비(1927)까지 지속적으로 수원 확보를 위해 재정을 사용했고, 수원지 옆에 신사를 세워 수원을 보호했다. 따라서 유달산 내에서도 수원 확보는 중요한 문제이고, 원천에 신을 모시는 것은 자연스러운 수순이었다.

문제는 향천정이 신사의 신이 아닌 산왕을 모셨는데 이 산왕이 일본불교의 습합을 의미하는지, 아니면 조선의 토속신을 의미하는지는 좀 더 고민해볼 문제이다. 다만, 대성산왕대신大聖山王大神이라는 용어가 조선의 토속신에게 잘 사용하지 않는 용어라는 점과 이 지역이 조선인보다 거류민들의 필요성에 의해 조성한 곳이란 점은 주목할 필요가 있다. 거류민들은 홍법대사가 일본 고야산(高野山)의 토속신을 산왕으로 격하시켜 자신의 아래에 둔 것처럼, 유달산 본신을 대성산왕대신으로 격하시켜 홍법대사의 아래에 유달산 본신을 둔 것으로 파악된다.

4. 호남지역 재조일본인의 종교활동과 네트워크

1) 호남지역에 침투한 일본불교

군산 동국사의 사이고쿠 관음영장과 목포 유달산 시고쿠 영장은 일종의 종교시설물이다. 이러한 일본의 종교시설물이 단순히 일제강점기라서 조성되었다는 시각은 더 이상의 이야기가 진척되지 않는다. 왜 이 시기에 조성되었는지 알기 위해서는 일본불교가 조선에서 어떻게 정착했는지 살펴볼 필요가 있다.

일본불교의 한국침투는 1877년, 정토진종 오타니파(大谷派) 동본원사(東本願寺)가 부산에 동본원사 별원 설립을 시작으로 원산·부산·목포 등 개항장을 중심으로 개원했다. 이후 정토종·일련종·조동종·진언종·임제종·정토진종 서본원사파 등 일본의 주요 종파가 한국에 모두 들어와 포교소를 개설했다. 일본불교는 청일전쟁을 기점으로 전쟁에 협력하는 자세를 취하면서 아시아 포교활동을 했다. 이 점에 대해 일본의 연구자들은 '일본의 아시아 침략과 불교는 나누어 생각하기 어렵고, 서로 협력관계였다'[13]라는 공통된 시각을 형성하고 있다. 당시 정토진종과 일련종, 정토종에서는 만주에 종군승을 파견하였고, 러일전쟁이 발발하자 일본불교는 세력 확장을 위해 각 지역에 별원과 포교소 개설에 중점을 두었다. 그 결과 1911년까지 한반도 전역에 167개의 포교소가 개설되었다.

호남지역에서 가장 먼저 일본불교가 진출한 곳은 광주였다. 하지만 진출 의도의 측면에서 살펴볼 경우, 목포를 우선순위에 두어야 한다. 목포에 가장 먼저 들어온 종파는 정토진종 동본원사파였다. 광주에 머물면서 포교활동을 하던 오쿠무라 엔신(奧村圓心)이 영사 히사마사 사부로의 주선으로 개교 승인을 받고, 니시야마 가쿠류를 목포별원의 초대 주지로 파견했다. 니시야마는 포교활동 중 목포 최초

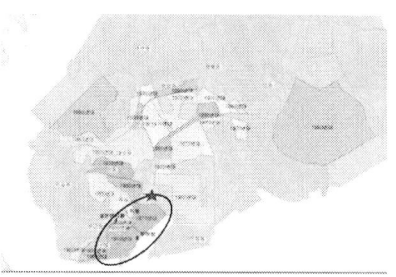

목포 조계지(출처: 『목포시사』(2017). 지도에 필자 표기)

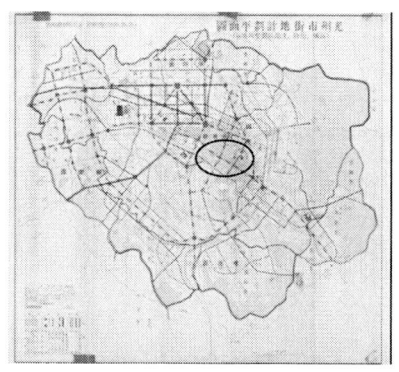

광주 정토진종 위치(출처: 「광주시가지계획평면도」(1939)에 필자 표기)

의 일본인 교육기관인 목포심상고등소학교(1897)를 개교했다. 이어서 진언종, 정토종, 정토진종 서본원사파, 일련종, 조동종, 임제종의 순으로 일본 6대 종파가 1920년대까지 모두 들어왔다. 이들 종파는 조계지를 중심으로 포교소를 열었는데 현재 목포역 앞의 구도심 오거리 주변에 위치한다.

이 중 유달산의 시고쿠 88개소영장과 관련 있는 진언종은, 1901년 복산정(복만동) 3번지에 고야산 콘고지(金剛寺)의 출장소로서 포교를 개시했다. 초기에는 거류민 가구수가 300호에도 미치지 못했고, 신도 역시 30가

---

13) 藤井健志, 『근대불교』6호, 1999.

목포내 일본불교 설립현황(출처: 『목포부사』(1930). 필자 정리)

종단명		설립연도	소재지	단가/신도
일본 불교	진종 동본원사	1898	주길정→대화정→무안통	179호/
	진언종 대사사	1901	복산정→축정(축복동)	125호/90호(1928조사)
	정토종 정토사	1910	대화정→하정	120호/
	진종 서본원사	1912	경정→무안통	370호/
	일련종 통조사	1912	영정→죽동	132호/150호
	조동종 흥선사	1912	죽동	223호/(1928조사)
	임제종 약사사	1926	남교동→행정→목포진	150호
	진언종 제호파	1925	본정→무안통	/60명

구 불과했다. 하지만 유일하게 신불을 통한 예배소로서 아침과 저녁에 참예하는 이들이 많았다고 밝히고 있다.[14] 실제로 진언종은 1907년 종교선포조례 공포와 함께 사찰 인가를 받고, 단신도가 증가하면서 경제상태가 여유로워졌다. 이후 교세확장을 위해 축정(축복동) 3-5번지에 사찰을 신축이전했다. 나아가 광주, 나주 등 주요 거점지에 출장소를 설치해 정기적으로 포교행사를 할 만큼 교세가 확장되었다. 이러한 교세확장은 비단 진언종뿐 아니라 다른 종파에서도 찾아볼 수 있다. 1915년 '신사, 사원규칙과 포교규칙'이 발표된 이후, 목포에 진출한 각 종파들은 무안통, 쇼와통 일대로 확장 이전하거나 증축을 하는 공통성을 보인다.

광주의 경우, 앞에서 언급한 진종 오타니파의 오쿠무라 엔신이 1897년 9월 광주에서 호남지역 포교활동을 시작했다. 당시 정토진종은 중국과 조선을 해외포교 대상국으로 삼았다. 가장 먼저 1876년 중국 상해에 별원을 설치하고 이듬해(1877) 부산별원을 설치했다. 중국은 오구루스 코쵸가, 조선은 오쿠무라 엔신이 담당했다. 이 오쿠무라가 부산에서 2년간 포교활동을 한 후 광주로 건너와 호남지역 포교활동을 시작한 것이다.

엔신은 원래 목포를 거점으로 포교활동을 시작하고자 했다. 하지만 목

---

14) 『목포부사』, 1930, 367쪽.

포에서 거주지를 마련하지 못하자 거점을 광주로 옮겼다. 엔신이 광주에 들어온 이듬해 그의 여동생인 오쿠무라 이오코(奧村五百子)가 광주에 도착했다. 이들은 함께 부동 방면 보작촌(현 양림동, 불로동 천변)에 위치한 최석철(혹은 최군익)의 집을 백엔에 구입한 후 진종 포교소를 개설했다.15) 광주지역에 정착한 진종 오타니파를 제외한 다른 종파의 유입 여부는 불분명하다. 더해서 엔신이 1899년 건강상의 이유로 귀국하고, 이오코 역시 1900년 북청사변이 일어나자 포교소와 실업학교를 후임에게 맡기고 만주로 떠나면서 포교소는 쇠퇴의 일로를 걷다가 폐쇄되었다.

군산은 가장 늦게 일본인이 정착한 지역이다. 기존의 개항지들은 먼저 정착한 이주민들에 의해 세력이 형성됨에 따라 신개척지인 군산에 새로운 이주자들이 유입되기 시작했다. 군산에 가장 먼저 정착한 일본불교는 역시 정토진종 동본원사였다.(1899) 동본원사는 1905년 천산정(현 동산중학교)에 포교소를 개설했다. 진종의 서본원사는 1912년에 전주통에 포교소를 개설했으나 다시 횡전정으로 이전했다. 이후 1916년 사사규칙에 따라 진종사로 명칭 개정을 허가받았다. 정토진종에 이어 정토종과 일련종이 1904년과 1905년에 군산에서 자리를 잡았고, 진언종은 1911년에 군산에 들어왔다. 군산에 가장 늦게 유입된 조동종은 1913년에 인가를 받았다. 이들 종파는 전정(현 개복동), 천산정, 전주통, 횡전정, 금강정(현 동국사) 등 조계지 주변부에 자리를 잡았다.

흥미로운 점은, 지역에 따라 일본불교의 포교대상이 다르다는 점이다. 광주의 경우, 주요 포교대상이나 신도가 조선인이었지만,16) 목포나 군산은 포교대상과 주요 신도층이 일본인이었다. 군산에 개설된 각 종파의 포교소가 조선인의 거주지인 구릉에 위치하였기 때문에 포교대상이 조선이었다고 보는 시각 역시 존재한다. 하지만 개척지의 도시개발과 토지

---

15) 정토진종, 『조선개교50년지』, 1927.
16) 오쿠무라 엔신, 『조선국 포교일지』, 1898.

부족, 신개척지의 인구이동, 사찰을 유지케 하는 주요 신도층이 누구였는가 등을 고려할 때 조선인이 포교대상이었다는 시각은 재고할 필요가 있다. 이는 일본불교가 메이지 초기(1870년대) 해외포교의 목적을 현지인들 포교로 삼았다가 중국과 조선에 거주하는 일본인 거류민들로 포교의 대상을 바꾼 것과도 연결되는 지점이다.

2) 단가의 경제 네트워크

일본불교가 개항지를 거점으로 세력을 확장했다는 이야기를 앞에서 했다. 개항지가 개발되면서 돈을 벌기 위해 조선인, 일본인 등 새로운 이주민들이 개항지로 유입되었다. 초창기의 일본불교는 새로운 이주민들에게 설법과 불사, 장례, 의료, 교육, 묘지관리 등 공공서비스를 제공하는 것이 포교목적이었다.

마지막 개발지인 군산의 경우, 1899년에 77명밖에 없던 일본인이 1910년에 3448명, 1921년에 6528명으로 도시개발과 함께 인구가 급증했다.[17] 군산의 권력 추이는 초기에 정착한 대마도 출신들이 경제적 이권을 장악했고, 이후 후발주자인 비 대마도 출신들이 이권을 가져갔다. 이 중 1910년 이전에 정착한 비 대마도 출신인 미야자키 가타로(구마모토현), 오자와 토지로(시마네현), 와타나베 센조·아카마츠 시게오(에히메현) 등이 군산의 대표적 단가들이다.

일본불교에서 단가(단월)의 역할은 중요하다. 에도시대 이후 일본인들은 반드시 그 지역의 사찰에 신도로 이름을 올려야 했다. 사찰은 결혼, 이사 등 중요한 행사가 있는 단가에게 허가증을 발부하는 일종의 공생관계를 형성했다. 당시 일본 내에서는 신도가 자신의 불교 종파를 바꿀 수 없었지만, 개척지에 정착한 이주민들은 자신의 경제적 실리에 따라 새로

---

17) 『군산부사』, 18–19쪽.

운 단월관계를 형성할 수 있었다. 더해서 자신과 단가관계에 있는 사찰뿐 아니라 다른 종파의 사찰과도 관계를 맺었다. 여기에는 철저하게 단가[유력자집단]의 경제적 네트워크에 의해 좌우되었다.

호남지역의 최고 부자인 미야자키 가타로는 호남평야를 기반으로 한 농장지주로, 본래 정토종 단가였으나 군산에 정착하면서 조동종으로 단가를 변경했다. 이외에도 조동종의 단가는 오자와 토지로, 시모다 기치타로, 구마모토 리헤이 등이 있다. 정토진종 동본원사의 단가는 이소베 켄야, 나카시바 만키츠. 기타가와 준 등이, 진종 서본원사는 하나오카 쯔루마츠, 나카시바 만키츠 등이 있다. 정토종의 단가는 다카세, 시마타니 야소하찌, 이시다 기타로, 야나기하라 다케지가, 일련종은 고바야시 토라조, 히다카 치요기치가, 진언종은 모리 기쿠고로, 아쿠타가와 모토이치로 등이 각 종파의 단가들이다.

단가들은 군산 내의 무역업이나 상업에 종사하면서 유력집단을 형성했다. 정착 초기에는 이윤 배분을 위해 군산농사조합(1904)을 자체적으로 결성했다. 한일합방을 계기로 군산농사조합이 조선총독부에 흡수돼 군산부협의회로 모습을 바꾸자, 단가들은 군산부협의회의 의원과 군산상공회의소 임원, 군산미곡상조합 임원을 겸하면서 군산지역의 이익을 다시 가져갔다. 즉, 각 종파의 단가들은 군산 상공업을 움직이는 정점에 위치했고, 군산항 축항이나 호남철도 유치, 학교설립 등 이권이 큰 사업에는 경쟁자들과도 협업했다. 따라서 새로 유입된 이주민이 이

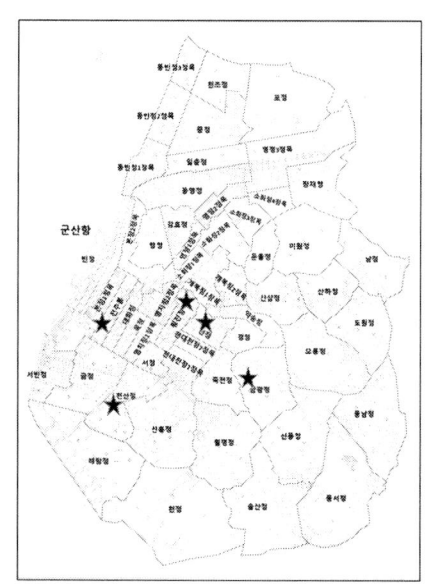

군산 일본불교 위치(출처: 국역 『군산부사』(2019)에 필자 표기)

들 네트워크 안에 들어가기 위해서는 출신지뿐 아니라 단가로서의 활동이 매우 중요했다.

개항 이전의 목포는 2개의 포구와 6개의 자연촌으로 구성된 작은 어촌에 불과했다. 개항 이후, 목포는 선창 초입인 온금동을 시작으로 간척사업을 시행한 결과, 도로가 생기고 신시가지가 생겨났다. 간척지에는 목포부청·영사관·세관·러시아영사관 등의 관공서가 건립되고, 새로운 일본인들이 유입되었다. 일본인의 조선 이주는 메이지 정부가 일본 내에 과잉된 농촌인구 문제를 타결하기 위해 해외 이민을 장려하는 데에서 비롯됐다. 실제 조선 이민은 하와이 이민(1885)이 시작되기 전까지 가장 높은 비중을 차지했고, 일본인의 목포 유입 역시 이러한 일련의 흐름을 타고 있다. 하지만 일본 농민들이 조선에서 농사가 아닌 장사를 하는 것이 더 큰 이익을 얻을 수 있다는 사실을 깨달으면서 장기적인 농민이주정책은 실패하게 된다.

일본 이주자들이 여러 개항지 중에서 목포를 선택한 데에는 경제적 이익과 지리적 여건이 중요하게 작용했다. 경제적으로는 어시장을 설립해 러시아와 청나라와의 무역업을 통해 큰 이익을 얻을 수 있다는 동기가 작용했다. 지리적으로는 목포가 다른 개항지보다 고향에 가깝다는 이유로 야마구치현과 나가사키현 출신들이 초기에 많이 유입되었고, 이후 야마구치현 이주민이 급증했다. 이는 당시 오사카 상선을 비롯한 중소 기선 회사가 급성장하면서 야마구치현이 항로 중계지 역할을 담당할 수 없게 되면서 대량의 실업자가 발생했기 때문이다.

목포의 일본인 유입은 경이로운 수준이다. 1897년 개항 직후 206명에 불과하던 일본인은 꾸준히 증가했다. 단, 1899년과 1904년에는 다소 주춤했는데, 먼저 1899년은 군산 개항과 관련이 있다. 이주자들은 기존의 개항지보다 경제적 정착이 유리한 새로운 개항지를 선호했고, 기존의 개항지에서 경제적 정착을 하지 못했거나 더 큰 경제적 이익을 얻고자 하는 거류민들이 신개항지로 몰렸다. 따라서 이주민들이 군산으로 몰리면서 군산은 목포의 번영에 방해가 되었다.

1904년에는 조선 각지에 러일전쟁을 대비하기 위해 철도를 건설했다. 일본인들이 이권 취득이 용이한 경성·인천 등 철도 건설지로 이동하면서 목포의 일본인 증가추세 또한 멈추었다. 하지만 1904년 이후 목포에 정착한 일본인 이주자는 다시 증가해, 1910년에는 개항 당시와 비교해 10배 이상이 증가했다. 1932년에 이르면 일본인의 수는 8,390명까지 증가하는 등 일제강점기 시기 가장 극적인 인구성장률을 보여준다.[18] 이 시기의 목포 인구수는 내·외국인을 포함해 6만 명을 넘겼고, 당시의 신문에는 '목포의 인구는 1년 만에 5천 명, 약 700여 호가 증가한 것으로 집계되었다.'[19]고 기사화되었다. 인구성장률로 보았을 때, 목포는 물자와 사람들이 모여들면서 비약적인 발전과 도시번영을 이루었다.

그렇다면 도시의 번영과 함께 파생되는 막대한 경제적 이익은 누구에게 돌아갔을까. 이를 위해 목포의 단가들은 어떤 활동을 했는지 살펴볼 필요가 있다. 목포는 개항부터 1910년까지는 진언종 지산파와 정토진종 오타니파가 목포 내에서 큰 세력을 행사하며 이권을 분할했다. 하지만 후발주자로 들어온 종파들과의 다툼으로 인해 각 종파를 총망라하는 목포 불교각종협회가 공식적으로 설립되었다. 협회는 석가탄신일을 비롯한 종교적 행사를 담당하고 목포 내의 사회사업을 공동으로 주관하고 이권을 나누었다.

거류민회의 중심인물들은 니시가와 타로이치(타지마 출신), 다카네 노부레(이바라기현), 기무라 다케오(오사카, 무역), 기무라 후쿠지로(야마구치현), 후쿠다 유조(대마도) 등 부산과 인천에서 생활하다가 목포에 정착한 이들이 주를 이루었다. 이 중 후쿠다 유조의 양부인 후쿠다 조우베는 오쿠무라 엔신의 오랜 신도로 부산포교소 때부터 단가로 활동했다. 후쿠

---

18) 『목포지』, 1913, 298-299쪽.
19) 매일신보, 1935.10.30.

다 유조 역시 양부로부터 무역 부분을 양도받아 목포를 중심으로 한 무역업과 목포전등 발기인 등 이권사업에 뛰어들었다.

정토종 단가로는 다카세 마사타로·마츠에이 우타로·마츠이 유지로·마츠마에 타메노스케 등이 있다. 이들의 이름은 목포 송도신사 창립위원으로 상량 등의 기부자명단에서도 찾을 수 있다. 다카세 마사타로의 경우, 목포뿐 아니라 여수 등지의 농장지주였고, 군산이 신개척지가 되자 군산으로 이동해 군산 정토종 대음사의 단가로 활동했다. 마츠에이 우타로는 목포에서 마츠에이 청주양조장을 운영했고, 마츠이 유지로는 목포전등, 쇼와전기회사를 운영했다.

일련종은 니시무라 이쿠지, 진언종은 히메노 나미(여관업) 등이 단가로 활동했다. 이 중 히메노는 19살 때 해외여행면장을 받아 부산으로 입국했다. 부산에서 활동하다가 청일전쟁이 끝난 후 바로 청나라 톈진으로 옮겨 요리점을 개업했다. 전승의 분위기 속에서 경제적 이득을 취한 후 새로운 개항지인 목포로 들어와 1906년부터 미요시노 여관을 경영하기 시작했다.

단가의 활동이 신앙을 기반으로 이권을 취득한다는 관점에서 바라봤을 때, 목포는 불교각종협의회라는 종교연합단체를 통해 이권을 취득했다. 그 대표적 결과물이 저수지 사업과 유달산 시고쿠 88영장 조성사업이라 할 수 있다.

광주는 개항지와는 다른 양상을 가진다. 오쿠무라 엔신과 이오코 남매가 개설한 포교소와 실업학교는 포교대상이 조선인이었다는 사실은 앞에서 소개했다. 엔신의 『한국포교일지』(1898)에 기재된 일본인(오쿠무라 미츠코, 스기에 츠네사부로, 타구치 닷페이, 가와라이 유켄)은 실업학교

미요시노 여관(1904-1907년경)(출처 미상, 필자 표기)

의 관계자들로, 일본인 단가가 등장하지 않는다. 여기에는 오쿠무라가 포교대상을 조선인으로 삼은 점, 광주지역에 일본인 이주민이 적었던 점(이권사업 부재) 등과 함께 오쿠무라가 바로 목포로 건너간 것이 원인이 되었을 것이다.

3) 관광지가 된 호남의 복제영장

앞에서 근세 이후의 영장은 행락화, 관광의 역할을 겸하게 되었다고 소개한 바 있다. 호남에 조성된 복제영장 역시 유락적 성격이 강했는데, 여기에서 간단하게 소개하겠다.

일본에서 근세 이후의 영장순례는 이전 시기와 달리 놀이와 행락을 겸한 영장순례가 주목적이다. 영장 근처에는 공원과 유원지, 행락지가 있어야 하며, 힘들게 멀리 가지 않아도 되는 생활권 내에서 미니 복제영장의 형태로 존재한다. 근세 이후 영장의 유락화가 진행된 데에는 교통의 발달로 새로운 순례길이 개발된 것이 주요했다. 근대에는 새로운 순례길인 철도가 생기면서 사사참배나 꽃구경, 근교로 여흥을 겸해 미니 복제영장을 순례하고 다시 돌아오는 1일 코스의 영장순례가 유행했다. 일본 내에서 1일 코스 영장순례는 1960년대까지 지속되었다. 대표적인 근현대 순례지로 일본 도쿄 근교에 위치한 다카하타야마(高幡山)의 콘고지(金剛寺)가 있다. 콘고지는 철도가 개통된 이후 소풍과 시고쿠영장 순례를 함께 할 수 있다고 홍보하면서 문전성시를 이룬 대표적인 장소이다.

이러한 관점에서 영장의 모습은 야트막한 야산이나 낮은 언덕에 조성해 지역사회에 신앙과 유락생활을 동시에 제공하는 문화종교의 역할을 담당해야 했다. 따라서 그 지역의 중심지에 위치하거나 멀리 벗어나지 않는 특징을 가진다. 동국사의 경우, 『군산개항사』에서 '사원의 뒷산에 33개소 석상불을 건립했다'라는 기록이 남아 있다. 당시 동국사는 관음석불을 현재의 안치방법처럼 한곳에 집결시키지 않고 뒷산으로 통하는 계단

동국사 대웅전 뒤 야산에 관음영장이 처음 조성되었다.(출처: 필자 촬영)

입구부터 야산 곳곳에 배치한 근세 복제영장의 특징을 그대로 가지고 있다.

지리적 측면에서 살펴볼 때, 동국사가 건립되었을 당시(1913) 동국사 주변은 농경지와 개간지뿐이었다. 하지만 1916-1925년경, 군산거류민단은 막대한 이윤사업이 걸린 유곽사업을 동국사 맞은편에 조성했다. 더해서 군산 최대의 축제인 군산마츠리는 군산신사에서 시작해 콘피라신사, 명치통(중앙로 1가), 소화통(중앙로 2가)을 지나 군산역까지 이어지는 루트를 완성했다. 동국사는 명치통 근처에 위치해 사람들이 쉽게 접근할 수 있는 지리적 이점을 확보했다.

여흥과 신앙을 겸한 이곳을 방문하는 이들은 주로 여성들이었다. 여성들의 방문에는 자안관음의 역할이 컸다. 안산을 기원하고, 혹은 유산한 태아의 극락왕생을 기원하는 여성 신앙의 중심지였기 때문이다. 더해서 단가와 유곽의 여성들뿐 아니라 근교에 거주하는 이들도 소풍을 겸해 참배의 목적으로 방문했다. 방문객들이 동국사 주변을 한 바퀴 산책하며 관음보살을 참배하는 것만으로도 본래의 사이고쿠 33소관음영장을 전부 순례했다는 의미가 된다. 동국사 복제관음영장 역시 소풍과 유락을 즐기면서도 극락왕생할 수 있다는 근세 이후 나타난 관음순례의 모습을 정확하게 보여준다.

목포는 호남선이 개통(1914)되면서 유달산 개발이 시작되었다. 1928년 등산로가 1차로 조성된 이후부터 1940년경까지 공원화 사업이 지속됐다. 이에 대해 『목포부사』에는 유달산을 다음과 같이 기술하고 있다.

"목포역의 바로 앞에 우뚝 솟은 전남의 소금강이다. …최근 이 산을 공원으로 할 것을 의결하고, 1928년 우선 등산로가 개설되어 지금은 노인이나 부녀자도 쉽게 오르내릴 수 있게 되었다. 산꼭대기는 기암괴석이 천태만상으로 온갖 형상이 나타나고, 산기슭에는 녹음이 우거져 속세를 벗어난 듯하였다. 만약 봄, 가을의 한나절 산에 올라 논다면 지상에서 더없는 즐거움이요, 다시 눈을 돌리면 팔백팔의 다도해 경관이 발아래 펼쳐진다. …남쪽 기슭의 옥지(정수도 제2수원)의 부근에서 벚꽃나무가 많아 4월 중하순경 만개할 때에는 시민들의 행락지로 변한다. 11월 초순의 불붙는 듯한 단풍도 매우 아름답다."[20]

유달산 개발에 대해 '목포 유달산을 조선 팔경에 입선시키기 위해 목포부 당국이 바다 풍경 사진을 모집한다',[21] '목포는 재정상의 이유로 연기됐던 유달산 일주도로 공사 입찰을 시행했다.'[22]는 내용이 신문에 기사화되었다. 유달산 일대를 공원화, 명승지로 만들려는 계획은 꾸준히 진행돼 1939년 부산일보에는 목포부와 목포관광협회가 유달산 공원화 실현을 위해 나선형 등산로 개설과 단풍나무를 심는 계획을 발표했다.[23] 다음해(1940.4.23) 목포부는 황기 2600년 기념 유달산 공원화사업을 위한 예산을 상정하고 실지조사를 실시했다. 같은 해 4월 30일에는 유달산 88개소 지장보살 공양법회를 열었다.[24] 정리하면, 유달산 공원화사업은 1920년대 후반에 시작해 10여 년이 넘게 진행되었고, 유달산 시고쿠 88개소 영장은 공원화 기간 중 1931년에 조성되었다.

그렇다면 목포 유달산을 공원으로 조성해야만 했던 필연성은 무엇인가에 대한 물음에 직면한다. 목포부사에는 당시 목포가 시내에 공원부지를

---

20) 『목포부사』, 722쪽.
21) 부산일보, 1935.7.8
22) 부산일보, 1936.9.24
23) 부산일보, 1939.8.13
24) 부산일보, 1940.4.30

확보하지 못했다는 기록이 남아 있다. 송도신사가 목포시민을 위해 경내를 개방해 공원으로 사용하게 했지만, 규모가 작고 소나무가 병충해를 당해 사용이 불가능해졌다. 새로운 공원 조성에 관한 논의는 오래전부터 있었으나 뚜렷이 결정된 바는 없었다. 즉, 유달산 공원 조성은 송도신사를 대신할 대체물로서였다. 우선, 1928년 유일하게 유달산에 등산로를 만들고, 산 전체를 공원으로 만들기 위해 매년 목포부는 시설을 추가 설치했다. 더해서 민간유지자들이 찻집을 열고 시고쿠 88개소 영장을 모방하면서 유달산 주변의 모습이 점차 바뀌고, 유달산은 자연경관과 어울린 복제영장 공원이 된 것이다.

결국, 유달산은 기차역과 시내와의 접근성이 용이했고, 천연의 경관을 보유한 최고의 장소였다. 내지인을 위한 공원과 외지인을 위한 관광명소의 역할을 제공한다는 점이 공원화의 필연성으로 작용했다. 다만, 유달산 시고쿠 88영장은 유달산 공원화 사업(등산로, 식수, 일주도로) 안에 포함되지는 않았었다. 목표불교각종협회가 유달산에서 지장존공양회(1940)를 개최하는 등 공공의 모습도 보이지만, 어디까지나 개인(민간 유치자들)이 등산로에 시고쿠 영장을 모방해 조성한 복제영장이다. 이 점이 군산의 복제영장과는 대별되는 지점이다.

이상, 일제강점기 호남지역에 조성된 복제영장을 소개했다. 호남지역에는 사이고쿠 관음영장과 시고쿠 88영장이 모두 조성되었다. 영장은 일본 거류민들의 신앙을 위한 종교시설물이었지만, 철도 개통과 함께 관광

1937년경 유달산 공원 모습. 사진 속 인물은 충청남도청 직원으로 추정.(제공처: 개인소장)

화가 급속도로 진행되었다. 호남의 복제영장 또한 예외는 아니었다. 현재는 전쟁, 80년대 국풍운동 등 한국의 역사적 상황과 맞물려 그 흔적만 남아 있거나, 때로는 여러 지역에 훼손된 채 흩어져 있다. 하지만 한국의 근현대사 속에서 또 하나의 문화로서 기억할 필요가 있는 문화재이기도 하다.

참고문헌

나카야마데라 래유기, 『中山寺來由記』, 1868.
금석물어집(今昔物語集) 권31.
오쿠무라 엔신, 『조선국 포교일지』, 1898.
保高正記, 『군산개항사』, 1925.
정토진종, 『조선개교 50년지』, 1927.
목포지, 1913.
목포부사, 1930.
군산부사, 1935.
山本精一 編, 『목포사진첩』, 목포신문사, 1932.
藤井健志, 『근대불교』 6, 1999.
森正人, 『四国遍路の近現代 -モダン遍路から癒しの旅まで』, 創元社, 2005.
매일신보, 1935.10.30.
부산일보, 1935.7.8.
_____, 1936.9.24.
_____, 1939.8.13.
_____, 1940.4.30.
新西国」をバス巡礼, 奈良新聞, 奈良新聞社, 2014.11.13.

● 이 장은 『일본학』 42집, 『문화와융합』 43권 5호에 실린 논문을 수정, 보완한 것이다.

■ 저자 소개

01장 _ **김기림**
이화여자대학교 문학박사
조선대학교 기초교육대학 교수

02장 _ **김미령**
조선대학교 문학박사
조선대학교 기초교육대학 교수

03장 _ **김재경**
성균관대학교 철학박사
조선대학교 기초교육대학 교수

04장 _ **김주선**
조선대학교 문학박사
조선대학교 인문학연구원 재난인문학연구사업단 연구교수

05장 _ **배대웅**
조선대학교 국어국문학부 박사과정 수료

06장 _ **장은영**
경희대학교 문학박사
조선대학교 기초교육대학 교수

07장 _ **지미령**
Kyoto Bukkyo University 문학박사
한국예술종합학교 학술연구교수